非虚构文学 　－想象一个真实的世界－

The
Rhine

Following
Europe's Greatest River from
Amsterdam to the Alps

溯 源
莱茵河

从阿姆斯特丹——
——到阿尔卑斯山

BEN COATES

［英］本·科茨—著

黎潇逸—译

中国社会科学出版社

图字：01-2020-1922号

图书在版编目（CIP）数据

溯源莱茵河：从阿姆斯特丹到阿尔卑斯山 ／（英）本·科茨著；
黎潇逸译. — 北京：中国社会科学出版社，2020.9

书名原文：The Rhine: Following Europe's
Greatest River from Amsterdam to the Alps

ISBN 978-7-5203-6437-9

Ⅰ.①溯…　Ⅱ.①本…②黎…　Ⅲ.①莱茵河－流域－文化史－研
究　Ⅳ.①K516.03

中国版本图书馆CIP数据核字（2020）第071220号

出 版 人	赵剑英
项目统筹	侯苗苗
责任编辑	侯苗苗　桑诗慧
责任校对	周晓东
责任印制	王　超

出　　版	中国社会科学出版社
社　　址	北京鼓楼西大街甲 158 号
邮　　编	100720
网　　址	http://www.csspw.cn
发 行 部	010-84083685
门 市 部	010-84029450
经　　销	新华书店及其他书店

印刷装订	北京君升印刷有限公司
版　　次	2020 年 9 月第 1 版
印　　次	2020 年 9 月第 1 次印刷

开　　本	880×1230　1/32
印　　张	11.625
字　　数	251 千字
定　　价	59.00 元

凡购买中国社会科学出版社图书，如有质量问题请与本社营销中心联系调换
电话：010-84083683

献给伊娃，当然

引 言

水城：阿姆斯特丹与三角洲

大约在我乔迁荷兰的一年后，天开始下雪。不是西欧这段日子常下的那种蒙蒙细雪，而是我打小以来从未见过的真正的雪；大片的雪花肆意飘落，如同泡澡时水面上那层泡沫一般覆盖在鹿特丹的街道上。不消多时，我家周围的街道全裹上了一层厚厚的白雪，运河也结结实实地冻住了。电车停止运行，绝大多数商店也都关了门。就好像，荷兰回到了冰河时代。

2010年，在心血来潮与好运气的共同作用下，我搬到了荷兰。一架本该带着我从秘鲁去伦敦的飞机由于坏天气在这里备降，有位年轻的荷兰女士为我提供了当晚的住处，最后我就与她一起在此一直住下了。在这意外到访的短短几个月内，奇怪的是，我很好地融入了这里：我拥有了荷兰的工作、房子还有女朋友，也开始学会说好荷兰语。然而，天气的变化迅速把我拉回到独在异乡为异客的现实。我开始逐渐了解的荷兰一瞬间重回陌生，这令我感到手足无措。在英国，我知道流程是这样的：一有下雪的迹象我就会打电话请病假，然后抓上雪橇或滑雪板去山上。但我在这个任何滑雪运动都不可能开展的地方该做什么呢？这里最高的山也就勉强够一只狗藏身。这个问题的答案对我的荷兰女朋友来说是显而易见的："去拿双溜冰鞋！"

一开始，这似乎是个滑稽的提议。我很多年没滑冰了，而且在我们英国本地滑冰真的是一项很小众的运动——只有初次尴尬约会的青少年，或是穿着亮片紧身服争夺奖牌的运动员才会去滑冰。但在荷兰，情况完全相反：滑冰简直就和喝咖啡、吃奶酪一样普遍。我接触到的每个荷兰人家中的某个角落，几乎都藏有一双溜冰鞋，即使他们不常使用，而且滑冰比赛冠军在这里就像其他国家的足球明星或奥林匹克短跑运动员一样受崇拜和景仰。在异常寒冷的日子里，关于举办一场沿着结冰的运河穿越荷兰北部的十一城之旅（Elfstedentocht）的可能性讨论主导了日常新闻。到荷兰的第一年，我努力学会理解和领悟这个我加入的社会；喝小杯的啤酒，尽量避免大声喧哗，以及早饭要吃三明治。现在，参加滑冰活动似乎成为我为了融入这里理应走的下一步。

于是我屈于同辈压力，在这座穿着白色夹克的城市艰难跋涉，来到默兹河（Maas）下游河畔一家破旧的小运动商店。店里，一个留着斯大林式小胡子的老人迅速说服我花一周的薪水买下最贵的溜冰鞋；大量长得像底部焊着刀片的塑料滑雪鞋的冰上用品，随时准备给任何胆敢嘲弄它们的人划一口子。我把新玩具藏在我的外套里带回家，把它们藏在床底下，并嘱咐我的女朋友（现在是我的妻子）不要告诉任何人我买了它们。

第二天，我走到路的尽头，坐在一条小河边，胆战心惊地把自己塞进溜冰鞋里。厚重的雪毯隔住了声息，街上一片寂静，周围也无人踪。河里的冰看起来很厚——我猜大约 4 英寸——我小心翼翼地弯低身子踏了上去。经过颤颤巍巍的几分钟，我终于能够在覆盖着运河的白色棉花糖上划出细细的黑色轨迹了。

我以前从未注意过这条流经我家的小河——鹿特河（the Rotte），鹿特丹就因它而命名——但现在我意识到它实际上延伸数英里，联结其他大大小小的河流，奔向乡村。在一座铁路桥下快速低身通过后，我一路向北，经过古老的风车和被冰包裹的船只，渐渐远离城市。滑了两个小时，仍未滑到路的尽头。我停下来买了一杯浓烈的糖浆似的热葡萄酒，坐在冰上一饮而尽，然后继续朝着地平线滑去。

也许听起来很奇怪，在冰上的那天是我生平第一次思考荷兰河流的导向作用。在其他国家，我一般把河流当作从某地去往另一地的途径：在差不多十年的闲散户外行中，我沿着尼罗河从阿斯旺（Aswan）到开罗扬帆起航，在恒河、特里苏利河（Trisuli）、帕瓜雷河（Pacuare）上泛舟，还在赞比西河（Zambezi）、长江与湄公河上乘坐渡船。然而在荷兰，河流很容易仅仅被当成一种背景噪声，而非什么重要景致。经过几个世纪的围海造陆工程，这个国度仍覆盖着大量的水体，数不清的运河、溪流、排水沟与人工湖纵横交错。每天沿河或跨河骑车、步行，我也逐渐习惯于忽视它们，不曾思考它们到底是什么：通往其他地方的蓝色高速路。

滑冰之旅后没几天，所有的冰都化了。但我被我的所见迷住了：一幅我的寄居国的替代地图，在这里，联结社区的主干道是河流，而非公路或铁路。我开始好奇，如果一直沿着河流向前，我能走多远？

有一天，我在鹿特丹图书馆查阅了这一地区的几幅地图，得出了一个结论：相当远。我滑冰的那条鹿特河实际上是默兹河的一条小支流，而默兹河本身又形成莱茵河下游的一部分。这就意味着，理论上我可以沿河跑步、骑车，或在河上滑冰、在河里游泳，不只是到离家几个小时的热葡萄酒售卖点，而是远至穿越荷兰的所有路，直至深入德国甚至更远——事实上，是一直到瑞士阿尔卑斯山顶，差不多跨越半个欧洲大陆。

就在几年前，我曾在离乌干达（Uganda）的尼罗河不远处住过一段时间，并开始短暂地迷恋上那些在荒野跋涉数月、发现尼罗河源头之谜的维多利亚时代探险家们的故事。显然，探索莱茵河并不能与之相提并论，但一路溯洄、探寻源头仍有令人愉快的纯洁目的。居住于世界上最著名的河流之一的蜿蜒处却未曾一览其源头，就好像住在一座伟大的教堂隔壁却从未踏足教堂内部，或是生活在一座巍峨的山岭脚下却从未见其巅峰一样。

我自认为已经非常了解莱茵河地区了。在写前一本关于荷兰的书 [1] 时，我曾乘坐船和火车详细探索过这条河的一小片区域，从多德雷赫特（可笑的）复原的挪亚方舟 [2] 出发，直到北海（the

---

[1] 指作者，的另一本著作《荷兰人为何与众不同》（*Why the Dutch are Different*）。本书脚注若无特殊标注，则为原书作者注。——译者注
[2] 2012 年，荷兰多德雷赫特（Dordrecht）打造了一艘与《圣经》中描述大小一致的挪亚方舟，面向公众开放。——译者注

North Sea）[1]附近的防洪海堤。往远了说，我也很了解德国莱茵河，有几年为了工作或纯粹游玩，我可能隔月就探访一下波恩（Bonn）、杜塞尔多夫（Düsseldorf）、科隆（Cologne）等城市。做低薪政治助手的学生时代，我曾花了两个愉快的夏天探索阿尔萨斯（Alsace）与南莱茵兰（Rhineland）；而后成为高薪的演讲稿撰写人与说客的我迁至荷兰，因思念高山而在瑞士阿尔卑斯、奥地利和列支敦士登度过了无数个周末。然而，莱茵河仍有大片区域我尚未涉足，关于这一地区的历史与文化我也知之甚少。看来一趟沿河之旅是一个行远知广的诱人机会了。我开始学习地图和旅行指南，计划通过骑车、乘船、坐火车、徒步等方式沿河游览全程。当夏天降临，我想，我就该动身上路，沿着河流逆流而上，从荷兰出发直至其山上的源头。

划船，就像你自己揉面团或是假装自己没有宿醉一样，看起来容易做起来难。一开始的几下划水还挺顺利，但随着我借来的划艇开始加速，我很快发现自己就像一个失控的滑雪者在进行障碍滑雪一样，从河面的一边到另一边摇摆不定。无论我多努力地尝试，都没法利落地划动双桨而不激起一阵阵水花，溅向岸边紧张的行人们。

我在阿姆斯特丹断断续续地工作过几年，也很熟悉这个城市，但我觉得到水里去也许能提供新的视角。我是对的：从阿姆斯特

---

[1]　荷兰人命名的北海，与其南方的须德海相对应，是大西洋东北部边缘海。——译者注

尔河（Amstel）的水面上看去，万物较之街上的视角变得截然不同。平日里喧嚷的城市静了下来，排列在水边的荷兰小房子隐约间变得高大起来，就像峰顶铺着红瓦的瘦高的山。我手忙脚乱地划船向北，一路溅水扰民地来到了阿姆斯特丹老城中心的尖塔下。在这里，一只桨笨拙而沉闷地撞击到石墙上，而另一只则无用地在水面上掠过，我只能满怀嫉妒地目送一只绿头鸭轻巧地游过去。好在这会儿的天气按荷兰人的标准来说出奇地好，也就是说既不刮风也不下雨，只是有一点阴而已。

河上几乎没什么小船，但有几十艘有着小小的驾驶室和盆栽植物船顶的游艇系泊在岸边。其中几艘是漂亮的老式荷兰驳船——刷着黑漆的钢锚骄傲地挂于水线之上——但大部分船还是比较常见的：单层的小木屋，就像园林的大棚浮在水面上。这些船只的结构很普通，可它们停泊的地点却很不简单，暗示着它们的所有者的富裕程度：一艘典型的阿姆斯特丹游艇远比差不多相同面积的公寓贵好多。从一座桥下慢慢地划过，我迅速被一个与我同龄的荷兰男人划着皮艇超过，他从超市载了几兜物品毫不费力地往家划去。我一边笨手笨脚地划着桨，一边朝他挥手打了个招呼，他嘲弄地朝我点了下头，仿佛在说"你肯定不是这里的人"。

一如既往，我震惊于水上生活的丰富多彩。十几个年轻人坐着敞篷摩托艇在河上漫游，一边喝着小塑料杯装的橙子阿贝罗酒，一边互相嬉笑打闹。然后来了一位驾着汽船的老者，船头还卧着条黑狗，老人经过年轻人的摩托艇时冲他们大喊："小心！转角处有警察在测速！"

河岸上几个渔夫正在给一艘小船充气，看见他们我就想起几个月前我曾在这附近的一座桥上偶遇一个英国年轻人——忙着给他从附近超市买的塑料儿童小艇充气。小艇一充足气，他就往上放了一打罐装喜力啤酒，然后摇摇晃晃地踏了上去，他的腿跨在小艇的两侧摇摆不定，像一只在浴缸里的长颈鹿。我试探性地问他在做什么，他一边从几艘大驳船之间穿行划过，一边打开一罐啤酒，回头冲我大声喊道："我在进行真正的周游，不是吗！"

从很多方面来说，从阿姆斯特丹开始我的莱茵河探险都是个荒唐的决定。就像不少人给我指出的那样，通常认为的莱茵河出海口并不在阿姆斯特丹，而是在其西南方向 50 英里 [1] 外的荷兰角港（Hoek van Holland）北海海岸。但我关于起点的选择可完全不像它看起来那样可笑。

相对于一些河的路线是从 A 点直接流到 B 点，莱茵河则复杂得多。以瑞士阿尔卑斯山口附近的托马湖（Lake Toma）为源头，莱茵河一路奔流而下，流经瑞士的一小片地区后进入袖珍国列支敦士登，其后又继续径直北上穿过奥地利，汇入珍珠般的博登湖（Lake Constance）。[2] 离开博登湖后，莱茵河又向西流动，再次

---

[1]　1 英里约等于 1.61 千米，1 英尺约等于 0.305 米。——译者注
[2]　严格说来，这一描述过于简化了，且瑞士境内尚有多处被认为是莱茵河的起点。但是，托马湖被广泛认同为前莱茵河（Vorderrhein）的最主要源头。

进入瑞士境内，流经巴塞尔（Basle）后折向北行，充当德法的一段边境线，而后在德国西境往北奔涌。这看来似乎已经够复杂的了，但一旦跨过边境进入可以自由漫流的荷兰低地后，莱茵河变得越发无法无天，溢入广阔的细小水道网络，部分是人工的而部分是天然的，名字对英语母语者来说简直要他们吞了自己的舌头：艾赛尔河（IJssel）[1]、下莱茵河（Nederrijn）、贝内登梅尔韦德河（Benede Merwede）以及多德西科尔河（Dortse Kil）。荷兰唯一被真正称为莱茵河的实际上只是一条穿越国境中心的小河流，而承载绝大多数莱茵河运量的河被称为默兹河，荷兰南部的广阔三角洲也以莱茵—默兹—斯凯尔特三角洲（Rhine–Maas–Scheldt delta）之名广为人知。

对于一个水道学新手来说，这个或许很让人困惑，但我们还是完全可以说莱茵河三角洲覆盖了荷兰西南部的大片土地，这里到处能看到来自德国莱茵河的河水。荷兰的地图上布满了以莱茵河及其支流而命名的地点——莱茵萨特瓦德（Rijnsaterwoude）、莱茵斯堡（Rijnsbur）、莱茵戴克（Rijndijk）、莱茵河畔阿尔芬（Alphen aan den Rijn）、莱茵河畔纽沃堡（Nieuwerbrug aan den Rijn）——还有这个国家最著名的画家（出生于莱顿市）伦勃朗·凡·莱因（Rembrandt van Rijn）。阿姆斯特丹、弗利辛恩（Vlissingen）、代芬特尔（Deventer）坐落于荷兰的不同角落，但如果在科隆的河里放上一只橡皮鸭，它就可以随河水起伏漂流，

---

[1] 那不是打印错误——在荷兰语中，字母 IJ 是一个连字——两个字母发一个音，通常用大写字母书写，发音同"爱"。

抵达上述的任何一个城市。如此说来，德国的莱茵河不像是直接能从 A 点到 B 点的单线水路，而更像是阿姆斯特丹酒吧里一杯酒了的啤酒，肆意在地板上流淌，直至门口。

对我个人而言，这个混乱的地理现象带来的最主要影响是它让我的旅行路线规划变得十分困难。谁敢说莱茵河真正终于何处，而我的旅途该从何处开始？经过大量的地图学习后，我最终选择了一条兼顾地理合理性与趣味性的路线：快速通过阿姆斯特丹及周边，然后沿着小段旧莱茵河（Oude Rijn）径直向南，通过北荷兰省与南荷兰省，直到荷兰角港的广阔入海口。从那儿开始，我会放慢步伐沿着新默兹河（Nieuwe Maas）、莱克河（Lek）与下莱茵河来到德荷边境，然后全程沿着莱茵河穿越德国、法国、瑞士、奥地利还有列支敦士登直到其源头[1]。阿姆斯特丹不是一个主要的莱茵河城市，但它间接接受了莱茵河水的滋养，城市里挤满了数不清的莱茵河游船的观光客，还有一条长长的运河连接起莱茵河。在这样的背景下，阿姆斯特丹似乎就成了最佳的出发地。

选择从阿姆斯特丹出发的第二个原因是，相较于荷兰的任何其他地方，这个城市或许更能成为塑造像莱茵河这样的河流对傍河而居之人的生活方式的缩影。阿姆斯特丹基于阿姆斯特尔河两

---

[1]　贯穿这整本书，我对我所到访的地点名称保有一定的命名自由。首先，我有时会将河流的支流描述为"莱茵河"，即使它们严格说来是组成破碎的莱茵河三角洲的大量河道的一部分，比如瓦尔河。其次，我通常依靠今天的地名与边界——比如提到某事发生在"1800 年的德国"，即使统一的德国在那时并不存在。最后，作为一个英语写作的英国人，我会使用地点的英文名字——比如用"Cologne"取代"Köln"（科隆），用"Basle"取代"Basel"（巴塞尔）。这些小伎俩或许会激怒那些学究式的地理学家，但确实能让事情变得更容易操作。

岸的堤坝，在 13 世纪从一个小渔村崛起，这些堤坝后来联结在一起，形成了阿姆斯特尔水坝。起初，它只是一个美丽宁静的地方，在 17 世纪中叶开始快速发展，安特卫普（Antwerp）的封锁导致其大量贸易转移至阿姆斯特丹，同时也让新教徒避难者为了新的自由和机遇北上涌入阿姆斯特丹。在半个世纪内，阿姆斯特丹的人口大致翻了三倍。16 世纪晚期，荷兰探险家和商人奔向全球各地寻求新的领土和财富。荷兰东印度公司（The Verenigde Oost-Indische Compagnie）于 1602 年正式成立，并迅速发展成一家跨国公司——相当于 17 世纪版的壳牌或者通用汽车。荷兰成为作家丹尼尔·笛福（Daniel Defoe）所描述的"世界的搬运工"，从今天的印度尼西亚运输贸易至中国台湾、日本、巴西、南非和北美。荷兰人建立了纽约市，并以他们家乡的小城镇命名了布鲁克林（Brooklyn）和哈莱姆（Harlem）；偶然发现了澳大利亚和新西兰，并以荷兰南部省份西兰省（Zeeland）给后者命名。在国内，他们也开展了极富野心的国家重建工程；抽干湖里的水，并对莱茵—默兹三角洲湿地进行开垦。在 17 世纪的绝大部分时间里，荷兰人都处在极其幸福快乐的良性循环中。国外贸易产生的丰厚利润用于投资新的船只和探险队，至于开垦土地所解锁的新地，则用于挣更多的钱来投资更多的土地开垦。那时的荷兰盾——就像美元或比特币——在全世界范围内作为通行货币被广泛接受。

在阿姆斯特丹，这一"黄金时代"的繁荣也改变了这座城市。它迅速从一个相当闭塞的小地方一跃成为欧洲最大的城市之一，一个交错着几十种语言，河边码头摆满了异国香料、布匹与食物的国际化大都市。围绕水坝广场上最初的阿姆斯特尔水坝为同一轴心，人们开凿了一些配备复杂的水闸系统的运河，可以定期泄水冲刷，以保证从城市一端到另一端流动新鲜的水。其中最著名的水流都被赋予了堂皇而高雅的名字：绅士运河（Herengracht）、王子运河（Prinsengracht）与君主运河（Keizersgracht）。新近的有钱商人在运河边建造面积不大但气势宏伟的房子，就像书架上数量有限但内容深奥的书籍。外国游客会震惊于他们在北方威尼斯的所见所闻：艺术家、发明家和诗人；高耸的教堂；所有运河上干净的桥梁。

像在任何其他国家一样，道出塑造荷兰文化的所有影响因素几乎是不可能的，但我们完全可以这样说，一个外来者所能想到的几乎所有关于典型"荷兰"之事，都可以直接追溯到如莱茵河之类的河流的影响。建造风车是为了给沼泽排水，而建造堤坝则是为了阻挡河水漫溢。从湿地开垦而来的平坦绿野为奶牛提供了水草，奶牛则生产了大量的牛奶。牛奶能被制成奶酪，郁金香也开在草地上。街道都铺上了砖石，这样开垦的土地积水消退时街道的路面也不会裂开缝隙。荷兰人自己会在平坦的运河边或堤坝顶骑自行车，穿着木鞋防止淤泥沾染，还因为喝牛奶、吃奶酪而越长越高。或许最重要的是，纵横贯穿在这个国度的水路是繁荣之源的主因，是这个浸泡雨水的欧洲角落成为文化与经济超级大国的黄金券。水，这一荷兰人曾经最主要的敌人，最终让他们发家致富，让阿姆斯特丹成为世界上一大最美丽和繁盛的城市。

抛弃了难划的船后，我沿阿姆斯特尔河继续徒步北上，而后顺着绅士运河转向西行。阿姆斯特丹的外沿边缘依然混乱无序，但对于步行者而言，依靠四条如箭靶上的圆环一般环绕水坝广场的主运河，还是很容易找到旧城中心的。我来到了所谓的九小街（Negen Straatjes）区域；17 世纪漂亮的连栋房屋、咖啡馆和时装店聚集在此地。我有一年多没有步行来过这儿了，所以期待着可以洞察这里有哪些变化。这个城市向来以作为避难所与娱乐天堂而闻名，但近年来有点在危险的边缘试探的风险，因为太多游客来这里参加一些在自己国家被认定为非法的娱乐活动。作为回应，阿姆斯特丹市政府开始关停风月场所、增加旅游税并制定较严格的毒品法律。这些变动不可避免地引发争议，于是当权者也在努力寻求合理的平衡。过分的宽容或许会让阿姆斯特丹变得危险而混乱，但限制太多却容易使其沦为乏味的波将金村（Potemkin Village）[1]，热恋的情侣也许会喜欢在这里漫步，但荷兰人却很难真正在这里工作或生活。

这些或许只是我的想象，但现实似乎在一定程度上有所进步：阿姆斯特丹的街道变得比过去干净了一些，空气也镇定祥和了不少。这里仍有数量惊人的游客，但旧城棒极了：砖块铺连的运河，古老的连栋房屋，还有像溪水中的鱼群一般在窄窄的街道里穿行的成百上千辆自行车。阿姆斯特丹式生活方式随处可见，许多人

---

[1]　1787 年，在叶卡捷琳娜二世出巡途中，波将金为了使女皇对他领地的富足有个良好印象，在女皇必经之路建起一批豪华的假村庄。于是，"波将金村"成为给人虚假印象的建设和举措的代名词。——译者注

坐在自家门前的台阶上，啜饮着瓶装的小酒，吃着小块的奶酪，任世界就在几英尺外喧闹。阴天的周二中午，整个城市却笼罩着一种晴朗周日的公园里的波西米亚氛围，本地人看起来像是瘦身广告前后对比照里的"后"照。我停下来给一座桥拍照，听见一个大约 6 岁的小女孩用荷兰语大声对她妈妈说道："噢，多么漂亮的桥啊！我想它非常非常非常老了。像是 1960 年代的！"

在西教堂（Westerkerk）附近，我找到一家不错的咖啡馆，坐在外面的鹅卵石地上，我尝着喝起来像运河水的凉茶。我的荷兰语讲得不错却不太连贯，但当服务员意识到我是英国人时立马过分热情地恭维了我。我不止一次庆幸自己出生在一个没有太多语言技巧的国家。如果一个荷兰人想要说"流利的"英语，他需要把莎士比亚十四行诗熟记于心，但如果一个英国人想要说"流利的"荷兰语，他仅仅需要点一杯饮料。

喝完茶后，我从西教堂朝红灯区方向往东走，穿过涂着黑漆的老房子形成的"深谷"。就像所有最好的城市那样，阿姆斯特丹看起来更像一个村庄而非大都市。在半个小时内，我中途碰到了三个熟人，他们都对我计划要去的地方感到困惑不已。"跟着河流去阿尔卑斯山？"他们中的一个问道："你为什么会想要那样做？你就不能乘火车吗？"

我的朋友对莱茵河的这种不屑之情并不罕见。在过去，几乎没有人会质疑这样一条伟大河流的重要性。在路况糟糕的年代，河流是运输货物和客流的便捷方式。当人口在增长时，河流提供了用于果腹的食物；当大型工厂在扩张时，河流提供了动力和冷却需要的水；当战火蔓延时，河流提供了抵御入侵者的天然壕沟以及转移士兵们去浴血奋战的途径。进入 20 世纪，很多欧洲人还把家附近的河视为氧气或是 Wi-Fi，是生存必不可少的东西。

然而在 21 世纪，河流已然跌下神坛。在这个时代，只需一晚，郁金香就可以从肯尼亚运到阿姆斯特丹；和平条约可以通过电话会议来谈判；作战可以使用无人机；产品可以用从中国下载的图纸来打印；因此，认为缓慢而平稳的流水与船只可以塑造国家的观点就显得过分古怪了。在欧洲，河流成为一种亲切的日常景观而非国家的重要财富，是遛狗或者喝咖啡休闲的好去处，但不再像氧气或 Wi-Fi 那样重要。

当然，这并不是说这个世界已经不再关心河流了。政治家和外交官仍然为底格里斯河（Tigris）与幼发拉底河（Euphrates）的控制权夜不能寐，为控制尼罗河泛滥、湄公河改道或是建设刚果河（Congo）大坝的提案殚精竭虑。但莱茵河从未得到它应有的关注。权威的欧洲史几乎不提及它，欧洲人谈到它时只会耸耸肩。尤其是年轻一点的荷兰人，他们通常对莱茵河地区抱有奇怪的偏见，总认为莱茵河畔的城市枯燥乏味，即便他们自己会蜂拥至邻近的巴黎和柏林之类的河畔城市。在 21 世纪，莱茵河已然变得像是佛教或债券市场：人人都听说过它，但几乎没人真正了解它。

在这个喜欢夸大其词的时代，莱茵河也常被拿来与亚马孙河（Amazon）或刚果河之类的河流巨头作比较。但是换一个角度来看，我们也可以说莱茵河是这些最伟大的河流中的一员，是改变世界历史发展的一大重要轴心。莱茵河在欧洲大地上蜿蜒了 800

英里，是欧洲中西部第二长河，仅次于多瑙河。莱茵河流域共滋养了大约5000万人，几乎和意大利的总人口数量一样多。它还影响了一些历史上最著名的作家、诗人、艺术家、外交家和政治家，经常在欧洲战争与欧洲史中扮演要害支点的角色。"莱茵河"，维克多·雨果写道，"是独一无二的；它汇集了河流的万般面貌于一身……像尼罗河一样神秘莫测，像美洲河流一样金光闪闪，又像亚洲河流一样充满幻影与寓言"。

一定程度上，所有的河流都扮演着双重角色：在长度层面它们进行聚合，但在宽度层面进行分隔，莱茵河也不例外。沿其之长，它形成了欧洲贸易体系的大动脉，是荷兰、德国、法国和瑞士工业运载其产品至全世界的一个主要出口。鹿特丹的港口是目前为止欧洲最繁忙的港口，每日货物吞吐量超过100万吨，是离它最近的港口吞吐量的两倍以上。莱茵河流经的几个国家——荷兰、瑞士、列支敦士登、德国——都属于世界上最富裕国家的行列，这或许并不是巧合。同时，莱茵河流经的最后两个国家——德国与荷兰，出口量比美国与墨西哥加起来的还要多。

再视其之宽，这条河也起到了分隔的作用。在罗马帝国时代，莱茵河是帝国的边界，实际上，直到那里罗马人才放弃扩张计划、进行调停并对河对岸的蛮族虎视眈眈。随后，莱茵河也曾无数次成为争夺的焦点，包括两次世界大战期间——冲突的爆发来自对控制莱茵河地区的渴望，更深层的原因则是争夺河流中游煤炭和钢铁资源。今天，莱茵河处于和平状态，但它还是在很多地方成为两国边界，比如德法、德瑞、瑞列和瑞奥；它让人想起现代的国境线依然是真实、触手可及的，而非电子地图上模糊的线条。

　　离开了莱茵河，欧洲将会变得面目全非。德国会远比现在穷得多，荷兰仍会是一片死水，瑞士也会更加闭塞，北海则鲜有贸易。离开了莱茵河，也许不会有世界大战，也不会有欧盟。法国人也许说的是德语，或者德国人说的是法语。汽车制造业的巨头也许在日本而非德国，而游客在阿姆斯特丹惊叹不已的绘画也许是意大利人而非荷兰人画的。如哈尔福德·麦金德（Halford John Mackinder）在 1908 年所写："就对于历史的影响而言，莱茵河在欧洲河流中是独一无二的。"

　　把这一切记在心里，我坐在阿姆斯特丹的水边，潦草地罗列了自己想要探索莱茵河的几个主要方面。第一，也是最简单的，我想要更深入了解莱茵河是如何、且还将如何塑造它所流经的国家和居住其间的人们的。第二，我渴望发现莱茵河地区是怎样变化的。在推动我本次旅行的这些年里，这一地区（如同欧洲很多地方一样）危机四伏。经济发展磕磕绊绊。德国深受难民危机所累，而法国不断遭受残暴的恐怖袭击；奥地利总统选举中，一个法西斯主义者差点当选；瑞士出台了针对穆斯林的法规，而"包容的"荷兰爆发了反移民的抗议活动。更远一点的，英国已经决定推动自由贸易的最佳方式是退出世界上最大的自由贸易区。东欧的独裁领导人正在威胁欧盟的团结。一位美国总统正在试图瓦解北约并阻碍欧洲对美出口商品，他的举动在地缘政治上就相当于一只试图抓住自己所追赶的汽车的狗。

这些变化带来的威胁很多时候是被夸大其词的，但在我心里，这也给我关于莱茵河对现代的相关性问题的思考增加了新的维度。在一个国际贸易被视为背叛、而很多领导人倾向于建立壁垒而非桥梁的世界里，莱茵河可以扮演什么样的角色？当网络盈利与在工厂里挣钱一样普遍，当人们都坐飞机而非船舶去旅行，当文化影响力的传播依靠新闻和病毒式视频而非顺流而下的艺术家，河流还重要吗？而在这个文化越来越全球化的时代，是否还存在能被跨国认同，能团结起荷兰、瑞士和德国人的统一的"莱茵河文化"？我出发去寻找这些答案，阿姆斯特丹在我身后越来越远，而阿尔卑斯山还在遥远的前方。

| 目　录 |

| 第一部分 |

荷兰

第 1 章

转角：荷兰角港到鹿特丹

我昨晚睡在沙丘上，挨着一块写着"禁止野营"的大告示牌来挡风。早晨 6 点，我被一只大海鸥吵醒，它饶有兴趣地一直用喙"砰砰砰"地敲击昨晚我用来煮热狗大餐后没洗的炖锅。现在正是初夏，天气——至少从荷兰的标准来看——非常好，温暖而晴朗，松软如爆米花般的云朵高高地点缀在泡泡糖蓝的天空中。海岸边，快乐的孩子们踏着浪追着小狗，一位父亲正在认真教儿子怎样抛球最好。不远的近海，几个冲浪者徒劳地冲着太小的浪；一身黑衣的小忍者们浑身湿透地在及腰深的水里跳舞。在他们身后，朝着大海方向，我可以看到几十架现代风车从波浪起伏的海面上突出来，就像苗条的白色巨人，为这难得的好天气快乐地挥动手臂。

从阿姆斯特丹出发的旅程很是愉悦，骑自行车走曲折迂回但风景如画的 60 英里之字形路，穿过荷兰西北地区，向南边的莱茵河畔阿尔芬进发，而后转向沿着旧莱茵河走。这是一条景色宜人的小河流，蜿蜒流过大片的平原与宁静的村庄，河上的鸭子与天鹅比船还多。从以大教堂闻名的城市莱顿开始，我急转向西去席凡宁根（Scheveningen）海岸，邻近欧洲名字最佳的小镇蒙斯特（Monster），来到我昨晚过夜的沙丘。

我从在非洲的长期轮班工作回到荷兰不过十天，然后又一次像以前一样被这里整洁的一切所震惊。即使在如阿姆斯特丹等城市的乏味郊区，万物都居其所、在其位，实用、有序且一尘不染。我经过的墙上偶有涂鸦画；但所有的树都修剪整齐，清扫过的路面干净得简直可以直接在上面吃饭，割完的草地就像士兵的寸头。因为习惯于紧密群居，同时也为了更好地保护海湾的海，荷兰人日常遵守同样的有序准则。整个城镇像一个有大门的大学校园或退休人员社区一样平淡而整洁。它看起来并不令人兴奋，但毫无疑问，这样一个每平方公里就有 500 人的国家能保持如许的干净、和谐，着实叫人印象深刻。对一个以无序的自由主义闻名的国度而言，这一切似乎又极其明智。

把海鸥赶走后，我打包收起我的小帐篷，煮了一锅黏糊糊的速溶咖啡，然后坐在沙滩上喝着。这里的景色很漂亮，沙滩向北连绵不断地延伸，也许长达 50 英里。我不止一次好奇过荷兰人是如何做到保持自己海岸线的神秘性，让成千上万的沙滩爱好者飞越它们前往意大利、希腊或土耳其。这片被忽视的沙滩无疑是欧洲最漂亮的沙滩之一。

沿着沙丘后头一条安静的小路，我绕着海岸骑行了一两英里路。在荷兰，骑自行车总是一件愉快的事。这里没有汽车，没有不方便的交叉路口，没有突然没路了的死胡同，也没有在明显画线的自行车道上从容漫步的行人。会打断骑行的只有受欢迎的骑行专用交通信号灯、清晰的指示牌以及等大的锥形垃圾桶——这样骑行者在扔垃圾时也无须减速。轻柔的海风一直推着我的后背，助力我毫不费劲地加速前进。骑了不到一公里，我几乎没碰上什么行人，但是遇到好多骑行者——不是骑着昂贵自行车、穿着专用骑行服的英国式周末勇士，而是荷兰社会的一个横截面：西装革履的商务人士，颤颤巍巍的老妇人，车把摇摇晃晃地载着小孩的母亲。我有点矫情地想到小说家弗兰·奥布莱恩（Flann O'Brien）在《第三个警察》（*The Third Policeman*）中提出的关于骑车的"原子理论"，这一理论认为如果某人在自行车上花了太多时间，他就有与自己的自行车交换原子的危险。"你会对此震惊的"，一个奥布莱恩笔下的角色说道："这里有多少半人半自行车的人！"

差不多 5 英里后，我来到了沙滩的尽头，这里有一道无比长的混凝土海堤伸向灰褐色的浪花。这里就是真正意义上的荷兰角港，莱茵河下游的主要支流——新水道（Nieuwe Waterweg）——从这里注入北海。我把自行车锁到栏杆边，然后沿着海堤走下去，河口新鲜的流水在我左边，咸咸的海水在右边。回首北望沙滩的景色，美不胜收：大片宽广的沙滩一路向朦胧的天际延伸，沙子好似碾碎的象牙般浅白而细腻。而另一个方向就不那么好看了。跨过河流宽阔的入海口就是所谓的默兹平原，这是一片从北海"开垦"而来的工业用地，持续的围海造陆工程增加了荷兰的国土面积。这里没有漂亮的沙滩，只有大量丑陋的起重机、码头、电缆塔以及一堆堆楼房大小的集装箱。现代化的风力涡轮机缓缓将风吸进去，一丛丛粗壮的烟囱像抽雪茄一样朝河岸上空喷出浓烟。荷兰的莱茵河好像有两张面孔：一面是祥和美丽的，另一面却是粗野工业化的。

接近海堤的尽头，我心里开始隐隐期待看到一些真实可见的迹象，以表明河口的地理重要性及其作为重要水关的身份，比如一条深蓝的川流奔涌向浅绿的大海，海水与莱茵河水像鸡尾酒的各种原料一样缓缓融合到一起。然而现实无趣得多。灰绿色的河逐渐变宽，然后无缝衔接地融进全然一样的灰绿色大海，就像一条马路导向一片停车场。我努力尝试对即将离开海岸并开始我的内陆之旅的前景感慨万端，但事实是我感到平淡无奇而理智冷静。我想起一个老掉牙的笑话，如果纽约由瑞士治理，就会变得像多伦多。类似的，如果亚马孙河或尼罗河由荷兰治理，就会变得像莱茵河。

我穿过沙滩，回到我的自行车边上。现在已接近中午，路边面向沙滩的一家家酒吧开始忙碌起来，当地人吃着煎蛋拼盘，欣赏高大的玻璃屏风背后的景观，就好像戒备森严的审判庭里的观众。在易捷（Easyjet）之类的廉航公司普及以前，人们尚不便随时飞往世界各地，像这样的荷兰海岸城镇可以说是欧洲最繁忙的海边度假胜地了，富人们会来到这里休闲、游泳、呼吸咸丝丝的空气。19世纪早期，在荷兰角港北沙滩，荷兰皇室还开发了用有轮的沙滩游艇竞速的游戏。"从不妄言的老人们……声称他们过去经常看见威廉五世王子（Prince William V）与他的侍从用惊人的速度驾驶，简直和我们现在的火车一样快。"一个旁观者记录道。现在这里的空气依然欢乐但却接地气了一些，更像泽西海岸（Jersey Shore）而非皇家度假地。沙地上一块告示牌写着"海豹急救专用"，并留了一个电话号码，我突然感到这个世界是多么古怪，既糟糕又绝妙；有些地方的人一无所有，而在这里却应有尽有，甚至生病的海豹都有自己的急救服务。

从历史上来说，莱茵河三角洲的这片区域是一个相当与世隔绝的地方。远在鸡尾酒吧和冲浪者来到这里之前，荷兰角港处在一片宽广的潮汐盆地的边缘，被一片像土豆泥一般黏稠的咸滩涂地所围绕。住在这里的渔民与猎人靠河吃饭衣食无忧，但同时也不断受到潮水的威胁；他们被迫住在泥泞的小山丘上，一有大潮就不得不往高处逃。在外界看来，莱茵河三角洲是个艰苦而封闭的地方，这里因临近北面的海而更加危险，船员可能在这片海域遭遇旋涡、风浪，以及能把整条船吞下去的怪物。罗马司令官普林尼（Pliny）到访这一地区时，报告说这里别无他物，只有荒凉昏暗、寸草不生的咸沼泽，还有看起来像是遭遇海难的人。他曾一度想以罗马的名义攻打这里的部落，但很快又放弃了这一决定。何必费劲呢，他们所拥有的一切仅仅是沼地和鱼而已。

低地的日常生活大约是既悲惨又沉闷的，但由于这里地理位置优越，倚靠海岸，离英国不过百余英里，而且便于前往北海、波罗的海以及大西洋，荷兰角港之类的小定居点随后就获得了极其重要的战略地位。在16、17世纪，随着荷兰人建起了自己的海军和商业舰队，莱茵河作为该国国际野心的核心出路而崭露头角。荷兰海军的规模曾一度大于英法舰队的总和。鹿特丹因靠近河流出海口而从一个中等大小的城镇发展成一大贸易中心，那些在印度尼西亚、巴西、加纳（Ghana）等偏远地区探险、殖民并建立贸易联系的大航海也从这里启程。木制的帆船运载着木材、羊毛、鱼干和谷物等货物在河上穿梭，沿着荷兰海岸前往斯堪的纳维亚、波罗的海诸国、英国、比利时乃至更远。大批渔船停泊在鹿特丹附近，海牙（The Hague）也成为能提供丰盛食品、挣得不菲收入的城市。河流与大海虽然长久以来被认为是对荷兰的一大威胁，最终却也让这个国家富裕起来。

后来，这里的河口也成为数以千计无惧无畏的旅行者进行欧洲"大旅行"（Grand Tours）的入口。在18、19世纪，这些旅行是上层社会年轻人（绝大多数为男子）的成人礼，他们穿越欧洲大陆朝着最热门的经典文物和文艺复兴代表作进发，打卡大教堂、图书馆和美术馆，就像今天在间隔年打卡寺庙、海岛和沙滩酒吧的学生一样。

大旅行没有特定的行程路线，但大部分旅行者都会选择罗马、威尼斯或者阿尔卑斯山作为最远的目的地，期间在路上会穿过荷兰、法国、德国、瑞士中的几个国家。这样一来，荷兰角港就成了来自伦敦的游客进入欧洲的显著入口。那时候绝大多数的路都坎坷不平，莱茵河则提供了一个不一样的选择，人们可以乘坐相当平稳舒适的船从北海前往斯特拉斯堡（Strasbourg）、巴塞尔甚至更远。在19世纪，联结荷兰角港与英国东部的渡船航班定期运行，往返鹿特丹与科隆的两周旅程通常只需花费3英镑多一点。伦敦的书店摆满了推荐荷兰、德国旅行亮点的旅行指南，边上还有超大行李箱的广告以及（以防万一遭遇不测）来自"杰伊的伦敦丧事综合批发商店"的丧葬用品。成千上万的游客穿过海峡，其中很多人会乘船和火车沿着莱茵河逆流而上。"这个我们所生活的年代将被称为'迁徙时代'"，《普特南杂志》（*Putnam's Magazine*）在 1868 年这样宣称，"随着海洋航行的出现……旅行狂潮愈演愈烈，直到地球上半数的居民……都在移动中"。

大旅行的游客都来自欧洲和北美，但其中很多都是英国人——典型的旅行者形象应该是这样的，他是一个在牛津或剑桥完成古典文学学业的贵公子，亲自踏上前往欣赏西方文明奇迹的矫揉造作的朝圣之旅，在与女人上床、饮酒、雇人画肖像画时总是不计成本、不计后果。很多自命不凡的人把大旅行视为凭自己的能力赢得的资历证书，以此证明自己比其他没去旅行的人更有知识、有文化。约翰逊博士（Dr. Johnson）就说过，任何没有去意大利旅行过的英国人总是"感到低人一等，因为他不曾见过一个男人应当看的东西"。自然，也有很多人带着旅行纪念品满载而归——不是雪花玻璃球或是钥匙扣，而是板条箱包装好的画作和雕塑，美酒和高档食品，厚厚的书本还有新发明的科学仪器。即使在更早的时候，这样的旅行也惊人地受欢迎：早在 1785 年，爱德华·吉本（Edward Gibbon）就记载过，每年会有 4 万英国人前往欧洲大陆旅行。可不仅仅只有贵族年轻人才会旅行：在 18 世纪70 年代，一个荷兰船长运来一头 3 吨重的名叫克拉拉的印度犀牛，将其关在游览车上，用马队拉着沿河逆流而上，把她带至曼海姆（Mannheim）、巴塞尔、罗马和维也纳赚钱。在莱茵河，当克拉拉经过时，围观者聚集在河岸上，震惊于它巨大的体型、铁一般的侧腹，这跟他们平日常见的牛或矮种马截然不同。

早年时，穿越北海然后逆莱茵河而上的航行非常缓慢，河流澎湃汹涌。一个来自哈里奇（Harwich）的旅行者在1789年记录道："海风狂暴而瞬息万变，海水一浪高过一浪……我感到痛苦难安，我们已经在海上漂了30个小时了。"不过没过太久，新的蒸汽船就大大加快行船速度。1816年，一艘蒸汽船从鹿特丹开到科隆只花了四天半，这让人们大为惊奇。旅行指南随之诞生。1836年，约翰·默里（John Murray）出版了他的第一本"小红书"，给想要穿越欧洲大陆的英国人指点迷津。随后大量其他的旅行指南书如雨后春笋般出现，包括影响力极大的《5英镑游莱茵河》(*Up and Down the Rhine for £5*)，书中对旅行者建议说，对于漫游莱茵河，"没有什么是真正必要的，除了一个小旅行袋，里面装着你在伦敦穿的普通衣服，一把伞……还有一顶宽檐帽，假如你有的话"。据报道，到1856年为止，市面上共有120种关于莱茵河的各色英文旅行书。其中就包括由卡尔·贝德克尔（Karl Baedeker）出版的畅销旅行指南，书的封面是标志性的红莓色，相当于那个年代的《孤独星球》(*Lonely Planet*) 或《易行指南》(*Rough Guides*)，给茫然的游客推荐睡觉、吃饭或者租一头驴的最佳地点 [1]。受到贝德克尔之类的旅行书的鼓舞，游客数量激增，从早年大旅行先驱

---

[1]　1942年，纳粹为了报复英国对吕贝克（Lubeck）的偷袭而决定轰炸英国时，指挥官就靠贝德克尔的星级评定榜来选择他们的目标，宣称他们将要摧毁英国所有"贝德克尔榜单上三星"的地方。

的涓涓细流变成了大江大河：1827年，连接科隆和美因茨（Mainz）的主航线每年载客1.8万人，但到了19世纪60年代这个数字已超100万。

就像背包客抱怨吴哥窟或马丘比丘（Machu Picchu）已经拥挤不堪了一样，大旅行的游客也常常失望地发现，那些他们幻想去参观的隐藏珍宝实际上已经相当热闹了。19世纪40年代早期，一个旅行者愤愤不平地抱怨道："到处都是超载到快沉了的汽船，旅馆爆满到让人窒息，店主们一边站着摇着头，一边急促地说着德语、法语、英语、意大利语和俄语等各种语言。""光靠想象力完全想不到这些天涌向莱茵河的人群都是些什么杂七杂八的人"，另一个人写道，"手里拿着指南书，什么语言都不会说"。

一个更大的挑战是食物。英国人来荷兰旅游时，嘲笑当地人"信天主教、穿木鞋"[1]，但盛赞这里的黄油和牛肉。"上好的莱茵河酒与三文鱼，以及糟糕的厨子"，这是约瑟夫·肖（Joseph Shaw）的评价。来到更上游，他们被法国人吃青蛙的习惯震惊了，但又因这里有从地中海运来的种类丰富的水果而印象大为改观。褊狭排外的英国人常常指出英国与欧洲大陆的烹饪差异，断言英国菜的优越反映了英国人的优越。"一个热爱烤牛肉和布丁的真正的英国人，无法在大不列颠岛之外的地方自由呼吸"，博伊尔勋爵（Lord Boyle）写道。一个多世纪过去后，再看看荷兰角港附近售卖的油炸的怪物，还有荷兰人早餐吃的炸薯条，我觉得他说的也

---

[1]　此语化用自英国1780年戈登动乱（Gordon Riots）的口号"No Popery or Wooden Shoes!"——译者注

许有一定的道理。

　　离开沙滩后，我骑着自行车沿着河的北岸朝内陆进发——此时此刻还是在新水道。相校于荷兰角港在地缘政治中的关键作用而言，这里却几乎没有什么活力充沛、繁荣兴旺的迹象。今天的旅行者乘船抵达这里的话，他们对欧洲大陆的第一印象只有两三排战后的半分离房屋、两家小吃店，以及大量卖廉价 T 恤、雨衣和棒球帽的商店。我停下来要了一杯奶茶，还不得不再三跟女服务员解释我打算把牛奶倒进茶里而不想分开单独喝奶与茶——这个举动对非英国人的她来说简直滑稽透了。这家店还挂了块牌子用英语写道："小费不是中国的一座城市。"[1]

　　继续往鹿特丹前进，自行车道也仍在河岸的右边延伸，像运河的纤道一样追随着河流。河水沉静地流着，呈现钢铁似的颜色，河道非常宽阔：也许有威斯敏斯特的泰晤士河两到三倍那么宽。一条扁平的灰色驳船——一种被称为"大件"搬运家的船，可以承载易散的货物，比如谷物或沙砾——开到了河道的中央，它的尾波高高地冲上倾斜的混凝土河岸。一架小小的蓝色载客喷气式飞机在头顶上方盘旋，等着在鹿特丹着陆，我想起来最近读到过一则新闻，说是荷兰的国王承认自己过着秘密的双面人生，一直在荷兰皇家航空公司（KLM）担任"兼职飞行员"。我很好奇，

_____

[1] 原文为 "Tipping is Not a City in China"，这是一个幽默的双关语，对西方人来说中国的很多城市名都以 "-ing" 结尾，比如 Beijing、Nanjing、Chongqing、Kunming 等，这句话字面上说小费并不是中国的一个城市，潜台词则是"或许你不知道中国的一个城市，但是你应该知道要给小费"。——译者注

在驾驶飞机过程中，当他的皇冠撞到驾驶室天花板时，是否会调整飞机推进（thrust）和配平（trim）。

河对岸，鹿特丹港口依旧像个沿河南岸绵延几十英里的展开卷轴，无穷无尽地展示海港、烟囱、精炼厂、起重机、涡轮机与电缆塔。过去我开车或骑车经过这一区域时，曾多次在这个港口见过相似的情景，但从未为其规模之宏大而驻足惊叹。在我旅行的当下，这个著名的"欧罗波特港"（Europoort）占地1.25万公顷，差不多和曼彻斯特的城市面积一样大，而且还在持续扩建。它是目前为止欧洲最大的港口，每年的集装箱吞吐量比泽布勒赫（Zeebrugge）、巴塞罗那（Barcelona）、南安普墩（Southampton）、费利克斯托（Felixstowe）以及勒阿弗尔（Le Havre）的总和还要多。河流是这个港口的成功主因：每一天，近300艘船穿过这个港口驶向内陆，离开海岸继续它们在河上的旅程，其中就包括莱茵河。

我几天前单独来过这个港口，环绕这里最繁忙的区域乘船游览。我早该想到的，这可不是典型的美景之旅：巨大的化学精炼厂；大量形状像是背靠水面的餐椅的蓝色起重机；成堆的集装箱码得整整齐齐的，就像超市里的盒装麦片。这个场景更容易让人回想起塔尔伯特港（Port Talbot），而非安静的阿姆斯特丹或代尔夫特（Delft）。但这个港口的绝对规模相当庞大，因此不难理解为什么在这里工作或在附近居住的人会对它怀有深切的自豪感。从水上看，周围一切事物都变得十分巨大，因此人们对大小的感知就容易变得扭曲：集装箱看起来像火柴盒，巨大的起重机像纤巧的外科手术器械，而巨大的轮船则像泡澡时的玩具。荷兰最大的灯塔如同一片小小的条纹糖，在起重机的环绕下显得分外娇小。这里的仓库都以大多数人从未耳闻的世界一流公司命名：卡博特（Cabot）、爱墨瑞得（Emerald）、维多（Vitol）、利安德巴塞尔（LyondellBassell）、孚宝（Vopak）。我在阿姆斯特丹和海牙的那些热爱城市的朋友也许顶多模糊地知道这里有这么个港口，但事实上这里才是荷兰真正的隐藏机舱：一个游客友好、充满自行车又自由的城市得以存在，全靠像这样坚韧、粗粝的工业地区藏在人们看不见的水下开足马力。我们继续巡游，经过一座小小的人工岛，岛上三十几只海狮懒洋洋地晒着太阳，就好像胖乎乎的穿着潜水服的游客。其中一只海狮一跃入水，在水中起伏着游泳，逼近一条经过的集装箱货轮；我希望船上的救生员就静静站在附近。在河对岸，我看到佩尼斯（Pernis）巨型的精炼厂——我过去有时会在佩尼斯工作过，经常在写给老板的邮件中故意拼错这个地名单词。

作为贸易中心，鹿特丹的河岸区域有漫长的历史，但其作为真正的全球中心而崛起则得追溯至17世纪40年代，一个意外的好运在那时降临：根据威斯特伐利亚条约（the Treaties of Westphalia）[1]，位于今比利时的斯凯尔特河，在当年被禁止国际航运。鹿特丹的商人（阿姆斯特丹的也一样）迅速抓住竞争对手没落了的宝贵机会，国际贸易井喷式地发展，把沉睡的河畔小镇变

---

[1]　指1648年5月至10月间在威斯特伐利亚地区内的奥斯纳布吕克和明斯特签订的一系列条约，标志着欧洲一系列宗教战争的结束。——译者注

成了五彩斑斓的商业中心。17世纪以来，随着国际贸易的增长，荷兰得益于其得天独厚的地理位置而飞速发展。它位于欧洲大陆的西岸，夹在德国以及美国、英国市场中间。河流入海口附近的水终年不结冰，不列颠群岛则能形成一个缓冲，保护荷兰海岸免受狂暴的大西洋飓风的威胁。最关键的是，莱茵河本身似乎就很适合航运：深长的河道从欧洲人口最密集、制造业最发达的地区贯穿而过，其水量来源为冬天的降水以及夏天的融雪水，这意味着（除了偶尔的洪水泛滥）河流的水位不会因为季节而大幅变化。来自伦敦的游人震惊于河流入海口附近嘈杂的航船数量与种类之丰富、荷兰商人在船与码头之间来回奔波之忙碌。荷兰，一个19世纪的诗人曾写下著名的诗句，是"一片抛锚，停泊的土地 / 人们并不在这里居住，只在船上"。[1] 沿河的码头周围（阿姆斯特丹的也一样）遍布前所未有的异国景象：鹦鹉、犀牛、琥珀、象牙、蔗糖、鸦片、靛蓝染料和藏红花。

　　在19世纪中期，鹿特丹港口是如此兴盛——事实上，这导致从城市流向海里的河流支流越来越拥挤，难以容纳更大的货物，当然如今已经可以源源不断地运入了。作为回应，荷兰政府做出了面对如此大问题时通常会做出的决定：他们推出了一项雄心勃勃且耗资巨大的计划，要完全重塑自然环境。在19世纪60年代，大运河成为一种潮流：埃及的苏伊士运河（Suez Canal）计划在1869年开通。在鹿特丹附近，大队人马花了近10年时间挖泥，

---

[1]　该诗为《描述荷兰》（*Description of Holland*），作者为塞缪尔·巴特勒（Samuel Butler）。——译者注

把河流那些如蛛网般分散的入海口合并成一个畅通的河道。随后的几十年，他们又不断加宽、加深水路，等我到访这里时，河道已经宽达 675 米，比 10 架波音 747 飞机的翼展加起来还长。正如其设计师所希望的，新的航道带动了整个区域的经济发展。货物船运吞吐量从新运河通航前的 120 万吨，惊人地攀升至第二次世界大战初期的 4200 万吨。在河流上游，德国人也在 19 世纪彻底改造了莱茵河，著名工程师约翰·戈特弗里德·图拉（Johann Gottfried Tulla）牵头了一项河床疏浚清淤的大型工程，这增加了河水流速并降低了洪涝的危险。巴塞尔到沃尔姆斯（Worms）的河流长度缩短了近四分之一，2000 多座岛屿被移除。鹿特丹位于离海 25 英里处，实际上却变成了一座海边城市。

在战争期间，鹿特丹港口被彻底摧毁，先是被纳粹突击轰炸，而后在德军占领期间又被盟军偷袭。然而在战后，某种程度上多亏了马歇尔计划（Marshall Plan）在河口附近船运设施上的大量投资，港口奇迹般地重建了。一开始，这项投资近乎是赌博——早在确定欧洲有充足的贸易来支付港口建设费用之前，荷兰就开始修建新的大型海港。幸运的是这个赌注被完美地偿清了，到 20 世纪 60 年代早期，鹿特丹港成为世界上最大的港口。

基于莱茵河的贸易发挥的巨大作用，荷兰经济的增速超过了对手们。举个例子，1960 年比利时跟荷兰的国内生产总值（GDP）大体相当，大概每年 120 亿美元。到 2008 年，比利时的国内生产总值增长到了相当可观的 5000 亿美元左右，但荷兰的国内生产总值几乎是它的两倍，达到每年近 1 万亿美元。在 2016 年，尽管荷兰人口只有英国的四分之一，但货物出口量却高于英国。

在这些强劲出口的带动下，荷兰经济实现了空前的增长：在截至 2008 年的 25 年多时间里，荷兰从未出现过连续两个财政季度经济不增长的情况。这些当然不全是因为莱茵河或是港口，但三角洲在其中确实扮演了国际贸易中心的重要角色。正如港口的拥趸总是不厌其烦地指出的那样，今天任何在欧洲北部的人，只要是在开车、坐飞机旅行、使用塑料产品、在墙上作画、吃加工食品或穿现代服饰，其所消费的化工产品几乎都是通过鹿特丹沿着莱茵河运输的。2015 年，一个精明的荷兰企业家甚至快速把满满 300 箱沙子从鹿特丹运到多哈，成功卖给卡塔尔（Qatar）的一个酋长——当然，这无异于把雨卖给英国人，或把雪卖给爱斯基摩人。

然而，在港口周围逛了一圈，和当地的工作人员聊了会儿天，我却产生了一些关于其未来或许不会像过去那样辉煌的担忧。尤其是每每我来到这里，都会对这里门可罗雀的景象感到震惊。在我脑海中，港口应该是个充满汗水和蒸汽的地方，不计其数的喷着蒸汽的汽船正在吹响汽笛，木制板条箱被推到上下船的跳板上，然后被健壮的码头装卸工用粗重的绳子拖拉走。真相却是大相径庭：在沿河的集装箱堆场里，没有成群结队的工人打卡上下班，只有持续不断的稳定嗡嗡声，自动车辆把集装箱调转过来，沿着铺在地板上的磁路行驶，还会自己开到电源点进行自动充电。港口非但不是一个充满汗水和蒸汽的地方，而且似乎连熟练劳动力都是多余的，所有的车都是无人驾驶的，算法占据了主导地位。

在许多方面，这都是很了不起的成就，但这对于那些曾经依靠港口谋生的人来说却也是个坏消息。根据当地新闻报道，受打击最严重的似乎是起重机司机，他们在当地曾被称为"终端之王"，现在则逐渐被机器人系统所取代。2016 年，一大批鹿特丹起重机司机闹起了十多年来的首次罢工，然而这一抗议反而给机器人提供了更多工作岗位，罢工最终戛然而止。工会声称，在该港口 3500个起重机岗位中，约有 800 个面临威胁，对此，一名港口经理机智地回应："机器人不会……罢工。"当我停下来给一片无人值守的场地里大量忙碌的自动卡车拍照时，一个人经过停在我身边，惊恐地摇了摇头。"他们怎么能让这个发生？"他绝望地问道。"那些在这里工作的人，为什么要放弃自己的工作？"我忍住了冲动，没有问他的牛仔裤和运动鞋是在哪个国家造的，以及还有多少鹿特丹人在从事制造业的工作。

更广泛地说，我们也有理由质疑荷兰的经济好运还能持续多久。在我这次旅行期间，荷兰经济已经从几年坎坷中恢复了，尽管还有些隐忧（房价、工作不稳定），但仍处于最健康的状态。2017 年，荷兰的 GDP 超过了挪威与爱尔兰的总和。然而，即使机器人大军的威胁能够以某种方式消除，港口工人仍有许多其他事情需要担心。因为连接欧亚的铁路，以及从鹿特丹精炼厂向比利时和德国输送化学品的大型地下管道，航运公司丢了很多业务。更概括地说，虽然港口给三角洲带来了巨大的财富，但也带来了一种奇怪的脆弱性。就像生活在水牛背上的鸟一样，荷兰南部自身的产量相对较少，严重依赖于为其他国家的贸易提供服务。鹿特丹的规模和影响力，正如《经济学人》（*The Economist*）所言，已成为"世界经济的晴雨表"。当全球经济起飞时，荷兰的经济就搭上了"顺风车"。但是如果全球经济降温，贸易放缓，受寒最严重的可能就是荷兰。例如，全球油价，或是中国对钢铁的需求，或是爱尔兰对油漆的需求，但凡发生微小变化，都可能对这里的经济造成严重破坏。如果一位夸夸其谈的美国总统决定对德国汽车进口征收高额关税，或者英国人切断与欧洲的联系，那么对荷兰人来说，后果可能是灾难性的。长期以来，开放贸易一直是荷兰最大的优势，但依赖贸易也可能是一个弱点。只有傻瓜才会唱衰荷兰，但在莱茵河上，航运消息并不完全是好消息。

继续我的内陆之旅，河的南岸风景仍然不太宜人，呈现出一个巨大工业建筑无休止的全景，我只能依靠猜测来推断它的功能。然而，在我骑车的北侧，短暂闪现出了风景明信片中的古老荷兰：平坦、翠绿的田野；呆笨的黑白花奶牛；茅草农场农舍；还有苍鹭僵硬地站在阴暗的运河上放哨。一连串名字很难念的小镇和村庄从眼前掠过，我记得以前读到过，在战争期间荷兰抵抗运动是如何使用当地地名来测试那些疑为外国入侵者的人的。如果有人念不出"Scheveningen"（席凡宁根）这样的词，就很有可能是外国间谍。我自认为荷兰语说得还不错，但当我经过一个指向"Rijskade-Knooppunt Kethelplein"（莱斯卡德—克努彭得·凯泰尔普莱因）的标牌时，我松了口气，庆幸边上没有人来测试自己。

沿着斯希丹（Schiedam）的边缘，我转向鹿特丹市中心。鹿特丹西区有大量移民人口，包括许多摩洛哥人、土耳其人和苏里南人，我骑车穿过的街道熙熙攘攘地展现着移民生活的方方面面：出售头巾和国际电话卡的商店；烤肉店和中东餐馆；还有一座漂亮的骨色清真寺。奇怪的是，鹿特丹的种族多样性也是莱茵河的一大遗产。在20世纪六七十年代，随着城市港口贸易的增加，成千上万的土耳其和摩洛哥移民来到当地的工厂、仓库和港口工作。几代人之后，大多数人都很好地融入了当地社会，但可以预见的是，一些当地人与更为保守的穆斯林之间也存在着紧张关系，而在这个由机器人控制的港口，蓝领工人的失业则加剧了这种紧张。极右翼政客皮姆·福图恩（Pim Fortuyn）在鹿特丹建立了自己的政治基础，右翼煽动者基尔特·威尔德斯（Geert Wilders）每年都要到河边的郊区斯皮基尼斯（Spijkenisse）进行近距离的访问，称那里是他的家乡，并组织举行罢工，通常参加罢工的记者多于选民。2017年，威尔德斯以在斯皮基尼斯的一场演说开始了他的竞选，在演讲中他谴责"摩洛哥人渣""让街道变得不安全"，这个噱头震惊了绝大多数围观者，却广受奇怪的文化保守主义者联盟、脾气暴躁的民族主义者以及生计受到莱茵河经济转变威胁的百姓的欢迎。选举计票时，极右翼支持率最高的几个地方都靠近河流。讽刺的是，一个曾经因自由贸易而在经济上蓬勃发展的地区，如今却成了那些认为"全球化"是一个脏话的叫卖政客的权力基础。

过了一会儿，我来到了鹿特丹市中心。我断断续续地在这座城市住了大约7年，对它总是爱恨交加。在最好的情况下，它是一个充满活力、多样化、有时令人兴奋的地方，带有一种尖锐的后工业美学，让人想起布鲁克林或柏林，与之相比，其他荷兰城市就显得粗犷而过时。作为一个徒劳地试图融入荷兰文化的局外人，我也喜欢荷兰鹿特丹真实的感觉，它没有受到大众旅游的污染，完全没有男性聚会和旅游团。早在 20 世纪 50 年代中期，《纽约客》（New Yorker）就称它为"欧洲唯一一座将战争和占领的灾难转变成胜利的城市"。这也许有些夸张，但对我来说，它多少有点像家的感觉。

然而，在糟糕的日子里，我对这座城市无尽的水泥和污垢感到绝望；丑陋的战后建筑随处可见，美丽的运河、教堂和鹅卵石更是少之又少。鹿特丹常被比作一座美国城市，有着宽阔笔直的大道、高耸的办公楼和购物中心。这种大西洋主义的态度有时是件好事，给这座城市带来了某种活力、现代主义和乐观主义。但这也可能令人不快。最糟糕的是，鹿特丹傲慢无礼，崇尚消费，崇尚个人主义，没有文化，痴迷汽车。一位非鹿特丹人向我抱怨说，在这里，许多人对你的平板电视的尺寸印象深刻，胜过对任何一种文化、文学或历史的印象。

但是，尽管这么抱怨，我还是把自己看作一个光荣的鹿特丹人，无论好坏，我很高兴今天能回到这里。扛着自行车，我踏上了伊拉斯谟桥（Erasmusbrug）的台阶；这是一座连接河道南北两岸的白色竖琴状大桥。桥下的河水异常繁忙——在不到一分钟的时间里，我数了一下，下面经过了六艘大型货船，以及三艘蜜蜂色的水上的士。高耸的塔楼像条形图一样从水面延伸向上。对于一个从 19 世纪乘船来到鹿特丹的时间旅行者来说，鹿特丹就显得面目惊心了。1874 年的《库克指南》（*Cook's Guide*）里说"这是一个我们从未见过的风景如画的小镇"，若"威尼斯是全然诗意的，鹿特丹则是诗歌与现实的结合"。然而，第二次世界大战期间纳粹的轰炸行动，以及随后的仓促重建，让这一切付诸东流。当时，碎石瓦砾都堆在城市的运河里。以迪拜人的标准来衡量，这座城市的小型摩天楼群并不引人注目，但在荷兰——潮湿的地面意味着建筑物很少超过 12 层楼高——鹿特丹熠熠发光的现代塔楼群构成了一幅惊人的未来主义景象。望着水面上这些大胆的建筑，我多少以为会看到杰森一家（The Jetsons）[1] 乘着单轨列车飞驰而过。

隔水向南望去，我清楚地看到了莱茵河下游最令人印象深刻的建筑之一：纽约酒店（Hotel New York）。这是一座棕色石头建造的塔楼，耸立在一个向主河道突出的海角上，如同一座堡垒。该建筑建于 1901 年，作为荷兰美洲航运公司的总部，它在莱茵河、荷兰和德国的历史上发挥了重要作用；它的两座绿松石色的钟楼曾经是成千上万人通往新世界、新生活的通道。

德国和荷兰移民到美洲的历史，常常被其他如爱尔兰等族群的经历所掩盖，但实际上其规模相当惊人。仅在 19 世纪 40 年代中期至 50 年代中期，就有约 75 万德国人移民到美国。后来，在 1882 年，这一数字在一年内达到了 25 万。这些移民包括阿斯特

---

[1] 《杰森一家》是一部美国动画情景喜剧，杰森一家居住在一个充满了各种奇妙精细的机器人装置、外星人、全息图以及各种异想天开的小发明的未来世界。——译者注

尔（Astors）和洛克菲勒（Rockefellers）等著名家族，人数众多，以至于在不同时期，他们都曾认真计划将得克萨斯（Texas）、威斯康星（Wisconsin）和密苏里州（Missouri）变成100%的德国州。并不是所有的移民都沿莱茵河而行，但很多人是这样做的，他们从科隆和科布伦茨（Koblenz）等沿河城市乘火车或轮船来到莱茵河沿岸。莱茵河船夫经常从跨大西洋航运公司那里收取运送乘客的佣金，鹿特丹也曾充斥着向埃利斯岛（Ellis Island）等地售票的中间人。就像后来在鹿特丹的摩洛哥人和土耳其人一样，德国人和荷兰人有时候在他们的新家园也遭受到粗暴的对待——19世纪，包括"一无所知"党（"Know Nothing" Party）[1] 在内的团体声称德国人带来了犯罪，偷走了美国人的工作。本杰明·富兰克林（Benjamin Franklin）曾苦涩地问道："为什么要让帕拉廷的乡下佬成群结队地涌入我们的家园，把我们排除在外，建立他们自己的语言和举止？为什么由英国人建立的宾夕法尼亚要变成一个外国人的殖民地？这些外国人很快就会多到把我们日耳曼人化，而不是我们使他们英国化，而且他们永远不会采用我们的语言或风俗习惯，就像他们不会接受我们的肤色一样。"[2] 另类右翼情绪显然并不新鲜。

---

[1] "一无所知"党人是19世纪中叶一场美国政治运动中的成员，一些美国人害怕外来移民带来的影响，于是联合在一起以支持心目中的美国价值观。当人们问及他们的观点和活动时，他们典型的回答是："我一无所知。"——译者注
[2] 见于富兰克林1751年出版的一本关于人口增长及其对殖民地影响的小册子，他在其中还认为"黑人和黄褐色人种"削弱了殖民地社会结构。不过富兰克林显然在那之后不久就重新考虑过，在后来所有印刷的小册子中都删去了这些话语。——译者注

不过，总的来说，欧洲人在美国取得了巨大的成功。德国人引进了圣诞树、汉堡包和幼儿园等传统；还创立了包括辉瑞（Pfizer）、波音（Boeing）和亨氏（Heinz）等在内的公司。荷兰人也不甘落后，他们将卷心菜沙拉（coleslaw）和饼干（cookies）等词语带入了美国词汇，荷兰口音有时被认为是著名的布鲁克林慢吞吞口音的来源。莱茵河沿岸城市在美国各地的地名上留下了自己的印记，包括明尼苏达州（Minnesota）的科隆，宾夕法尼亚的曼海姆（Manheim），还有纽约的鹿特丹。到 2016 年，令人吃惊的是，有 4500 万美国人正式报告自己是德国血统，还有 400 多万人声称自己是荷兰血统，800 万人是法国血统，约 100 万人是瑞士血统。"美国"，18 世纪末一位名叫伊塞亚·托马斯（Isiah Thomas）的游客在看着驶离鹿特丹的船只时满怀渴望地写道："相对而言，就像天空中的太阳——光的中心，是这个受阳光影响而赞叹不已的世界的奇观。受迫害的人将得到安息，这个旧世界每一个角落里受折磨的美德和被放逐的价值将在那儿得到庇护。"我不确定他今天还能不能说同样的话。

我骑着车从伊拉斯谟桥的斜坡上自由滑下，来到了南岸，进入了一个有着倾斜的外墙和畸形轮廓的巨大办公大楼游乐场。鹿特丹河的南岸多年来一直相对贫困并未被开发。然而现在，在经历了艰难的几年之后，当地房地产市场再次飙升。富有的专业人士正在河边买下他们曾经不屑一顾的房子，把那些乱涂乱画的旧仓库改造成波西米亚风格的郊区，孩子们可以在那里的街道上玩耍，年轻的爸爸们可以在那里练习滑板。对于一个一度熟悉这座城市的人来说，看到河边和其他地方的东西如此迅速地中产阶级化，一定会惊讶万分。粗陋的酒吧被改造成时髦的小酒馆，精品店在铁路拱门下开张，曾经买不到羊角面包的地方现在到处都是羽衣甘蓝和藜麦。所有的男人都留胡子，身上的文身比俄罗斯监狱里的人还多。

天色已晚，我决定在光线完全消失之前找点吃的。绕过纽约酒店正门，骑车经过一座小桥，我来到了目的地——河岸上一座建得长长的、低低的仓库。室内通风良好的空间被改造成了一个开放式的食品市场，专门出售手工啤酒、民族美食、艺术类书籍，以及昂贵的荷兰奶酪和火腿拼盘。就像现代欧洲的许多地方一样，重工业早已让位，转为衰败，而衰败现在也已不再，取而代之的是在可回收工业建筑中褪色的四手家具边，吃着昂贵的有机食品用着苹果笔记本电脑的人们。整个地方极度时髦又有些俗套，我很喜欢。我买了一杯啤酒，然后又买了一杯，在小吃摊上转悠，随意地品尝免费样品，吃了多到足以让心脏病专家心脏病发作的奶酪。

夜幕降临，我本可以很容易地回家，重新穿过这条河，然后沿着鹿特河向北走一两英里。然而，我家的房子没有屋顶露台，没有按次付费的电影，没有清洁工，也没有迷你酒吧，于是我选择住在一个有这些设施的地方。SS鹿特丹酒店位于酒吧以南几百米的另一侧河岸港口。这艘巨大的泰坦尼克风格的远洋班轮曾一度生意兴隆，从纽约酒店一路运送移民和富有的游客到纽约。而现在，它被固定在鹿特丹的河上，作为一座漂浮的酒店来运营。

船的内部，有一种令人愉快的褪色的魅力，就像一家旧电影院或剧院。迷宫般的狭窄走廊通向各种各样的酒吧、餐厅和舞池，所有这些地方都用镜子和枝形吊灯装饰得富丽堂皇。在顶层甲板上，我看到了城市的全景，一边是灯火通明的城市，另一边则是无穷无尽的漫射照明的起重机、人形塔架和港口里燃烧的天然气烟囱。在我身下很远的地方，河水平稳地流向大海，护送着低矮的驳船驶向港口。我望着纽约酒店的灯火辉煌，想象着几代人走过这条路寻找更美好的未来，心想：他们为什么要离开呢？

第 2 章

水的战争：符拉尔丁根与荷兰三角洲

我醒来发现床倾斜得像是滑雪坡道：船在下沉。黑暗的客舱中，我跌跌撞撞地爬起来，恐慌地胡乱摸索着寻找灯的开关：当我在这家 SS 鹿特丹酒店预订一个便宜的房间时，并未意识到这将是一次航海。我扶着墙踉跄地冲向走廊的一扇舷窗边，鼓足勇气准备跳进冰冷的海水中。但是没有：舷窗外仅仅是鹿特丹静止的河岸的环形景观，船仍然牢固地停泊在岸边。原来只是昨夜浓烈的棕色啤酒在作怪，我的大脑混沌地在汹涌的海面上起起伏伏。

待稍清醒些后，我迅速地冲了个澡换了装束，期间中断片刻冲回淋浴间，只因我发现自己往脸上抹的那一小管酒店提供的润肤乳实际上是牙膏。闹钟指针不合时宜地指向了早上 8 点，我步履蹒跚地去退了房，如同一个刚跑完超级马拉松的人。这里的早饭就像欧洲常见的那般，是一些可怕的预加工过的冷肉片和芝士厚片，像烹饪展的原料展示一样陈列。我问一个服务员这儿是否有煎过的培根，她大笑起来，好像我说了个多有趣的笑话："冷火腿就在那儿！"

在河流广阔腹地的召唤下，我无意在鹿特丹过多停留，但还是渴望在前往内陆前乘坐水上的士多探索一点沿海三角洲。小小的快艇从河边向西出发，又略微朝着荷兰角港方向折回。天气很是阴冷，10分钟的行驶费用也高于我平常晚上出行的车费，但肯定没有比这更好的观察河流的方式了：船舱宽敞而又随波浪起伏，活力焕发地同散货船、渡船以及其他的士在河道上快速地交错，仿佛打水漂时掠过池塘的石头。从主河道折向北行，我瞥见德夫哈芬（Delfshaven）的一个小港口，又是一个我过去常去的地方。1620年，据说一帮教徒在驶向英国而后再去弗吉尼亚的前夜，就在这里度过。[1] 他们抵达北美后停泊了船只（包括"五月花"号），并在普斯茅斯岩建立了殖民地，那是欧洲在北美最早的永久定居点之一。他们中有一人在离开前写道：荷兰是片"陌生而坚硬的土地"。

约莫10分钟后，我从的士上了岸，沿河走了1英里左右抵达我的第一个目的地，符拉尔丁根小镇。我从未去过那里，漫不经心地猜想那儿除了公寓楼外别无他物，可能又是一个因邻近鹿特丹而流失生命力的通勤城镇。所以当我看见一个以一条通向主河道的细长运河为中心的美丽河畔小镇时，大喜过望。下游靠近大河之处相对工业化，但小镇越靠近内陆的地方就越发风景如画，一座座17世纪的可爱房屋俯瞰着一条条铺着砖石的街道。运河对

---

[1]　1620年，英国的一批清教徒从德夫哈芬出发，乘坐斯彼得韦尔号离开荷兰，后停靠在英国南安普敦，大多数人继续换乘"五月花"号前往美国。——译者注

岸，成列的现代化摩托开动着，而快艇则停泊着静候周末。

我沿着运河向北走，这时铃声大作，一座桥就像书本的封面一样打开使一艘小摩托船能够通过。这艘小船飞速猛冲向前，船上仅有两个 10 岁左右的男孩。"Hallo meneer！"——你好，先生！[1] 他们经过时大喊道，一边激动地挥动着手。不远处，一个垂钓者坐着解开钓线上的浮球，为一整天久坐和紧盯水面的活动做准备。我们聊了几句，他介绍说自己名叫舒尔德（Sjoerd）——一个对荷兰人而言很普通的名字，但在英语母语者听来却像是玩了一半的拼字游戏 [2] 颠倒的图板中的词。我对着他空空的渔网打手势，问他鱼钓得怎么样。"棒极了！"他回答道。

从很多方面来说，莱茵河三角洲一直是一个捕鱼的好地方。符拉尔丁根这样的沿河小镇不会受到最恶劣的沿海天气的影响，但却通向一些世界主要渔场。从这里捕鱼的渔民可以在北海、波罗的海或大西洋捕捞丰富的鲱鱼和鳕鱼，如果他们愿意，还可以前往内陆，在三角洲地区捕捞其他鱼类和鳗鱼。几个世纪以来，波恩的主教、美因茨的商人、科布伦茨的厨师，都可以享用到由这样一个小镇上的渔民捕捞，然后沿着莱茵河运送而来的鱼。

在现代历史的大部分时间里，鱼类为三角洲地区无数小镇提供了经济支柱。到了 16 世纪，成千上万的人成为渔民、造船工人

---

[1]　本书原作中同时标注了荷兰语与英语，中译本中前者为荷兰语，后者为英语译文。——译者注

[2]　Scrabble 是西方流行的英语文字图板游戏，在一块 15×15 方格的图板上，2—4 名参加者拼出词汇而得分。词汇以填字游戏的方式横竖列出，并必须收录在普通词典里。——译者注

和鱼商。五个世纪后，捕鱼不再是一个主要职业，但荷兰海鲜依然是该国美食中罕见的亮点，除此之外，就全是土豆泥和黏稠的肉末热狗了。在莱茵河三角洲一带，有一种鱼尤其占主导地位：鲱鱼，一种银色的小动物，从看起来像英国冰淇淋车的卡车上运来，被做成令人作呕的冷盘，或者浸泡腌渍在醋里。对荷兰人来说，鲱鱼是一种广受喜爱的美味佳肴，而今年第一次捕获的鲱鱼——Nieuwe Haring，也就是"新鲱鱼"——的登陆则是一项盛事，报纸上和餐馆外的黑板上都会公告，有时人们还会在码头边举行小型嘉年华来庆祝。

就像早餐吃奶酪三明治一样，吃鲱鱼在荷兰以外的地方也只是少数人的追求。然而在过去，鲱鱼在北欧几乎多得令人难以置信，就像今天的牛肉或鸡肉一样，鲱鱼在餐桌上随处可见。根据古代荷兰学者萨克索·格勒麦蒂克斯（Saxo Grammaticus）的说法，在 12 世纪丹麦海岸附近的一个海湾，鲱鱼多到能让过往的船只被困在水里动弹不得，渔民们可以伸手去抓鱼，然后徒手把鱼捞出来。

荷兰人对鲱鱼的喜爱，在很大程度上可以归因于 14 世纪 90 年代来自西兰的渔民威廉·贝克松（Willem Beukelszoon）的一项令人作呕的发现。不知怎么地，他意外发现，如果鱼的消化系统的某一部分完好无损，而其余的内脏被切除，整条鱼的味道就会更浓郁，保鲜时间也会更长。对我来说，这听起来有点像发现猫的脚趾甲尝起来很美味一样——这可能是真的，但真的不是任何人都应该能发现的。然而在当时，贝克松的发现是一个真正的突破。出海期间，通过给鲱鱼去除内脏、腌制，并把它们装进木桶，渔民们就不用匆忙返回港口，而可以花几天或几周的时间去更遥远的渔场。简单的木制渔船一下子变成了一种漂浮的鱼工厂，不起眼的鲱鱼也从本地的美味变成了可交易的商品。

感谢贝克松[1]的突破性发现，荷兰的渔业得以蓬勃发展，很快就有成千上万的渔民乘坐所谓的鲱鱼管道（buizen），或者鲱鱼公交车出海——这是一种香蕉形的帆船，相当坚固，足以勇敢地面对暴风雨的海洋，但又吃水很浅，能够在符拉尔丁根那样的小河港口穿行。成千上万的荷兰渔民四处游荡：1745 年，奥斯陆（Oslo）附近一个岛上的居民报告说，一天之内就看到了 200 艘荷兰渔船。大批工人被雇来清洗和包装鱼以供出口。这是一项累人的工作，同时也很危险：一些北海鲱鱼公司会专门雇佣女员工，负责舔那些眼睛不幸进了鱼鳞的同事们的眼球。

荷兰渔夫逐渐因找鱼技术而名声大噪，他们有时能够跟着追随鲱鱼群的海鸥而深入远洋。相隔甚远的港口依靠鲱鱼贸易相互连接，荷兰渔民成为欧洲北部许多城镇的常客。18 世纪 70 年代，一位造访设得兰群岛（Shetland Islands）的作家惊讶地发现，在这里，几乎所有的苏格兰人“都说荷兰语……服务于买卖的目的，（而且）他们中的一些人说……低地荷兰语非常流利”。几个世纪过去了，荷兰渔民仍是苏格兰海岸的常客。根据作家唐纳德·默

---

[1]　贝克松的名字有好几种不同的拼写方式；而文中用的是荷兰国立博物馆（Dutch Rijksmuseum）使用的拼法，博物馆的藏品中还有一张他的照片，照片中他看起来很饿，一只手拿着鱼，另一只手拿着切内脏的刀。

里（Donald Murray）所说，第二次世界大战期间，当一艘德国船只在苏格兰勒威克镇（Lerwick）附近被英国军队俘虏时，一名战俘上岸后受到当地人的欢迎，"你好，拉尔夫！"他们在战前出海捕鱼时就认识了他。渔民通常忙于工作，没有太多的乐趣，但有些人一有时间就和当地的女士交朋友。"那个地方"，一位退休的荷兰渔民回忆起沉睡的勒威克，"就是所多玛和蛾摩拉"（Sodom and Gomorrah）[1]。

还是在符拉尔丁根，我沿着码头折返，回到了18世纪镇上最富裕的鱼商之一亚伯拉罕·范德林登(Abraham van der Linden)的故居。这是一座位于水边的漂亮的三层褐砖建筑，有着高高的山形墙屋顶，前门上有一个糖果条纹旗杆。屋里最引人注目的是一间富丽堂皇的餐厅，内有一座巨大的大理石壁炉和一张摆放着精美瓷器的桌子。粉刷过的天花板看起来就像是梵蒂冈的；所有吹着号角的天使和小天使都倚靠在云上。我穿着连帽衫曳足而行，不难想象一些大人物们曾坐在这里享用一顿丰盛的鱼宴，透过大窗户向外望着使他们富裕起来的渔船队。显然，鲱鱼生意曾经很赚钱。

如果说三角洲捕鱼是使17世纪荷兰著名的"黄金时代"经济繁荣的直接原因，那是夸大其词了，但毫无疑问，三角洲捕鱼是其中的一块基石。荷兰人在驾船、制图、航海和造船方面发展了相当多的技能，并因此建立了一个全球帝国，这在一定程度上要

---

[1]　这是《圣经》中两座有名的罪恶之城，因堕落而遭到毁灭。在历史和现代话语中，也用于表示同性恋的隐喻。——译者注

归功于捕鱼业的发展。正如19世纪的一位英国游客不无嫉妒地说的那样："无论荷兰在商业上取得了多么伟大的成就，毫无疑问，都是从它的儿子们在海上当学徒的经历中成长起来的……在它的渔场之外。"他指出，捕捞鲱鱼是"他们行业的主要分支，是他们巨大的财富来源，（也是）共和国的金矿。"反过来，像符拉尔丁根这样的鲱鱼镇的需求也刺激了荷兰人进一步扩张他们的帝国。例如，当与西班牙的战争扰乱了来自西班牙和葡萄牙的食盐供应时，荷兰人被迫游荡到更远的地方，从佛得角（Cape Verde）和加勒比地区收集食盐。随着荷兰大型贸易公司——荷兰东印度公司——不断壮大，鲱鱼也充当着一种重要的食物：1636年，阿姆斯特丹海军大臣下令为了能让100个水手在海上生活一个月，荷兰船只必须携带至少450磅[1]的奶酪和4吨鲱鱼。荷兰渔民让他们的国家变得富有，并不断发展使国家更加富有的技能。阿姆斯特丹，正如当地的一句谚语所说，是建立在鲱鱼骨头的基础上的。

　　然而，辉煌的日子并没有持续多久。大约从17世纪50年代开始，荷兰渔民遭遇了来自英国、苏格兰和斯堪的纳维亚对手日益激烈的竞争。鱼变得越来越难找，鲱鱼船队相较原来的规模也极大缩小。到1838年，当一名英国记者访问符拉尔丁根时，它已因作为"（荷兰）唯一一个居民现在还精神饱满地继续从事渔业的城镇"而闻名。几年后，另一位外国观察家写道："荷兰的城镇曾经是著名而富有的渔港，现在正逐渐成为废墟。"甚至有人说，

---

[1]　磅为英制质量单位，1磅合0.4536千克。——译者注

对鲱鱼的过度依赖使荷兰人不怎么动脑子；他们饱食一顿单调的鲱鱼和土豆，变得缺乏想象力和冒险精神，缺乏他们那些在饮食上更为混乱的邻居们所拥有的那种充满活力的创新。

到20世纪中叶，鱼类数量已经变得非常少，它们甚至无法自我补充——经济学家们称为"公共地悲剧"（tragedy of the commons）的一个教科书例子，也就是不属于任何人的东西最终被所有人过度使用。20世纪60年代，大西洋鲱鱼的全球捕获量达到每年400万吨；到20世纪80年代，它已经暴跌至90万吨。符拉尔丁根的金鹅已经停止下蛋了。

20世纪70年代，欧盟出台了共同渔业政策，对荷兰船只的起航数量和捕鱼量制定了严格的规定。从环境的角度来看，这些干预的结果都是积极的，鱼类资源也有所恢复。然而，对个别渔民来说，鱼类数量减少和严格规定的结合是灾难性的。在符拉尔丁根，最后一家大型鱼类加工厂已于2012年迁往其他地方。一些渔民试图集中资源，缓解竞争，但很少奏效。"渔民就像手推车里的青蛙：他们通常会往各个方向跳。"一位渔民这样告诉一位研究人员。

随着就业机会的减少，欧盟不可避免地要承担大部分责任。欧洲怀疑论者声称，渔业政策是欧盟总体政策的一个范例：出发点是好的，或许还算奏效，但效率低得可怕，不民主，成本高昂。英荷两国关于鱼的冲突也在持续。就在我访问符拉尔丁根前不久，一向怒气冲冲的《每日邮报》（Daily Mail）报道称，仅一艘荷兰渔船"在英国沿海水域捕鱼的量……就占了近23%的英国配额"，感谢"布鲁塞尔的官员"制定的配额。在英国脱欧运动期间，鲍里斯·约翰逊（Boris Johnson）手里抓着一只活龙虾出现在电视上，说道，英国是时候离开欧盟了，因为欧洲人在"偷走我们的鱼"。

符拉尔丁根诚然很迷人，但当我在镇上闲逛时，很难不得出这样的结论：渔业的崩溃掏空了这个曾经繁荣的地方。符拉尔丁根确实是一个可爱的地方，但它也有许多缓慢衰落的迹象：空无一人的建筑、满溢的垃圾箱以及过量的廉价外卖餐馆。没有什么事在发生，也没有一艘船在移动。在过去的几年里，甚至一度很受欢迎的鱼节也被重新命名，标题中不再直接出现"鲱鱼"这个词。真是遗憾，符拉尔丁根过去给我的印象是一个拥有美好未来的地方。

我觉得，如果我仅仅是参观，却没有尽自己的一份力量来扭转这个城市的衰落，是很不礼貌的。经过一番搜寻，我找到了我要找的地方：一家地道的荷兰鲱鱼商店，就在运河边的一个像集装箱那么大的小木屋里，店面装饰着爱国旗帜和大黑板，上面写着"Gezond en Lekker"——健康又美味——之类的零食广告。柜台后面那个快活的白发荷兰人似乎很高兴有顾客光临。我问他生意怎么样，他朝我身后露台上的空椅子做了个手势，只说了一句话："安静！"荷兰人的传统鲱鱼吃法是把鲱鱼整个吞下喉咙，就像吞火刀一样。我接受了懦夫的选择：几条雪茄大小的鱼被埋在一个指卷面包里。这鱼又咸又滑，就像在一桶绿色海水中发酵过的鼻涕虫。我想起来有一次在斯威士兰（Swaziland）被催泪瓦斯击中过，觉得效果也差不多。

为了不让自己因再乘一次昂贵的水上的士而破产，我骑上自行车，回到鹿特丹市中心。在我的右手边，河港里挤满了各种海上建筑设备：钻孔机、挖泥船和打桩机，就像游乐场里的游乐设施一般，巨大而多彩。

在高大的伊拉斯谟桥的阴影下，我登上了一艘向东行驶的渡轮，加入了一大群上班族和购物者的行列，他们无视"禁止骑行"的标志，兴高采烈地骑着车顺着光滑的跳板冲上了船。当我们离开的时候，船上装满了自行车，沿着甲板排成一行，就像等待战斗的骑兵。一小部分自行车是游客的，但绝大多数都是从商店回家的荷兰老人的破旧坐骑，他们的自行车满载着咖啡罐、面包和大块楔形的封着蜡的奶酪。我在想，世界上还有什么地方，步履蹒跚的 70 岁家庭主妇会坐船和自行车去购物呢？

我曾多次从鹿特丹坐船进行同样的旅行，但每次都觉得很愉快。在一个小时的时间里，天气（以典型的荷兰方式）发生了彻底的转变，现在的天气温暖而晴朗，波光粼粼的水面反射着明亮的阳光。这条河本身是旧金属锅的颜色，水文学家可能会说它非常宽。渡船飞速地行驶着，不到一刻钟，我们就到达了默兹河与荷兰南部另一条大河——艾赛尔河的交汇处。我在离艾赛尔河畔克林彭（Krimpen aan den IJssel）岔口不远处下了船。沿着艾赛尔河走了几分钟，来到了准备参观的地方：四座巨大的混凝土塔楼，大小和形状都像电梯井，坐落在河上一座大型公路桥的两侧。

每侧两座塔之间都吊着一块巨大的钢板，比一辆双层巴士还大，像断头台的刀片一般高高悬挂在水面上。桥上的一块牌子上写道，如果河水上涨超过正常水位两米，两块钢板就会滑入河中，阻隔海水，以确保上游居民不会上计划外的游泳课。

　　当然，荷兰的洪水并不是近年才有的现象。在其历史的大部分时间里，荷兰泛洪水的时间几乎与它没有泛滥的时间一样多。荷兰、德国或其他地方的大雨可能会使河流水位大幅上涨，而大潮可能会将海水高高推向海岸。三角洲地区的许多田地一年只能使用几个月，人们已经习惯了住在山顶和堤坝上。河流不断地涨落，定期漫过河岸，随意地开辟出新的路线。在德国的普佛兹（Pfotz）小镇，17 世纪的当地人流传道，教堂的钟声还能从水下深处传出来，那是多年前被淹没的教堂幽灵般的回声。沼泽水是痢疾、斑疹伤寒甚至疟疾的滋生地，在《圣经》中洪水也很常见。比如，在 1342 年，一位荷兰居民如此记录："天堂的闸门打开了，大雨倾盆而下，就像挪亚（Noah）600 岁那年一样……（直到）大地变成一片汪洋。"他写道，在美因茨河上游，大教堂周围的水"高到男人的腰带"。一位游客写道："荷兰人就像维苏威火山（Vesuvius）山坡上的居民……总是在毁灭的边缘。"

　　17 世纪初开始，荷兰人齐心协力地要把水涝从他们的土地上永远地驱逐出去。人们在全国各地建造了数百座风车，其中一些用来磨玉米和锯木头，但大多数都用来抽水。通过出资建造新的风车，投资者可以将大片土地用于住房或农业用途，从而获得可观的投资回报。当卡尔·马克思在 19 世纪 30 年代造访荷兰时，曾记录道，基于（根据马克思的观点）从德国学来的技术，整个荷兰有12000座风车。"在德国，空气使人受束缚……"他写道，但"与此同时……风让荷兰获得了自由"。后来，人们用蒸汽泵来抽干巨大的"圩田"和某个泥泞的湖泊——"schipo-hol"，船洞——然后将其用作主要机场的场地。荷兰风景中许多最著名的景观——风车、芳草茵茵的堤岸、平坦的绿地——一开始并不是风景如画的，它们是作为让人们活下去的工程的功能部件而被设计出来的。

然而，尽管有这些英勇的努力，洪水带来的恐慌却从来没有完全消除，荷兰人仍然经常遭遇大大小小的洪灾。例如，1809年，莱茵河三角洲的洪水造成大约10万人流离失所，数百人连同数千头猪、牛和马死亡。"有时候"，一个19世纪的旅行者记录道，"德国海洋的浪潮以不可抗拒的力量冲向默兹河，猛烈地拍打着堤岸。随后，每一个沿海的渔村，每一个小村庄，都响起了警铃……（救援人员）以最快的速度一个接一个地赶过来，带着栏架、船帆或是手边可用的任何东西，以便加固面临威胁的堤坝"。

几十年后，洪水已然不再那么常见，但在荷兰文化悠闲的外表下，人们仍能察觉出一丝防患于未然的谨慎迹象。每个人都痴迷于购买保险，我的手机里定期响起荷兰政府紧急警报系统的自动信息，为堤坝（如果）倒塌的那一天做准备。正如我在阿姆斯特丹看到的那样，与洪水的斗争也在很大程度上塑造了荷兰人看待周围世界的方式。对很多人而言，大自然并不是一种奇妙而包容的东西，而是需要小心管理、谨慎对待的威胁；是一个 [如库斯·范·佐默伦（Koos van Zomeren）曾经写的那样］"如果你有车就可以去参观"的地方。

近年来荷兰最严重的洪灾发生在 1953 年，当空前的大潮、强风和一场暴风雨结合在一起时，巨浪从北海内陆冲过来，淹没了莱茵河三角洲。第二次世界大战期间，该地区的防洪设施被忽视和破坏，于是很快就被冲垮，许多房屋被完全淹没。沿河，很多堤坝都决堤了。人们紧紧抱着烟囱管帽，树木变成了攻城槌，成千上万头死牛怪异地散落在满是污泥的土地上。共有近 2000 人遇难，约 7 万人无家可归，还有大约 20 万公顷的土地被淹没。这场洪灾就发生在第二次世界大战刚结束的几年内，对荷兰来说简直是一个毁灭性的打击。

然而，荷兰人不会消沉太久。洪水退去后，三角洲地区委员会花了数年时间编写了一份六卷本的庞大报告，报告认为，与洪水后的重建成本相比，修建新防御工事的成本微不足道。当局最终制定了一项计划——三角洲工程（Delta Works）——该计划将有效地把莱茵河三角洲与大海隔离开来，将荷兰的海岸线缩短约一半。许多环保人士对此感到震惊，但到 1958 年，三角洲工程的第一个组成部分已经完工：如同我现在看到的悬挂在克林彭河上的一样的巨型钢闸门。随着上百英里的堤坝被修建或加固，三角洲从一个原先暴风雨常常造访、渔人们需要随时保持清醒警惕的偏远之地，变成了一个相当平和宁静、管理良好的地区，人们来这里享受日光浴，而非经受洪水的洗礼。

尽管如此，当局依然需要持续保持警惕。流经德国边界的莱茵河内流流量被严密监控着，闸门的开启或关闭取决于对许多因素的精细计算。当我开始研究三角洲时，我很快发现自己被北海空间议程（North Sea Spatial Agendas）和国家沿海远景（National Coastal Visions）淹没了。对非专业人士而言，它们基本上既无聊又难以理解，但又确实帮助人们明晰地洞见荷兰当局是如何看待河流三角洲的：从本质上讲，它应该受到控制，就像人们可能会限制一个不守规矩的幼儿或一条未经训练的狗那样。一本厚重的书中写道：“至少到 2050 年，艾赛尔湖（IJsselmeer）的冬季平均水位才会上升到海平面。”另一本书则指出：“每年有人死于洪水的概率不应超过 0.001%。”

　　然而，这一切还远远不够。理论上，三角洲工程意味着莱茵河洪涝灾害的结束。然而，在实践中，荷兰人仍然发现自己被困在了谚语里手指插在堤坝上的男孩的角色中 [1]——害怕一旦放松警惕，洪水会突然泛滥。气候的变化增加了洪水风险，与此同时，越来越多的房屋和企业建在河流附近。在上游，洪水仍然很常见。例如，1995 年，暴雨使莱茵河流域部分地区的水位在 24 小时内上升了 5 米，迫使 25 万人以及 20 万头牛和猪撤离。2011 年，莱茵河在波恩、科隆和科布伦茨泛滥，导致航运暂停，一名皮划艇运动员遇难。2013 年，不断上涨的水位再次导致德国莱茵河上的航运停止，数千名士兵被派去抗洪，这场洪灾仅在德国就造成了

---

[1]　相传以前荷兰有个小男孩，路过一座堤坝时看到堤坝上有个小孔在漏水，于是，小男孩用手指塞入小孔，一动不动，直到大人发现他，因此拯救了整个镇数万人的性命。——译者注

估计 80 亿欧元的损失。"那次太惨了！"有一回，一位德国北部住在河边的老人拉着我在他的房子里查看潮汐时，这样说道。"我的床几乎漂走了！"

我继续向南的旅行，渡轮轻松地绕着一条像纤道一样沿着河流蜿蜒的堤坝前进。以荷兰人的标准来看，这里的景色平淡无奇，但依旧迷人：地平线上的风车，田野里胖胖的奶牛，以及满是绿莹莹的莲叶的运河。接近多德勒支（Dordrecht）城时，我乘坐另一艘渡轮穿过另一段水域（贝内登梅尔韦德河），然后骑车沿着城镇边缘绕行。风吹着我的后背，我轻快地骑着车，直到我遇到了交通堵塞——一群 10 岁的小学生在街上骑着自行车去郊游；全都无忧无虑的。在急转弯时，一个男孩撞上了停靠着的推土机，摔在了马路上。他的老师是一个骑着锃亮的赛车的年轻人，几乎都没眨一下眼，仔细地检查了推土机是否损坏，然后告诉那个男孩去赶上同班同学。"骑快点，不然你就被落在后头啦！"他说道。继续往前一点，我惊奇地发现河岸上有一座巨大的工业工厂；一团沸腾的缠绕管道、烟囱和球形的化学容器，看起来更像是在欧罗波特港。大门旁边的一个牌子上写着，这是科慕（Chemours）化工厂，归属于艺术家杜邦（DuPont）。我觉得自己认得这个名字，当我查阅笔记本后知道了为什么了——这个工厂正陷于一桩小丑闻中，他们每年将数千吨制造特氟龙（teflon）后的化学废料排入河里，据报道，检测显示当地居民血液中的致癌物水平高于正常值。科慕公司坚决主张他们从未造成任何伤害，但事情的细节仍相当模糊，当地政府表示，他们"不能百分百肯定"注入河里的化学物质是否安全。总的来说，我决定不去游泳。

与洪水一样，莱茵河的污染也不是什么新问题。19世纪，沿河城市的人口剧增。德国的工厂和矿山开始向下游运输大量的货物，河流很快就被燃料、化肥、污水和废物污染了。19世纪60年代，沿河国家开始限制工厂排放和化学品运输，但随着航运和工业的发展，问题却继续恶化。1979年，河流中漂浮的污染物估计有3000万吨，相当于当年莱茵河上所有货物的四分之一。像斑马贻贝这样的入侵物种也搭乘着船舶的压载舱侵入了莱茵河。核电站则是另一个污染来源：法国和德国的反应堆向河里注入了大量的热水，导致消耗氧气的细菌大量滋生。鱼类资源急剧减少，而鲑鱼——据说河流上游的仆人们曾经抱怨每周得吃三天——也消失了。1970年，《世界报》（*Die Welt*）声称莱茵河是"德国最大的下水道"。

1986年11月，一个阴暗的午夜，莱茵河生态系统的灾难降临了。瑞士交警巡逻队在莱茵河城市巴塞尔外的公路上行驶时，发现一幢没有灯光的建筑物起火了。他们通知了消防队，消防队在几分钟内赶到，发现是山德士（Sandoz）化工厂956号仓库发生了严重火灾。当时没有自动喷水灭火装置，火势很快就失去了控制。当数百名消防员赶到时，警察开着扩音器穿过漆黑的城市，警告熟睡的市民待在室内，关上窗户。

直到清晨5点，火才被扑灭。仓库化为一片冒烟的废墟，消防员们则因为顺利完成工作而如释重负。然而，人们很快发现真正的灾难才刚刚开始。为了救火，消防员们从莱茵河抽取了大量河水向熊熊燃烧的仓库喷射。大约1.5万立方米的水通过下水道系统回流至莱茵河，其中携带着来自工厂内部的化学物质。当好奇的巴塞尔居民冒险进入烟雾缭绕的清晨时，迎接他们的是一幅可怕的景象：莱茵河变红了。

在接下来的几天里，一条长达数十英里的红色液带以略慢于步行的速度沿着河向前流淌。山德士公司的一位发言人声称这是一种"无害的染料"，但很快人们就发现并非如此。成千上万的死鱼、水鸟和鳗鱼被冲到岸上。据报道，人们发现活鱼的眼睛向外突出，表皮上长满了疮。一周之内，荷兰官员报告说，德国边境河水的汞含量是正常水平的 3 倍。在法国，饮用河水的羊都死了，饮用水供应被切断。在德国，2 万多人不得不饮用消防车的水。巴塞尔莱茵河警察总督察告诉记者："莱茵河现在已经死了。整个生态系统都被破坏了。"

这一事件发生在切尔诺贝利（Chernobyl）核事故的仅仅数月后，紧张局势不断升级。随着灾难规模的扩大，巴塞尔爆发了喧嚷的街头抗议。抗议者指控瑞士当局在执行安全法规时疏忽大意，谴责当局并没有在第一时间警告荷兰、德国或法国发生的有毒泄漏事故，耽搁时间超过 24 个小时。在一次公开会议上，山德士的一名董事遭到抗议者的唾沫和死鳗鱼的袭击。巴塞尔的抗议者提出，这座城市应该改名为"切尔诺巴塞尔"（Cherno Basel）。

随着时间的推移，危险过去了，危机也过去了。但公众对莱茵河的态度却大有改观。绿党（the Green Party）的支持率不断飙升，瑞士和荷兰的政党被迫采取更大胆的环保政策。这场灾难还突出表明，这条河本身跨越多个国家，因此它的保护取决于邻国之间微妙的协商。例如，荷兰一项保护鲑鱼的计划就引发了与法国的长期争论。法国拒绝投资修建绕过水电大坝的"鱼梯"，而是宁愿把鲑鱼装上卡车，绕着大坝行驶，然后再把它们放生。

不过，最终西德、法国、瑞士和荷兰政府还是同意了一项大胆的清理计划。荷兰挖泥船从河床上铲起数吨受污染的淤泥。数百万欧元被用于投资鱼类养殖项目、建造水处理厂和购买过滤器。严格的新规出台，管理着莱茵河沿岸的工业活动，到了21世纪初期，莱茵河镉、铅和磷等污染物的含量已大幅下降。

但治理还远远未完成。由于莱茵河庞大的交通运输量，事故和泄漏在所难免，正如多德勒支的科慕争端所显示的那样，饮用水问题尤其突出——可能有3000万人的自来水依赖莱茵河，取决于人们选择相信哪个数字。荷兰政府声称，污染"对公众健康的影响几乎可以忽略不计"，但是在2013年，科学家发现荷兰自来水被包括抗抑郁药物在内的处方药污染，该药物成分通过尿液排入下水道，科学家警告说，许多人似乎暴露在类似去甲羟基安定的抗焦虑药下。在阿姆斯特丹，另一项调查发现，阿姆斯特丹废水中可卡因和摇头丸的含量比欧洲任何其他城市都要高——这或许是大多数荷兰人持续快乐的另一种解释。不过，总体来说，清理莱茵河的努力取得了巨大的成功。2002年，在山德士惨案发生近三十年后，联合国报告称，莱茵河里生活着60多种不同种类的鱼，包括虹鳟鱼、比目鱼、鲶鱼、麦穗鱼、刺泥鳅、鳙鱼和云斑原吻虾虎鱼。这条曾经被环境专家宣布"死亡"的河流重获新生，难得地证明了国际合作不只会互相扯皮，反而实际上逆转了灾难性的环境破坏。

远远绕着多德勒支的边缘跑了一圈，我再一次跨过莱茵河——或者至少是它的一条支流：一条干净的、碧绿的、看起来人迹罕至的水道。在河的另一边是比斯伯斯（Biesbosch），这又是一个我从未去过的地方，但在我的想象中，它已有接近神话般的地位。在荷兰生活的几年里，我时常对着我的荷兰朋友和亲戚抱怨周围没有真正的荒野。荷兰明信片和图画书经常展现怀旧的田园想象——温顺的奶牛，翡翠般的田野，宁静的河道以及空转的风车——但是就我所见，真相却是除了阿姆斯特丹等城市的历史中心之外，大部分现代荷兰城市都是无序扩张的美国化城市，满是繁忙的公路、超市、广告牌以及立交桥。荷兰人经常虔诚地谈论"Groene Hart"——绿色之心，指的就是南部主要城市之间未受破坏的农村土地，但在多次荷兰南部的旅行中，我发现加油站、高速公路、住宅开发项目或架空电力线路还是离我很近，不超过几百米。

在这样的背景下，在比斯伯斯（"芦苇林"）广阔的湿地和森林旅行有望成为一种真正的享受，当局称为"荷兰最大、最有价值的自然区域之一"。"你会喜欢那儿的！"一位阿姆斯特丹的朋友说。"这就像回到过去，回到人类存在之前"。骑着车下渡轮时，我满怀期待。天气仍然异常温暖，河东地区立刻变得美丽起来。几英亩平滑的、玻璃般的水面在松软的白云下铺展开来，而肥壮的黑白花奶牛则在沉沉地踏着自己的倒影沿着地平线往前走。远处是一片被淹没的森林，到处都是像长在弗吉尼亚州南部的沼泽地或东南亚的稻田里的发黑的短柱状树桩。世界看起来就像是一面镜子。

早在 1421 年，比斯伯斯就在莱茵河的另一次著名的大洪水中诞生。那年 11 月，在圣伊丽莎白[1]节那天，风暴潮席卷了三角洲的大部分地区。鹿特丹和多德勒支之间的低洼地区被摧毁，许多村庄被淹没，数千人被淹死。洪水前后的地图显示，三角洲的地貌发生了变化，大河道变成了许多小溪和水湾，大片良田一夜之间变成了内海。

值得庆幸的是，这场洪水还创造了一个全新的自然景观区域——比斯伯斯——大片的潮汐湿地、岛屿、泥滩、柳树林，以及依靠莱茵河补给的小河和小溪密布其间。许多英亩[2]的农田已经消失，但在比斯伯斯诞生后的几个世纪里，它仍然是成千上万的农民、渔民和猎人谋生的家园。咸水里有丰富的鲑鱼和鳗鱼，还有能被用来做椅子、茅草屋顶，以及女巫扫帚的芦苇，后来，在第二次世界大战期间，这片不适宜居住的荒凉之地成为荷兰犹太人、抵抗运动战士和被击落的英国飞行员的藏身之所。当地一家博物馆自豪地写道："De duitsers durven de Biesbosch niet in"——德国人不敢进入比斯伯斯！

从 20 世纪 50 年代开始，比斯伯斯再次发生了变化，宏大的

---

[1] 圣伊丽莎白是匈牙利国王安德烈二世（Andrew Ⅱ of Hungary）的第三个女儿。她进入修道院，大量建造慈善机构，收容贫民，亲自照看病人。1231 年 11 月 17 日，年仅 24 岁的圣伊丽莎白病故，被罗马教廷封为圣人。11 月 17 日也被定为圣伊丽莎白节。——译者注
[2] 英亩是英美制面积单位，1 英亩 =4046.864798 平方米。——译者注

三角洲工程阻断了河流与大海的联系，减少了潮汐流量。河水变得微咸，汹涌的河流趋于平静。如今，比斯伯斯河是鱼类和鸟类的重要栖息地，也是鹅冬天从欧洲长途迁徙至非洲的中转站。

不出所料，这里并是我所想象的荒野。开阔的水域是美丽的，但是——按照荷兰人通常的方式——大自然母亲被牢牢地固定在她的位置上。[1] 自行车道、柏油人行道和混凝土人行天桥在小块的森林中纵横交错，"荒野"的中心是一座气派的游客中心和博物馆，几十对荷兰老夫妇在露台上喝着咖啡。在远处，我可以看到周围工业区巨大的烟囱正冒着烟，电线像吊床一样挂在地平线上。沼泽本身很吸引人，但很难用野生或者未受破坏来形容。这里给人的整体感觉就像是个维护不善的高尔夫球场，而不是一个史诗般的野外。在被官方保证比斯伯斯是荷兰最后几个真正的野生地区之一后，来参观的人还是很容易对这里感到失望。然而，这里的景色也提供了一个有益的提醒，即河流所扮演的相互矛盾的角色之间的平衡往往是微妙的。在现代世界，自然和野生并不总是与人工和驯养脱离。有些地方仍是纯净的、"未受破坏的"，但在其他很多地方，森林被城市蚕食着，沙漠被摩天大楼环绕着，河流成为云斑原吻虾虎鱼与货船和集装箱争夺空间的地方。莱茵河，就像一个在家庭和工作之间疲于奔命、过度操劳的家长，常常被迫扮演着多重角色：航运的主要通道；农业和工业的用水供应；饮用水源；鸟类、鱼类和野生动物的珍贵栖息地。如果因莱茵河遭

---

[1]　指这片水域依然是被开发过的，而非纯自然的。——译者注

受到破坏而恼火，那就大错特错了——考虑到莱茵河所承受的巨大压力，它居然还能养活野生动物，实在是太了不起了。贸易商人、游客以及环保主义者之间的利益平衡总是微妙的，但经过几十年的惨淡经营，莱茵河似乎发展得还挺不错。

白昼将逝，我回到渡轮上，乘船沿着比斯伯斯边沿的河堤折回多德勒支。这里的景色又是半荷兰式，半路易斯安那州（Louisianan）式，沼泽似的小溪和死寂的森林像远处的摩天大楼一样从暮色中突出来。沿着河边的指示牌，我试图找到一只海狸。作为更广泛的莱茵河清理计划的一部分，20 世纪 80 年代从易北河（River Elbe）引进了几对海狸夫妇。据报道，到我参观时，海狸的数量已增至 200 只。一开始，我很想去看看，但后来我想起了几天前我的朋友们深思熟虑后，发给我的一篇文章，讲的是俄罗斯的一个男人在森林散步时被海狸咬伤，失血过多而亡。我紧张地沿着小路慢慢走着，差点撞上一个染金发的荷兰女人，她对丈夫大吼道："Ik heb nog steeds geen bevertje gezien!"——我还没看到海狸呢！

太阳慢慢下山，我坐在旅馆后面的甲板上——这也是我准备过夜的地方——看着宝蓝色的翠鸟掠过芦苇，紧张地注视着食肉的海狸。当我想我看到了一个——一个深色的，像狗一样的东西在清澈的水中慢慢地嗅着——我转身飞快地逃走了。

第 3 章

最后的边界：乌得勒支与罗马莱茵河

作为一个小地方，乌得勒支压力很大。这座城市在阿姆斯特丹南边仅 25 英里左右，同样美丽，但从来没有完全摆脱自己是一个比阿姆斯特丹小得多的兄弟姐妹的感觉；就像史蒂芬·鲍德温（Stephen Baldwin）[1]之于阿姆斯特丹的亚历克（Alec）。"别拿我们和阿姆斯特丹相比！"我在火车站拿到的免费导游手册的第一页上写道。"请停止这样做！我们被当作阿姆斯特丹的小妹妹已经太久了！"

从多德勒支出发，经过长时间的沿河骑行，我在一个刮着大风的蓝色午后抵达了乌得勒支。乌得勒支位于从北海到德国边境大约五分之二路程的位置，我从来没有真正把它当成一个河流城市或航海城市。然而，无论如何，它是荷兰莱茵河上的主要城市之一，坐落在克罗姆莱茵河（弯曲的莱茵河）河畔；是三角洲的

---

[1] 史蒂芬·鲍德温是一名美国演员，是家中最小的孩子，他的兄弟有著名演员亚历克（Alec Baldwin）、丹尼尔（Daniel Baldwin）和威廉（William Baldwin），他们有时被称为"鲍德温兄弟"。——译者注

一个弯曲的小分支。

就像一条蛇挣脱了动物园管理员的控制，这条河慢慢地改变了路线，从市中心蛇行得越来越远了。今天，乌得勒支的国际知名度远远低于其竞争对手阿姆斯特丹、鹿特丹与海牙，就像一个骄傲的母亲公然声称她辍学的儿子其实是非常聪明的，只能不知疲倦地推进其有限的现代景点的建设：这是荷兰铁路的总部所在地，是荷兰最大的会议中心之一的所在地，也是唯一一位荷兰籍教皇的出生地！然而，作为沿河贸易和罗马征战的中转站，它也有着悠久的历史，同样也很可爱。我经常去这里，总觉得这是荷兰最好的城市之一，到处都是弯弯曲曲的小街，摇摇晃晃的老式联排别墅，还有漂亮的拱形桥，这些景点足以将任何一本荷兰总是风车和原野的老掉牙的书封装点得漂漂亮亮。

把自行车锁在火车站后，我沿着古运河（Oudegracht）的左岸，步行穿过城市。古运河这个名字颇具想象力，表明了它沉于街道平面以下数米的位置，就像一条敞开的地铁隧道。这条运河曾经是莱茵河的一部分，那时，商人、渔民和士兵来来往往；但现在它只不过是一条平静的护城河，将老城一分为二，两旁是沉于街道平面之下的酒吧和餐馆。我路过一个花卉市集[1]，停了下来，买了一个盘子大小的荷式焦糖松饼（stroopwafel）。拐了几个弯之后是乌得勒支版的好莱坞星光大道：布满了我从未听说过的荷兰名人的手印黄金模型。一个路过的女人看到其中一块，抓住她朋友

---

[1]　乌得勒支的花市很有名，市集中不仅有花卉，也有本地特色小吃。——译者注

的胳膊兴奋地尖叫起来："是最佳男演员塞斯·吉尔（Cees Geel）的手印！"

如此闲逛了约20分钟，我来到了这个城市最引以为傲的地标建筑——一座14世纪的钟楼。这座巨大的砖结构建筑曾经是一座宏伟的大教堂的标志性景观，但大教堂在17世纪70年代的一场暴风雨中倒塌，唯独这座钟楼存活下来。后来，在重建时，它不再属于大教堂的一部分——它被孤立在外，就像句子末尾一个错误的感叹号般屹立在那里。

在钟楼背后的鹅卵石广场上，我停在一团绿色的灯光下研究之前潦草地画在收据背后的地图，后来我意识到，自己就站在一直在寻找的地方：一条拇指一样宽的长裂纹划过路面，内部衬有不锈钢。[1]一道明亮的绿光从裂缝深处射向天空，就像科幻电影中的力场。在广场的边缘，裂缝消失在一堵墙上，后又在拐角处重新出现，绿色的光幕穿过一条狭窄的街道，街道前面是一家苏里南外卖店。在熙熙攘攘的购物者和疾驰的自行车骑手中间，这光很容易被忽略，但它曾经最欧洲重要的疆界之一：罗马文明世界的疆界，在这之外便是蛮荒之地。

大约在公元前57年的夏天，罗马人抵达莱茵河下游地区。当时，他们四处征战，战果累累，已将自己的势力扩展到了罗马以

---

[1] 乌得勒支大教堂广场的地面上，在罗马边墙原址上修建了一道原罗马帝国边界的标志线，饰有不锈钢，并会闪耀绿光、散发薄雾。在特殊的日子里，光线会改变颜色，比如天主教节日的黄色和女王生日的橙色等。——译者注

外，毫不费力地赢得了地区战争，击败了伊特拉斯坎人（Etruscans）和迦太基人（Carthaginians）等对手。罗马帝国的疆界大致从多雨的英格兰北部延伸到阳光明媚的叙利亚，从葡萄牙延伸到黑海。成千上万的人生活在罗马的统治下，整个地中海实际上就是一个罗马湖。

尽管如此，荷兰和德国北部的大部分地区仍然在罗马版图之外。公元前 57 年，莱茵河下游地区是一个令人眼花缭乱的部落大杂烩，如今已基本被历史遗忘，他们的名字听起来更像是各种意大利面，而不是可怕的武士种族：阿杜亚都契（Aduatuci）、厄勃隆尼斯（Eburones）、门奈比（Menapii）、莫罗尼（Moroni）、特维希（Treveri）、巴塔维（Batavi）、库格尼（Cugerni）、坎尼尼法特（Canninefates）、托克森德里（Toxandri）、马萨奇（Marsaci）和佟古累（Tungri）。这些部落过着相对原始的生活，不断四处游荡寻找食物与牧场，在频繁席卷沼泽平原的潮水面前束手无策。活人祭祀在这里并不罕见，一些部落的人还用回力镖狩猎。

对罗马人来说，今天荷兰所在的部落地区实际上是一块无主之地（terra nullius）——地图上的一个空白区域，只要愿意，任何人都可以很容易地宣称对其拥有主权。住在那里的居民是"世界尽头的人"，他们的领土正是对"未开化"一词的定义；一个"葡萄藤、橄榄树、果树都不生长"的地方。少数敢于冒险到达莱茵河三角洲的罗马人报告说，甚至潮汐也对他们不利。塔西佗（Tacitus）是莱茵河边最勤奋的编年史家之一，他说："这一刻水涨到了（男人的）腋窝，下一刻又涨到了他们的嘴里。"

住在北方的人自然被认为和大海一样野蛮。他们被冠以一个笼统的名字"高卢人"（the Gauls），又因为滑稽的发型和他们穿裤子而非束腰外衣而遭到嘲笑——罗马人认为这种习惯非常可怕。和许多帝国主义者一样，罗马人也认为他们所征服的人是懒惰的。"一个（部落人）认为"，塔西佗说，"靠流一点点血就能很快得到的东西却去靠辛勤劳动慢慢积累，是被驯服的、萎靡的表现"。根据塔西佗的看法，部落居民的日常生活与现代学生没什么不同，包括宿醉、睡懒觉、洗热水澡、吃大餐和再干一轮啤酒。他抱怨道："没日没夜地酗酒对他们而言一点也不可耻。"

当然，罗马人对部落人的看法通常有些言过其实。实际上，居住在莱茵河三角洲的人并不属于一个单一的部落，而是由不同的民族和种族混杂而成，其中许多人并不像罗马人假想的那样未开化。例如，凯尔特人（Celts）广泛地展开贸易，生产复杂的金属制品，甚至在莱茵河上淘从瑞士顺流而下的金子。一些部落拥有丰富的语言和文化；"莱茵"这个词常被认为来自高卢语的单词Renos，意为"流动的东西"。一位巴塔维部落成员的墓志铭显示了他的部落对他的尊敬："现在我躺在这里，永垂不朽。有谁的成就能和我相比？我不这么认为，但如果他们成功了，请记住：我开了先河。我是第一人。"

不过，这些部落也确实无法与罗马人强大的军事机器抗衡。部落获得铁的途径有限，所以他们的武器大多以岩石制成，全副武装的罗马人在该地区开辟了一条狭长地带，杀死了数千人。侵略者通常对当地人毫不留情：恺撒曾在书中写道，在一次小规模冲突中，他的士兵追赶一个部落，直到他们"跑得筋疲力尽"被逼到一个河岸上，然后"拔出剑来，屠杀了许多人"。然而，罗马人的争战并非如此顺利。另一次，恺撒还写道，部落"表现出了勇敢的决心，前仆而后继，后面的人站在尸体上继续战斗"。随着尸体越堆越高，他写道，"幸存者们把这些尸体作为掩护，向我们的士兵投掷石头，或抓住矛并扔回去"。然而，尽管如此英勇无畏，部落成员也难以阻挡训练有素的罗马军队。低地部落内尔维（Nervii）的一个首领报告说，在与罗马人短暂接触后，该部落 6 万人的军队只剩下 500 人还能战斗。据说，恺撒的军队在高卢各地杀害了 100 万部落居民，还奴役了 100 多万部落居民。

当然，并不是所有人都被杀了。就像黑帮建立了一个邪恶帝国一样，罗马人也吸收了被他们击败和威胁的对手，允许（例如）在莱茵河中部拥有一座岛屿的巴塔维人以服兵役的形式向罗马纳税。然而，那些拒绝合作的人没有得到宽恕。罗马人满不在乎地打破休战、袭击难民，并故意激怒部落做出反抗，以便有借口镇压他们。他们还认为，被他们征服的人理应为从贫困和黑暗中"解放"出来而心怀感激。一位罗马士兵尖刻地写道："他们用手捡泥……在被北方的严寒冻得半死的时候，用捡来的泥土作为燃料加热食物、给自己取暖。他们只有雨水可喝……（即便如此）这些人（竟然）还说，被罗马征服就等于被奴役！"

然而，随着罗马人继续向北出征，他们却发现越来越难以推进了。大约从公元前 47 年开始，越来越多的人接受了这样一种观点，即莱茵河以北的土地永远不会被罗马人控制。部落的抵抗是一个主要因素，但也有其他原因迫使他们止步于河边。首先，在许多罗马人看来，莱茵河的另一边毫无吸引力，因为那里不是茂密的森林，就是潮湿的沼泽地，还有瘦骨嶙峋的牛群和摇摇欲坠的营地。此外，驻扎在河边也使罗马军队更容易得到补给，因为谷物和饲料可以从南方用船运来。最重要的是，这条河（或者在荷兰，河流）在罗马人和对面的敌人之间形成了一道便利的屏障；一堵边境墙，把不信神的异教徒挡在罗马中心地带之外。最终，克劳狄乌斯（Claudius）下令，以莱茵河为界，修建后来被称为日耳曼边墙（Limes Germanicus）的地方。河岸上筑起了一排高墙、沟渠和瞭望塔，这些对于现代越狱电影的粉丝来说并不陌生。乌得勒支——克罗姆莱茵河的渡口（trajectum）——成为一个关键的边境前哨，相当于公元 1 世纪的赫尔曼德（Helmand）或巴士拉（Basra）。正如弗罗鲁斯（Florus）所写的："帝国没有在海岸前停下脚步，却止步于莱茵河岸边。"

我离开了发着绿光的边界，走进了大教堂广场，在那里我预订了乌得勒支罗马废墟的地下之旅。这一旅程始于街道下面几米深处，在一个看上去像是酒窖的易碎洞穴里。一位有着一头卷发、脚上穿着篮球鞋的友善的女导游开始讲述罗马在该地区殖民的历史，并在石头地上铺开布面地图，解释乌得勒支要塞是如何按照标准的平板式设计建造的（四个瞭望塔之间有四面墙相连）。后来，英国传教士威利布罗德（Willibrod）把这座城市作为在欧洲传播基督教的大本营，而大教堂就建在古罗马堡垒的废墟之上。"你可能注意到了，当你到达这里时，你正走在陡峭上坡的路上。"导游说道，指着从运河通往广场的人行道上几乎很难感知的斜坡。"那是因为所有不同的城堡和教堂都建在彼此的上面，直到整座建筑变成了一座大山。"她领着一小群游客转过拐角，提醒大家注意看一段破旧的罗马城墙，（因为找不到更好的比喻）这段城墙看上去就像一段破旧的罗马城墙。

短暂地在室外天光下露了个面，我们走了一小段路，穿过大教堂广场，又下了另一段楼梯，进入了一个地牢般的地下空间。他们给了我一个大手电筒，让我自由地在废墟中漫步。沿着一条金属走道在黑暗中绕着断壁残垣走，在城墙的各个角落，小心地散落着罗马遗迹和教堂的碎片——破碎的陶器、生锈的铁制武器和工具、被斩首的雕像和破损坍塌的拱门。在洞穴的背后，一块破碎的陶片上有一个清晰的爪印，这是数世纪前一只猫跑过潮湿的瓦片而留下的痕迹。"这太奇妙了！"一个站在我旁边的荷兰人叫道。"跨过两千年的历史只需要几分钟！"

地下之旅结束后，我离开了大部队，一眨眼就出现在阳光下。手机响了：是我的妻子打来的，一个在莱茵河北岸长大的自豪的鹿特丹人。我告诉她，我一直在学习默兹河和莱茵河北部沿岸的民族是如何成为欧洲为数不多、成功抵抗罗马征服的民族的。"我告诉过你！"她得意极了："北鹿特丹人民很顽强！"

乌得勒支的罗马堡垒只是罗马人沿莱茵河修建的一系列军事堡垒和贸易中心之一。沿河的其他基地也演变成了罗马人主要的定居点：Moguntiacum（美因茨）、Bonna（波恩）和 Colonia Agrippinensis（科隆）。然而，莱茵河并不是一个牢不可破的边界。罗马人与河对岸的部落进行了广泛的贸易往来，并尽可能地拉拢他们。罗马帝国最大的优势之一在于它有能力确保对手不仅被征服，而且被同化。部落男子排队等着成为辅助军，几十年一直驻扎在帝国各个遥远的角落，就为了一个简单的承诺，即一旦退休，他们就可以获得公民身份。罗马帝国兴盛的一大原因是很多人宁愿成为罗马人也不愿与罗马人作战。

起初，罗马人占领的沿河地带基本上用作军事管辖地，很少考虑现在所谓的"国家建设"。然而，随着时间的推移，罗马人也开始注重发展。他们以笔直的街道和棋盘式布局规划新的城镇，摇摇欲坠的棚屋被寺庙、剧院、图书馆、澡堂、商店、墓地和漂亮的别墅所取代。面包取代了粥，葡萄酒取代了啤酒。当地首领们从前会为儿子对罗马人的强烈抵抗而备感自豪，现在却喜欢穿着罗马服饰，住在罗马的房子里，并试图教他们的孩子拉丁语。以坚韧著称的日耳曼部落，成为罗马军队中最有价值的新兵。在入侵不列颠尼亚（Britannia）期间，日耳曼士兵穿着全套盔甲游过泰晤士河，最终打赢了梅德韦河（Medway）之战。

很快，莱茵河不再仅仅是一条边界，更是一条交通主动脉。虽然罗马人以他们的道路而闻名，但实际上，走公路进行旅行仍然很艰难。于是，只要有可能，货物就乘船沿河运输。一位历史学家后来计算出，如果在内陆水路上运输一件物品只需花费 1 枚硬币，那么同样的东西通过公路运输需要 6—12 枚硬币。随着贸易的繁荣，这个地区的人们不久前还仅靠谷物和野味维持生活，现在却因饱食安达卢西亚（Andalusia）橄榄油、意大利葡萄酒和埃及干果而日渐发福。船只运来了食物、衣服、陶瓷，还有几桶鱼露（一种由鱼内脏、鱼血和凤尾鱼经过日晒而成的混合物，在罗马时代和今天的番茄酱一样受欢迎）。和现代海关官员一样，罗马收费站对过往船只征收关税。普鲁塔克（Plutarch）在书中写道，检查人员"检查不属于他们的包，寻找隐藏的物品"，以致耽误了他的行程，这让他很是恼火。这里修建了适当的渡口，还建有供远行的商人让自己的马匹歇歇脚，或者让他们自己泡个澡的地方。这里的澡堂汇集了公共游泳池、友好的当地酒吧和会议中心等多重功能于一体。哈德良（Hadrian）提到，他看到有人连挂在墙上擦干身子的毛巾都负担不起。随着时间的推移，这条河就像一块磁铁，吸引着所有想借助强大的罗马军事机器发财的人——船夫、桥梁建设者、琥珀和鱼酱的进口商。在很大程度上得益于贸易和河流防御，科隆和北海之间的这片土地成为欧洲北部最繁荣的地区之一。至少在一段时期内，罗马莱茵河是一个非常宜人的地方。

天色向晚，但我还想在回酒店之前到更远处闲逛一会儿。随着夜幕降临，乌得勒支看起来异常壮观：古老的店面倒映在葡萄酒般深色的水中，桥下灯火通明，仿佛河边的巨怪正在烤火取暖。到了峡谷般的老运河，我走下一段陡峭而光滑的楼梯，来到了运河边。月亮的倒影完美地落在墨色的河水中央，仿佛一片被涟漪揉皱的象牙色睡莲浮叶。在水边，一对刚吃完晚饭的年轻夫妇正准备乘坐一艘双人皮艇回家，他们为谁该坐在前座、谁该坐在后座而吵得不可开交。"不，扬！"女人责骂道，"我会操控"。

第二天早上，我骑车离开乌得勒支，前往莱舍林（Leidsche Rijn）郊区。这趟旅程本身并不怎么振奋人心，要经过一些沉闷的现代化郊区，比如高架铁路、仓库般的超市，以及看起来像写字楼的住宅区。不过，隐藏在这一切之中的，却是一个相当特别的地方：一座罗马边墙堡垒（Castellum Hoge Woerd）的全尺寸复制品。它有两层楼那么高，由卡布奇诺色的木材制成，能立刻让人直观感受到莱茵河上的罗马堡垒会是什么样子。我爬上高高的墙，沿着它走了一会儿，向外眺望着现代化的住宅区，想象着曾是森林的那里住满了喧闹的部落居民。

堡垒内部与其说是博物馆，倒更像是苹果专卖店。墙壁、天花板和地板都是闪闪发光的白色，地板看起来干净得可以用来盛上一盘奶酪。闪亮的玻璃陈列柜里摆放着从乌得勒支的地下发掘出来的罗马文物：银币、手掌大小的雕像和破碎的陶罐。然而，它最主要的展品却令人震惊不已：一艘被发现埋在附近淤泥中的罗马莱茵河船。它有一个网球场那么长，而且很浅，曾经被用来沿着河流运送木材和其他货物到乌得勒支。如今，它格格不入地躺在闪亮的白色空间里，看起来像是一片巨大的棕色烟叶，在聚光灯下破烂不堪。我一直很想了解一些当地的风土人情，于是侧身走向另一位来访者——一位和我年龄相仿的漂亮女人，披着一条鲜艳的蓝色披肩——礼貌地问她觉得怎么样。当她粗鲁地没有回答时，我才意识到，她实际上是一个蜡像：一个栩栩如生的人体模型，摆放在那里，以向荷兰的孩子们展示一个真正的罗马人是什么样子的，顺便羞辱蠢笨的英国人。

尽管拥有宏伟的建筑工程与强大的军事力量，但罗马人对莱茵河地区的控制却总是相当脆弱。就像现代士兵与阿富汗或叙利亚的叛乱分子作战一样，罗马人发现，每当他们觉得自己打败了一个部落，另一个部落就会迅速冒出来继续战斗。袭击和反击摧毁了该地区。例如，在公元前12年，苏甘布里人（Sugambri）试图发起一场横跨莱茵河的进攻，但被罗马军队拦截了 [据卡西乌斯·狄奥（Cassius Dio）说]，罗马军队"沿着莱茵河顺流而下直到大海"，"沿途留下了破坏的痕迹"。罗马人在与北方部落的作战中几乎战无不胜，但代价却是惊人的。

可以说，转折点出现在公元9年，当时三个罗马军团在位于今天德国西北部的条顿堡森林（Teutoberg Forest）的覆灭撼动了整个帝国。切鲁西（Cherusci）部落一位名叫阿米尼乌斯（Arminius）的首领诱骗罗马总督瓦卢斯（Varus）率领大军进入部落领土，在那里他们遭到了一支庞大军队的伏击。罗马人寡不敌众。经过四天的血战，瓦卢斯意识到已经没有机会逃生了，于是拔剑自尽。获胜的部落人剜出战败的罗马人的眼睛、割掉他们的舌头来庆祝胜利，还把特别刻薄的言辞留给了"法律卫道士"——他们认为这些律师长期以来一直多管闲事地用规则迫害他们。据说，有人看见一个部落人把一个罗马律师砍下来的舌头高举在空中，洋洋得意地喊道："终于，毒蛇，停止嘶嘶叫了！"罗马人总共损失了大约 3.5 万名男女老少。一位罗马学者后来写道，"被森林包围"的罗马军队"被一直像屠杀牲口一样杀人的敌人消灭得几乎片甲不留"。

在随后的几年里，罗马人试图重振他们的权威，但从未实现平定下莱茵河。他们开始不再那么严密地对付侵扰进犯，经常遭受叛乱分子的袭击。公元 69—70 年，巴塔维人一次著名的起义[1]摧毁了许多河边营地，造成了乌得勒支堡垒严重受损——考古学家后来找到厚厚一层烧焦的木头和烧黑的石头，外加一个罗马士兵因害怕会被屠杀而藏起来的 50 枚钱币。与此同时，罗马帝国发现自己在波斯、利比亚、摩洛哥和苏格兰等边缘地带也不断受到叛乱分子的骚扰。帝国中心无力支撑，一切开始分崩离析。奥古斯都（Augustus）指出，罗马人试图将自己的权力扩展到远超出其自然腹地之处的做法，就像"那些用金钩钓鱼的人，如果鱼线碰巧断了，失去了金钩，那么他们钓到的所有鱼都无法弥补这一损失"。

到了公元 3 世纪，跨越莱茵河的部落入侵已成为家常便饭。城市开始萎缩。这个帝国连续被一帮无能的花花公子所统治，由于他们无法维持稳定与和平，生活在乌得勒支之类地方的人们便认为罗马的命令是可有可无，甚至是毫不相干的。就像好莱坞电影中被打倒的恶棍一样，罗马人在后期进行了几次还击，但大势已去——部落已经证实，"牢不可破"的日耳曼边墙实际上不过是

---

[1]　公元 69 年，在尼禄皇帝自杀后，巴塔维人利用罗马的政治内斗，由盖厄斯·尤里乌斯·奇维里斯（Gaius Julius Civilis）领导发动了起义。——译者注

一个很容易被攻破的软肋。甚至连大自然母亲似乎都站在了罗马人的对立面，海水奔涌上岸，冲毁了他们心爱的沿海神庙，把沙洲推过了他们的航道。公元 406 年，一个毁灭性的打击降临：由可怕的汪达尔人（Vandals）领导的日耳曼部落联盟发动了入侵，这些汪达尔人涌过莱茵河，逼近美因茨。这次袭击发生在隆冬时节，莱茵河很可能被冻住了，入侵者可以直接从冰上走过去。罗马人几乎没有抵抗，于是汪达尔人顺势洗劫了美因茨、沃尔姆斯和斯特拉斯堡等城市。这对罗马人来说是一个毁灭性的心理打击。根据阿基坦的普罗斯珀（Prosper of Aquitaine）的观点，"脆弱世界的框架"似乎已然崩溃。几年后，大批哥特人（Goths）侵入罗马，强奸、抢掠、摧毁寺庙。罗马人开始从边墙撤退。沿着这条河——正如一位同时代的目击者所说——罗马军队"像影子一样消失了"。莱茵河被证明是卢比孔河 [1]，罗马人对低地国家的占领结束了。

第二天早上，我出发去乌得勒支的南部和东部继续探索河流了。在酒店里研究地图时，我规划了一条自认为很不错的跑步路线，从袖珍小镇埃弗丁恩（Everdingen）到稍微大一丁点的小镇迪尔斯泰德附近韦克。我规划的路线相当长——大约 20 英里——但我平常是一个热衷于跑步的人，所以这次长跑虽然具有挑战性，

---

[1] 卢比孔河（Rubicon）是意大利北部的一条约 29 公里长的河流，曾经被认为是绝对不可以跨过的。西方有一句经典谚语叫 "Crossing the Rubicon"，意为 "破釜沉舟"。——译者注

但也兼具可行性。

我穿着短裤和薄帽衫瑟瑟发抖，在火车站吃了一顿能阻塞动脉的荷式杏仁酱夹心饼（gevuldekoek）早餐，然后搭乘一辆普速火车去了屈伦博赫（Culemborg），一个乌得勒支以南15英里的不起眼的小镇。从那里，我沿着一条安静的小路向西北慢跑了几英里，来到了埃弗丁恩，我选择从这里开始沿着莱茵河在荷兰的一条支流莱克河前行。刚开始很难跑，但天气对跑步者来说太理想了：天气晴朗，阳光明媚，天空湛蓝，空气冷冽清新，我呼出的白气就像吸烟时吞吐的白雾。

埃弗丁恩除了几栋房子和堤坝顶上弯弯曲曲的道路之外，几乎就没有什么了，但跑错了几次路后，我找到了启发我选择从这里开始跑步的地方：一个引人注目的五角星形状的堡垒，横跨几百米，低伏在河岸和堤坝之间，被一条宽阔的护城河围绕着，河里满是天鹅、鸭子和莲叶。我上次来这里的时候，堡垒看起来就像是一片废墟，我惊讶地发现，后来它被改造成了一家精酿啤酒公司的办公场所——如果有必要的话，它可以证明，西方世界的时尚潮流确实没有界限。

这条河与我迄今为止所见过的其他河段大不相同——不是结实的工业河段，而是宽阔而多沼泽的，它的边缘被潮湿的田野和围场隔开，围场上有很多咬痕，就好像一条饥饿的鲸鱼刚刚经过一样。继续向东，我愉快地逆流奔跑，河水在我的左边几米处平缓地流溢。奶牛和马匹在河岸上漫无目的地踱步，而河道本身却很安静，除了一艘缓缓驶过的蓝色散货船外便没有别的船只了。

尽管地势平坦，但这里给人的感觉却与英国惊人地相似：绿油油的、湿漉漉的灌木丛，沾满泥的遛狗者，教堂的尖顶俯视着树梢。我甚至半期待着拐过一个弯会撞见一支从狗与鸭酒吧回家的本地板球队，他们腋下夹着一卷《每日电讯报》（*Daily Telegraph*），一肚子苦水。

在屈伦博赫以北，我乘坐一艘小渡船横渡河流来到对岸，同行的还有 6 名神父。当他们开始大声咒骂费耶诺德[1] 最近的表现时，我有点惊讶。等我再仔细观察时，才意识到他们实际上是家庭油漆工，穿着黑色的防油漆罩衫而非长袍，拿着的是百事可乐，而非公用的葡萄酒。

河流未开发的北面没什么风景优美的人行道，于是我在骑行道上跑着，这是一条窄窄的红色柏油路，沿着另一条高堤的顶部蜿蜒而行，与河岸平行。我已经跑了大约一个小时了，当路面在脚下不断后退时，我觉得自己终于步入正轨，适应了熟悉的跑步者的节奏，我的双脚在身体下方毫不费力地做着无穷无尽的圆周运动。我记得，在荷兰跑步总是给人一种不同于其他地方的感觉，那种无休止的平直感让人很容易达到在其他地方难以实现的稳定节奏。一英里又一英里的路程在一种瑜伽般的恍惚状态中一下子过去了，只有偶尔停下来看看地图，让起泡的脚休息一会儿的时候才会中断。

三角洲地区并不总是那么平静。罗马人离开后，日耳曼部落

---

[1]　费耶诺德（Feyenoord）是一家位于鹿特丹的足球俱乐部。——译者注

迅速崛起，填补遗留下来的缺口，占领了废弃的定居点，并复兴了被忽略的贸易路线。其中一个部落取得了尤为显著的成功，然而与罗马人或维京人（Vikings）相比，历史并没有善待弗里斯兰人（Frisian）。今天，他们曾经强大的文化几乎被遗忘；没有角斗士的电影或电视剧来宣传他们的成就，即使在欧洲最权威的历史中，他们的功绩也被一笔带过。但他们的故事确实不同凡响。他们从莱克河和克罗姆莱茵河的一个小基地开始，建立了一个贸易网络，从今天的德国一直延伸到法国、英国和丹麦。他们促进了蜂蜜等商品在欧洲北部的普及，根据一些历史学家的观点，他们实际上创造了货币的概念。毫不夸张地说，他们是欧洲北部历史上最强大、最有影响力的民族之一，甚至可能是全世界最具影响力的民族之一。

在史前时代，弗里斯兰人主要生活在今天的荷兰北部，从海牙到格罗宁根（Groningen）的沼泽地带。公元前12年，罗马将军德鲁苏（Drusus）在渡过莱茵河后遇见了他们，他们在罗马历史上扮演着一个奇怪的混合角色：他们因摇摇欲坠的房屋和原始的生活方式而被罗马学者嘲笑，却又因在河流中航行的技能得到重视。弗里斯兰人在包括英国在内的许多地方为罗马军队服役；弗里斯兰商人则建立了一个横跨莱茵河、一直延伸至科隆的贸易网络。然而，他们始终保持着强烈的独立精神，并经常参加反对罗马统治的部落起义。弗里斯兰文化与罗马文化的融合是有限的，当罗马人从河流区域撤退时，弗里斯兰人很快便抓住机会填补了留下来的权力真空。

罗马人撤离后不过几十年，那些罗马道路就损毁得不成样子了：车辙纵横，坑坑洼洼，难以承载任何重物或易碎物品的运输。莱茵河等河流提供了一个显而易见的替代选项，而弗里斯兰人以他们的划船技术，获得了开发这一良机的理想条件。弗里斯兰商人很快就从他们原先的小块海岸线向外扩张，控制了北海沿岸的大部分地区，以及默兹河与莱茵河沿岸的贸易。公元9世纪一首迷人的、略带厌女主义色彩的诗歌，道出了每当弗里斯兰人回家时所期待的情景："他如此受欢迎……当他的船归来之时。他供养她，她迎接他，洗净他被大海弄脏的衣服，给他换上干净的。"

尽管弗里斯兰人很世故，但他们仍然是一群相当粗暴、强悍的船员。一位旅行者称他们为"海上的硬汉，不祥且可怕"。但他们关系网的绝对广度也促成了某种世界主义。当时，当欧洲其他大部分地区都以简单的面包和啤酒为生时，弗里斯兰人则享用着名副其实的野味、海鲜和乳制品盛宴，此外还有他们沿河进口的蜂蜜和葡萄酒等奢侈品。和三角洲地区的许多人一样，弗里斯兰人也是精明的推销员；在莱茵河上旅行时，他们遇到了早期的基督徒，于是他们很快就开始锻造小小的青铜"天堂钥匙"，并把它们卖给信徒，这称得上是无神论者在大教堂礼品店售卖宗教小玩意儿的鼻祖。随着贸易网络的扩展，他们的名字成了良好的商业头脑的代名词。到了公元7世纪，英国人把北海称为"弗里斯兰海"，凡是销售货物的人都不叫"商人"或"小贩"，而是"弗里斯兰人"。

跑了一个半小时，正当我的腿开始僵硬时，路边的一个小牌子显示我已接近目的地，牌子上写着：迪尔斯泰德附近韦克（Wijk bij Duurstede，读作"Wike by Durestay-da"）。几小时以来一直很安静的河流，突然又布满了那种自鹿特丹以后我从未见过的大型驳船。道路上挤满了车辆，景色变得不那么乡村英格兰化，而更像是荷兰的工业化郊区。跑过最后一个桥镇，我才意识到为什么：迪尔斯泰德附近韦克位于一个相当于主高速公路交界处的河边，阿姆斯特丹—莱茵运河在此与莱克河相汇，莱克河与克罗姆莱茵河相汇，这三条河汇合成一条莱茵河的河道。从这里开始，我将不用再沿着错综复杂的河流走，而是沿着一条单一的河道——莱茵河——一直走到阿尔卑斯山。

迪尔斯泰德附近韦克是一个点缀着一座角塔城堡的漂亮的小地方，一个满是休闲船只的小港口，还有一座据说是欧洲唯一的汽车穿梭式风车，那是一座高高的砖塔，底部有一个拱门，就像踢脚板上的一个老鼠洞。离开河后，我向内陆走了一小段路。在这样一个寒冷的工作日，我似乎是镇上唯一的行人，很多商店看起来都关门了。然而，迪尔斯泰德附近韦克曾是欧洲最重要的城市之一。它过去名为杜里斯特（Dorestad），坐落在庞大的弗里斯兰贸易帝国的中心。弗里斯兰人大约在公元7世纪来到这里，占领了一座废弃的罗马堡垒，建造了一个大港口和定居点。码头沿着河岸一直延伸到很远的地方，来自德国北部和斯堪的纳维亚半岛的船只带来了各种奇珍异宝：熊皮、海象的长牙和焦糖色的琥珀。猎狗用来帮助追捕猎物，而奴隶则提供了让船只逆流而上所需的劳力。当地的铁矿石在熔炉中熔化，用于生产工具和武器；

而进口的马鹿和驼鹿的鹿角则被雕刻成梳子、针、骰子、口哨甚至溜冰鞋。最大的一项交易是来自莱茵河中部的桶装葡萄酒，这些葡萄酒太重了，无法通过公路运输。正如当地一家博物馆一块标牌所言，杜里斯特在经济上的重要性"不亚于今天鹿特丹的欧罗波特港"。

另一项让弗里斯兰人驰誉四海的成就是他们的货币。当然，罗马人也使用硬币，但在他们的帝国崩溃后，大多数贸易又恢复了物物交换的方式，即用一种商品交换另一种商品。然而，弗里斯兰人彻底复兴了"钱"的概念，他们铸造了厚厚的银币，上面装饰有怪兽和神灵，这些银币在整个交易区内都获得了认可。弗里斯兰的钱是真正意义上的货币：这是一种价值流通的便捷方式，被广泛接受，它们还十分耐用，可以在数千笔交易中幸存下来而不会散架。如此一来，比较一船德国葡萄酒和一船埃塞克斯（Essex）玉米的价格就很简单了。正如历史学家迈克尔·派伊（Michael Pye）所言，弗里斯兰人改变了"物的价值观念……一种新的思维方式成为可能。"

然而，弗里斯兰的霸权无法永远持续下去。随着他们的贸易帝国不断壮大，他们逐渐发现自己遇到了这一地区最大的竞争对手——法兰克人。这个日耳曼部落以难以相处而闻名。"这是一种游戏"，圣希多尼乌斯·阿波黎纳里斯（Sidonius Apollinaris）写道，"他们把锋利的斧头从很远的地方扔过来"。他说，法兰克人是一头红发的"怪兽"，"用紧身布紧紧裹住下体"。

尽管受到很低的评价，法兰克人有时候作为雇佣兵而与罗马人结成同盟，并变得相当熟悉罗马文化。同弗里斯兰人一样，他们也逐渐吸收了罗马人不安分的扩张主义精神。从大约公元450年起，他们一路南下，逐渐将自己的控制区扩展到今天的荷兰、比利时、德国和法国的广阔地带。法兰克人，就像弗里斯兰人一样，稳固地填补了罗马人撤退后留下的权力真空地带，如同河水奔涌着灌满突然空了的港湾。

在一段时期内，弗里斯兰人和法兰克人有意避开彼此。然而，随着时间的推移，法兰克人开始进犯弗里斯兰人沿莱茵河的领土。两个部落频频打仗，杜里斯特的控制权在双方之间数度易手。公元734年，法兰克首领查理·马特（Charles Martel）终于击败了弗里斯兰人将他们赶出了莱茵河三角洲，并把他们驱逐到北方。弗里斯兰人沦为法兰克国王查理大帝（Emperor Charlemagne）的臣民，抛弃了他们的异教徒信仰——用迈克尔·派伊令人印象深刻的话来说，他们"停止敲碎头盖骨，转而信仰基督教了"。作为商人和下莱茵河的统治者，弗里斯兰人曾经煊赫一时，但现在，他们的时代已经结束了。[1]

然而，弗里斯兰统治的结束并不意味着杜里斯特的结束。事实上，在查理大帝的统治下，这个巨大的商业中心迎来了一个新的鼎盛时期，查理大帝巧妙地统一了日耳曼和高卢地区的大片土地，形成了一个从罗马到亚琛（Aachen）乃至更远的庞大帝国，

---

[1]　弗里斯兰人留下的物质遗产是有限的，但他们的名字仍存活于荷兰西北部的弗里斯兰省（Friesland）和弗里斯兰群岛，那里有许多人说弗里斯兰语或弗里西语（Frysk）。德国也有两个地区，分别叫作东弗里斯兰（Ostfriesland）和北弗里斯兰（Nordfriesland）。

而莱茵河是这两极之间的重要纽带。在查理大帝的统治下，杜里斯特继续繁荣发展，并带动了克罗姆莱茵河对岸城镇的经济发展；最终，杜里斯特成为查理大帝帝国的一个内部中转站，在那里，到达一条河的船只可以将货物移交给出发去往另一条河的船只。然而，到了公元9世纪初至中期，杜里斯特逐渐失宠，被附近的竞争对手所取代。城市的经济也受到环境变化的影响。随着莱茵河弯道的增加，克罗姆莱茵河逐渐淤塞，杜里斯特失去了它曾经完美的地理位置。

该地区后来的历史是复杂的，但可以说，杜里斯特棺木上的最后一颗钉子是维京人钉进去的，他们在公元9世纪来到这里，焚烧村庄，屠杀牲畜，威胁乌得勒支等大型定居点，并从教堂偷走珍宝。在公元837年一次著名的突袭中，莱茵河三角洲的一个大岛——瓦尔赫伦岛（Walcheren）遭到了彻底的破坏，维京人烧毁并洗劫了古老的弗里斯兰贸易站，然后挟持了妇女和儿童。公元834—837年，杜里斯特至少遭受了4次攻击。大约在60年代以后，这个曾经的商业中心几乎不再被提及。欧洲的弗里斯兰首都变成了一片宁静的死水；莱茵河上又一个小镇，遥远的过去将永远比未来更加辉煌。与此同时，弗里斯兰人自己则注定永远被忽视和低估——如同欧洲历史上的林戈·斯塔尔[1]。

双手冰凉、双腿酸痛，我一瘸一拐地穿过这个铺满鹅卵石的小镇，搭乘一辆回乌得勒支的火车，到达时刚刚赶上看见金色的

---

[1]　林戈·斯塔尔（Ringo Starrs）是英国音乐家、演员、鼓手，披头士（The Beatles）乐队成员。——译者注

夕照在钟楼顶上若隐若现。长跑让我筋疲力尽，我迷迷糊糊地在迷宫般的街道上蹒跚而行。为了节省点钱，我在一家廉价的青年旅社订了一个床位：一个荒凉的如监狱的地方，有塑料般的上下铺床、塑料般的地毯和塑料般的床单。相较于罗马或法兰克式别墅的辉煌，它与苏联的监狱有更多的相似之处。尽管如此，我还是瘫倒在床上，甚至没有打开买来当晚餐的薯片的包装袋。

　　不幸的是，我和一个年轻人同住一个房间，他几乎整个晚上都坐在床上，大声地和他的女朋友煲电话粥，上气不接下气地重复着恋爱中的傻瓜才说的那些套话："我更爱你。不，我更爱你！不，你先挂电话！"每次我一起床，他就会迅速把手机塞到枕头底下，躺下假装睡着，在我恳求他去别的地方打电话时，他就会发出响亮的鼾声，然而我一回到床上，他就立马再次拿起手机。不用说，我睡得很不好，只能咒骂着用脚踢我上面的床板，而那个在上铺的傻瓜继续喋喋不休。当我一大早悄悄地爬起来时，他终于睡熟了。我出门的时候在他的鞋子里塞满了薯片。

第 4 章

遥远的桥：阿纳姆与德荷边界

每年9月，阿纳姆（Arnhem）西边的天空就布满了降落伞。首先来的是一架架肚子鼓鼓的螺旋桨驱动的古董飞机，嗡嗡地在低低的灰色云层下缓缓现身。接着，飞机门开了，他们一个接一个地出现：几十个跳伞者，摇摇晃晃地悬在圆形军用降落伞下，像黑色的毒菌一样从天上掉下来，慢慢地向田野降落。人群欢呼着，铜管乐队奏着乐，勇敢的退伍军人被致谢，然后游客离开，每个人都继续过各自又一年的生活。但在史书中，阿纳姆就像诺曼底（Normandy）或长崎（Nagasaki）一样，永远以发生在那里的沉痛历史而闻名。

在荷兰，阿纳姆周围的地区因一件相当简单的事情而广为人知：（用荷兰人的话来说）它与其他一切都相去甚远。相比乌得勒支，阿纳姆离德国近得多，周围有几英里的农田，而且名声在外（至少在荷兰西部城市的居民中是这样的）：在一个没有山的国家里，到处都是所谓的"乡下人"（hillbillies），有点落后。"那里的人很不一样"，阿姆斯特丹和鹿特丹的朋友们阴沉地警告我，仿佛在谈论苏丹（Sudan）或西伯利亚（Siberia）某个偏远的角落，而不是一个小时车程之外的某个地方。"远东！"一个人喊道："天哪，那里太无聊了！"

带着这些偏见，我惊喜地发现阿纳姆其实是一个美丽富庶之地，看不到什么农民，也没有奶牛在城市街道上慢慢踱步。沿着河岸漫步，那里并没有我以为的荷兰粗花呢般的粗鄙之气，更多的是英国或德国大教堂城市那种温和的世界主义。

历史上，这一地区的莱茵河曾经是荷兰两大教派之间著名的分隔线；"河下面"的居民主要是天主教徒，而河流以北的居民则主要是新教徒。然而今天，阿纳姆的居民似乎围绕着一种新的共同宗教团结起来：购物。街道狭窄而曲折，但开满了无数昂贵的连锁店和时尚精品店。尽管阿纳姆过去曾动荡不安，但它给人的感觉像是很宜居的地方。

阿纳姆位于下莱茵河的北岸，这条河醒目地衬托着这座城市：河流宽阔，色如钢铁，建造精良的石堤，微风拂过的河边长廊，两旁是露天餐厅和酒吧。天气很好——天空湛蓝，阳光灿烂，宽阔的河流在阳光下闪闪发光。我停下来拍摄一家名为莱茵河马赛克（RijnMozaik）的色彩斑斓的土耳其餐厅时，差点被三个年轻人撞倒：他们骑着自行车来到镇上、拖着高高垒着渔具的小拖车。"阿纳姆！"其中一个喊道："Vet, joh！"——酷吧，哈！

我在诸多露天咖啡馆中找了一家停下来吃午饭。阳光是金色的，我喜欢在阳光下小坐片刻，看着慢跑者和骑自行车的人来来往往。我一直想成为素食主义者，但我的意志力崩溃了，于是我

点了一个芝士汉堡。正如伟大的萨拉·佩林（Sarah Palin）曾经
说过的那样，如果上帝不打算让我们吃动物，他怎么会把动物变
成肉呢？一对和我年龄相仿的夫妇过来了，发现咖啡馆里生意很
好后，便毫不犹豫地挤到我附近的桌子上，用肘推搡着，就好像
挤上了泰坦尼克号的最后一艘救生艇。我记得，荷兰人并不把个
人空间视为一个永远不应该受到侵犯的神圣区域，而是把它当作
一个所有人都受欢迎的公共领域。令我痛恨的是，一个女人把她
的手机放在桌子上，开始通过扬声器播放响亮的舞曲。我简直想
把她推到河里，但作为一个英国人，我显然不能抱怨。

　　午饭后，我骑着自行车从阿纳姆向西出发，沿着河流来到奥
斯特贝克（Oosterbeek），这是北岸一个绿树成荫的村庄。如今，
这里是一个让人昏昏欲睡的好地方，退休人员在这里照料他们的
别墅，孩子们成群结队地骑车上学。不过，如果说这里曾经是欧
洲命悬一线之处，也毫不夸张。

　　在近代史的大部分时间里，荷兰的冲突就像这里的高山一样
罕见。在荷兰从西班牙赢得独立后的几个世纪里，荷兰政府基本
上坚持在蹂躏欧洲的战争中保持中立的政策。任何形式的暴力几
乎闻所未闻，荷兰人几乎毫发无损地逃过了第一次世界大战，即
使邻国比利时被夷为平地。

　　然而，随着第二次世界大战的爆发，那种安全港的感觉突然

不见了。对于纳粹来说，若要从德国向西扩张领土到英国、比利时和法国，入侵荷兰势在必行；作为一条近路和一个中转站，荷兰拥有宝贵的国际港口和漫长的海岸线，可以用于攻击英国。1940年5月，希特勒无视荷兰人不想惹麻烦的请求，突然袭击了荷兰。德国伞兵被派往海牙，试图控制荷兰政府辖区，其他部队也被派往荷兰北部省份。尽管荷兰军队激烈反抗，但由于装备不良，数千人丧生。威廉明娜女王（Queen Wilhelmina）和内阁成员乘船逃往英国。5月14日是决定性的一击，鹿特丹遭到了大规模的狂轰乱炸，引发了世界末日般的熊熊大火，港口被摧毁，市中心则被夷为平地。面对如此巨大的毁灭，同时被纳粹警告说有更多的轰炸机正在前往包括乌得勒支在内的城市的路上，荷兰人迅速投降。法国人和比利时人也紧随其后。

在荷兰的部分地区，日常生活并没有因为纳粹的统治而中断，这在一定程度上要归功于希特勒的观点，即荷兰人是德国人天生的战友，是雅利安族的同胞。然而，在荷兰的大部分地区，人们遭受了可怕的苦难。随着纳粹不断加强管控，并加固了河口附近的海岸线，成千上万的荷兰人要么挨饿，要么被纳粹占领者和荷兰叛徒残忍虐待。在海牙，成千上万的房屋被拆除，为海滨掩体让路。在乌得勒支，男人们从街上被抓走，带到德国的工厂干活。在鹿特丹，人们在废墟中忍饥挨饿。在阿姆斯特丹，一个带着日记的小女孩搬进了她父亲办公室的一个密室。[1]成千上万的人，其中很多是犹太人，被送往集中营一去不复返。

---

[1]　指的是德籍犹太人安妮·弗兰克，写下了著名的《安妮日记》。——译者注

在漫长的 4 年里，苦难从未停止，但到 1944 年夏天，结束的日子终于在望。1941 年，希特勒入侵苏联，希望以致命一击赢得战争，但却引发了一场残酷的消耗战，他的军队在两条战线之间被粉碎。盟军定期对科隆等德国城市发动 1000 架轰炸机的袭击；疲惫不堪的德国军队的反叛情绪越发显著；而希特勒，正越来越力不从心地努力控制一片巨大的领土。与此同时，盟国没有心情宽恕和遗忘。温斯顿·丘吉尔（Winston Churchill）承诺"让德国人众每个月都尝到并咽下更大剂量的他们给人类带来的痛苦"。

1944 年，盟军穿过英吉利海峡到达诺曼底。多米诺骨牌开始倒下：8 月 25 日，巴黎解放，9 月初，布鲁塞尔和安特卫普紧随其后。随着纳粹集体投降，盟军横扫法国和比利时，一个又一个城镇的人们载歌载舞，热烈欢迎。仍有许多激烈的战役要进行，盟军面临着确保军队充足的食物、燃料和弹药供给这一巨大难题，但在许多士兵看来解放欧洲已经是易如反掌了——正如一位英国指挥官所说——就像"联合收割机穿过一片玉米地"。

然而，至少还有一个巨大的障碍横亘在盟军穿越欧洲的道路中间：莱茵河。随着纳粹开始撤退，这条河成为一个明显的天然屏障——历史学家劳埃德·克拉克（Lloyd Clark）形象地称为"流动的安全毯，在它的掩护下，他们支离破碎的国家得以畏缩不前"。"如果有必要"，希特勒说，"我们将在莱茵河上作战"。

在盟军总部，英美两国领导人就如何最好地攻破这条河激烈地争辩不休。很明显，如果他们要到达柏林，就必须穿越莱茵河，但是由于大约有 200 万士兵要横跨欧洲大陆，从北海到瑞士，英美两国在如何使用兵力的问题上存在分歧。他们应该专注于单一的"窄前线"，像刀一样刺穿纳粹前线吗？还是应该在"宽前线"作战，像扫把一样扫过莱茵河赶走德国人？经过反复的争论，他们最终决定发起一场"单次全体出击"，在阿纳姆附近的大河上建立一座桥头堡。3万将士将用降落伞和滑翔机空投到敌后深处，在那里他们将占领桥梁。与此同时，坦克和步兵将从埃因霍温（Eindhoven）附近的盟军防线向北出击，在夺回的桥梁上开辟出一条路线，然后向柏林进发。第一个机载部队的代号是"市场行动"（Operation Market），第二个陆基部队的代号是"花园行动"（Operation Garden）。合起来，就是"市场花园行动"（Operation Market Garden）。这个名字听起来像一个英国夏日派对一样温文尔雅，事实上却极其冒险。就像在罗马时代一样，莱茵河已成为最后的边界，是抵御文明之敌的最后一道防线。"当你想到保卫英国时，你不再会想到多佛（Dover）的白垩悬崖（chalk cliffs）"，英国首相斯坦利·鲍德温（Stanley Baldwin）曾说过。"你会想到莱茵河。这就是今天我们的边界所在。"

　　在奥斯特贝克，我骑着车向北远离河流的方向，快速绕了村子一圈。那里没有什么吸引人的地方，但唯独一个地方我很好奇：彼尔德伯格酒店（Bilderberg hotel）。在互联网的某些阴暗角落，奥斯特贝克因作为彼尔德伯格系列会议的诞生地而臭名昭著。彼尔德伯格会议最早于1954年在奥斯特贝克召开，每年有百名世界上最重要的政要和金融巨头参加，很快就成为无数阴谋论的主题；"彼尔德伯格成员"（还有很多其他因素）被指控秘密策划了"9·11"袭击，以掩盖巴拉克·奥巴马（Barack Obama）接管美国的"共产主义阴谋"，并哄骗美国人喜欢披头士。在成立六十多年后，这些会议早已不在彼尔德伯格酒店举行，但对一些人来说，这个褪色的荷兰酒店仍然是贪婪的国际精英们的代名词。对我来说，这一切听起来就像是一堆垃圾，但我忍不住停下来喝杯咖啡，吃块荷式焦糖松饼。我在手机上漫不经心地浏览了几分钟阴谋论网站，注意到这些网站不知何故经常把注意力集中于以色列据说在彼尔德伯格集团中所起的作用上。咖啡很淡，Wi-Fi 也坏了。邻桌的一对老夫妇正在谈论他们的孙辈有多聪明伶俐。总而言之，莱茵河边的这个村庄似乎不太可能是真正主宰世界的地方。

酒店外，奥斯特贝克宽阔的街道两旁是自行车店、面包房和看起来很贵的住宅。骑着自行车向东，我很快就到了空战公墓，这是一片被高大的树木环绕的正方形绿地，给人一种森林间的空地般沉静安详的感觉。一个巨大的白色大理石十字架立在一端，两侧是一排排长长的牙齿状墓碑，在阳光下闪闪发光。我把自行车锁在树上，穿梭于墓碑间，在笔记本上写下墓碑上的姓名和日期。这里总共埋葬或纪念了近 1700 人——英国人、新西兰人、加拿大人、澳大利亚人、荷兰人和波兰人。与阿灵顿（Arlington）国家公墓或伊普尔（Ypres）墓园这样的公墓相比，这个公墓的规模不算大，但如同很多这样的地方一般，它安静地萦绕于我的心间，还有几位老人手捧着一束束鲜花，在墓碑之间穿行，我发现很难不为所动。在墓地的尽头，一位老人站在一个祭坛状的基座上，基座上刻着"他们的名字永垂不朽"。我向他打招呼，当他抬起头时，我看到他眼里含着泪水。

1944 年 9 月 17 日，盟军向阿纳姆发起进攻。数百架飞机飞越英吉利海峡：轰炸机、战斗机、运输机和数十架滑翔机——滑翔机由很薄的胶合板制成，里面装着伞兵，就像特洛伊木马一样。当他们飞过英格兰东部时，机队形成了惊人的景观：一股永不停歇的飞机流低空飞行而过，声音之大足以震响底下农舍里的茶杯。令人惊讶的是，机组人员被告知，他们将在英国的自家机场附近完成一次短暂的训练飞行，结果却意外地发现自己参与了史上最大规模的空中袭击。他们的恐惧心情可想而知，但他们的领导人却对胜利充满了信心。英国指挥官约翰·弗罗斯特（John Frost）甚至带上了他的高尔夫球杆。

经过大约三个小时的空中飞行，飞机接近了目标区域。滑翔机与他们的拖航机分离，向阿纳姆周围的平地俯冲，重重地降落在拥有长长的金属滑道的草地上。盟军飞机猛烈扫射地面上的德军阵地，奥斯特贝克和阿纳姆的上空布满了降落伞；成千上万个白色圆顶像灯笼一样从天而降。伞兵团第 10 营的战士在他们的吉祥物——一只活鸡的陪伴下跳了下来，这只鸡被塞在了一名伞兵的夹克里。

突袭带来的惊愕很快就过去了，纳粹开始枪口朝天地开火。飞机和滑翔机密密麻麻地坠向地面。"当我们回来的时候，飞机看起来就像一块蕾丝窗帘，"一位迷惘的飞行员回忆道。但总的来说，这次登陆取得了显著的成功，到下午早些时候，共有近 2 万名盟军士兵被派往敌后。在很多地方，纳粹士兵完全被打得措手不及。一位名叫詹姆斯·西姆斯（James Sims）的军人后来写道，他发现了一群"穿着周日制服的纳粹士兵……被困在我们降落的地方，和他们的荷兰女友长时间地接吻"。"他们的脸"，他说，"越来越红了"。

士兵们从奥斯特贝克的登陆地出发，步行前往阿纳姆，沿着我现在骑车经过的那条住宅街道前进。今天，这个地区不过是平淡无奇的家庭生活的缩影，但在 1944 年，它绝不是。纳粹迅速意识到盟军计划的主要缺陷：通过封锁几条关键道路，德国人可以将伞兵与河流隔离开来。行动很快陷入了混乱。英国伞兵发现他们的无线电不能正常工作，一些士兵只好回归用信鸽向英国送信的原始方式。当纳粹切断了奥斯特贝克的水源供应时，其他人只能被迫饮用鸟池里的水。一些英国人设法攻入阿纳姆，占领了莱茵河上一座桥的北端。然而，由于通信不畅和物资匮乏，他们孤立无援、举步维艰，无法占领整座桥，只能坐等敌人的坦克轰隆隆地开进阿纳姆。一名盟军士兵后来写道，纳粹就像"火蚁——一旦被招惹就会致命"。

经过两天的奋战，盟军士兵仍被压制在废墟中，德国人有条不紊地用大炮向他们持续猛击。阿纳姆的医院里挤满了受伤的盟军士兵。一名在坦克袭击中幸存下来的英国士兵发现"奥斯特贝克面目全非，就好像一个巨人把所有的建筑物都卷走了一样"。很多人伤势严重，而有些人伤得较轻。当一名士兵因癫痫似的抽搐而倒下时，他的战友们担心他被弹片伤到了大脑，但一名护士给出了一个更简单的解释：他是因为一个塑料炸弹块掉进他的茶里而中毒的。停止喝茶后，他很快就完全康复了。还有很多人作为战俘被俘虏。一群英国士兵被一名纳粹军士长拘留，他们本以为会就入侵计划接受审讯，但发现逮捕他们的人正热衷于学英语，对他们只有一个问题："'bollock'[1] 是什么？"

与此同时，当地的荷兰居民正在尽其所能地支持解放者。一些曾饱受纳粹野蛮占领之苦的荷兰人，对英国人的彬彬有礼感到十分困惑，这些英国人会颇有礼貌地问，是否可以从他们卧室的窗户（向外）开枪。其他当地人则专注于保持万物整洁有序。一名士兵报告说，一辆满载纳粹军官的汽车被英国士兵用机关枪扫射后，几名荷兰妇女就出现并开始清扫街上的碎玻璃了。在其他地方，一名随军牧师和一群士兵一起静静地祈祷，牧师问士兵："你们中有多少人读过马可福音第 17 章？"士兵们回答说他们确实都认真读过，神父微笑着回答道："马可福音只有 15 章。"[2]

尽管有这样的轻松一刻，但情况还是很糟糕。在他们预计战斗会结束几天后，部队意识到，即使市场花园行动尚未完全失败，也将面临失败。布里安·赫洛克斯（Brian Horrocks）将军称为"我人生中最黑暗的时刻"。成千上万的士兵伤亡，当地居民也付出了沉重的代价。英国伞兵伦纳德·莫斯（Leonard Moss）后来辛酸

---

[1] "bollock"是一句比较粗鄙的英语俚语，其变体为"ballock"，来自于古英语"beallucas"，意为"睾丸"。——译者注
[2] 事实上马可福音共 16 章，此处为牧师的幽默回答。——译者注

地讲述了他在拜访荷兰一户人家时看到的情景：

> 农舍内部已经被毁掉了……满地碎玻璃渣在脚下咔嚓作响，家具都被故意打碎砸坏了。屋子里没有任何一个盘子或碗是完整的。坐在角落里一个木凳子上的，是一个荷兰人。他正值中年，谢顶，浑身肮脏，身材枯瘦。他抬起头向上看，涕泗横流，眼眶通红。他用一只手做了个手势，仿佛在问"为什么？"然后绝望地把脑袋埋在手心里。他的整个生活，他毕生奋斗的事业，已经被全部摧毁了。

我离开墓地，沿着河岸朝着阿纳姆的方向往东骑车。从路上看，河水基本上被浓密的灌木篱墙挡住了，但骑车的感觉通常很惬意，道路平坦得简直可以装进一个信封里。临近阿纳姆，河岸上也没有汽车，铺着漂亮的鹅卵石，岸边停着几艘大型游船。我路过一个小型的战争纪念碑，看到上面有一幅现代"掠夺者"无人机的涂鸦小画。这是到底对战争演变的诙谐评论，还是可耻的破坏行为，我无法确定。在阿纳姆这样的地方，要把这里痛苦的历史与当前的平静调和起来是很困难的。难道在我父亲的有生之年，这里真的有几百名士兵被机关枪打死吗？就在那个小女孩喂天鹅的地方？看着一队赛艇者在阳光下滑过，我想对阵亡者最大的敬意或许是：阿纳姆曾经充满仇恨、血流成河，现在却显得那么平凡。"这里不是曾经发生过什么战争吗？"我听见一个过路人说道。

1944 年，在市场花园行动开始的一个多星期后，阿纳姆的解放者最终承认战败了，盟军开始撤退。数百名精疲力竭、负伤累累的士兵齐聚在泥泞的河岸边，等了好几个小时才轮到他们登船。即使战败了，也不乏黑色幽默的时刻。一个等着过河的士兵低声问负责装载的军官："喂，伙计，我们去利物浦街站在哪儿换乘？"黑暗中发出一阵笑声，回答道："下船，坐 303 路往西开的公共汽车！"

然而，在绝大部分时刻，战败盟军的悲观情绪不言而喻。一名士兵后来写下了一段文字，酸楚地描述最后一次过河撤退的见闻：

> 我坐在船尾，像个小孩子一样瑟瑟发抖。从我的位置上，可以看到排队等待救援的部队，那些迷惘、孤独、冷漠的面孔，有些惊恐，有些无奈。机关枪持续扫射水面。一具尸体撞到船上，被河水卷走，很快就消失了；他只是我见过的被流水冲走的众多人之一。

到了凌晨 2:30，奥斯特贝克最后几名空降兵离开他们的岗位，潜入水里。至此，市场花园行动告终。

有的人可能会争论这一行动并非全然的失败。纳粹对莱茵河的控制被削弱，而未来解放荷兰的基础可以说已经打下。但是没有人会怀疑盟军为此付出了惨痛的代价。数百个英国人、美国人、波兰人和其他国家的人被杀害，阿纳姆和奥斯特贝克化为一片废墟。后来，军方领导人受到严厉的指责，因为他们未能考虑到，鉴于这些桥梁充当了通往柏林之路的屏障，德国人会如何激烈地战斗，以保住桥梁的控制权。一名士兵的总结很简洁："不应该是这样的。"莱茵河没有被占领，盟军也没有获得进军柏林的跳板。阿纳姆的那座桥是——正如老话说的——一座遥远的桥。

离开阿纳姆，我骑车向东，穿过一座高高跨越水面的大桥。我比对了地图，意识到这就是艾赛尔河，从北面流入莱茵河。相比于宽阔而繁忙的莱茵河，艾赛尔河看起来很宁静，胖胖的黑白花奶牛在苹果绿的田野里漫步，这片紧靠河边的田地是人们特意开辟的，为的是缓解其他地方的洪水。我很好奇如果发生灾难性的大洪水，牲畜会怎么样，希望奶牛会游泳。再走一两英里就是汇合处了，两条河在这里无缝地融合在一起，就像拉链的两半合起来一样。一艘小型快艇沿着主航道疾驶而下，留下了一大片泡沫尾流，十几头奶牛挤在一弯小小的沙地上。垂钓者们蜷缩在他们的绿色圆顶帐篷外，就像爱斯基摩人在他们的雪屋外一样。我无意中听到其中两个人在愤怒地讨论荷兰医疗保健糟糕的质量和昂贵的花费，我想起了自己上次去荷兰医院的情景，那是一栋闪闪发光的无等待式大楼，看上去就像一个谷歌园区，我很好奇这些人有没有意识到自己有多幸运。

微微朝原路返回，我发现了一个小小的战争纪念碑：一个大餐桌大小的圆形水泥基座，两侧有两根旗杆，用来纪念英国军队横渡艾赛尔河时在此激烈作战的一个师。一块小信息牌用不合语法却富有诗意的话注解道："军人和平民参与了战争轮盘赌，牵涉了生存或死亡、幸福或悲伤。"我停下来想拍张照片，却被一对开着一辆野营车的夫妇打断了——这是一对快活的德国中年人——询问去奥斯特贝克的路。我开始愉快地给他们指路，但没说几个字就被一个荷兰年轻人打断了，他冲过来纠正我：不，不，他（我）解释得不够清楚；你们（他们）必须先拐过街角，然后再过环岛。我再次想到这个世界是多么奇怪和奇妙；在这个英国人和荷兰人曾经生死攸关的轮盘赌中与德国人决一死战的地方，现在人们最关心的是，英国人是否记得告诉德国人要在红绿灯处左转。"我希望你们在荷兰玩得愉快！"荷兰人说道。

当然，莱茵河最终还是被攻破了——不是在阿纳姆，而是在更东南的地方，那里有几支盟军士兵的队伍为建立通往纳粹老巢的桥头堡的荣誉而战，其中就包括德国的雷玛根镇（Remagen）。在阿纳姆地区，关键的突破点在靠近德国的沿河小镇里斯（Rees）和韦塞尔（Wesel）。市场花园行动失败后，盟军不得不承认，他们原本希望即将结束的战争还会持续数月，这迫使他们（正如一名加拿大士兵所说）"一码一码、一道一道"地击退纳粹分子。随着冬天临近，河面结成冰，食物供给也即将耗尽。在鹿特丹和阿姆斯特丹这样的城市，公园的长凳被砍碎用于生火，郁金香球茎用于果腹，尸体像引火柴一样堆在教堂外。与此同时，希特勒向比利时南部的阿登高地（Ardennes）发起了猛烈的反攻，并向德国的无线电侦察员一再保证盟军指挥官完全没有入侵德国国土的能力。温斯顿·丘吉尔，希特勒说道，就是个"酒鬼"，而罗斯福（Roosevelt），则是一个"毫无地理常识、只会在火炉边喋喋不休的人"。

1945 年年初，希特勒的政权瓦解，苏联人逼近柏林，盟军在罗尔河（Roer）、默兹河、利珀河（Lippe）和莱茵河发起了新的攻势。为了确保攻其不备、出其不意，他们精心设计了欺骗纳粹间谍的计策，安装了可充气的橡胶坦克和大炮。弹药和其他补给被堆放在通往北方的道路两旁，如此放置是希望敌人的侦察机把它们误认为仅仅是堤坝或树篱。据一名观察员计算，单单弹药就构成了一堵 5 英尺高、30 英里长的墙。与此同时，纳粹尽其所能减缓盟军的进攻，他们炸毁了堤坝，使盟军的前进道路被冰冷的洪水阻断。在接下来的几周里，伤亡惨重，但丘吉尔为大家提供了一个难得的轻松时刻。1945 年 3 月初，他开始参观纳粹为阻止盟军而修建的锯齿形防御工事。首相向聚集在一起的记者们发出警告，"这是与这场伟大战争密切相关的行动之一，绝不能用照片再现出来"，然后解开扣子，越过防御墙在纳粹领土上撒了泡尿。

3 月底，在莱茵河对岸的里斯和韦塞尔，发生了最后一次袭击：这场袭击被奇怪地命名为"掠夺行动"。一位名叫丹尼斯·惠特克（Denis Whitaker）的士兵回忆道："5000 支枪同时发出了一声坚实的轰鸣。炮弹在东岸炸开，发出的巨响就像许多货运列车在夜间飞驰一样，大火似乎罩住了整个海岸；很难想象在河的另一边有什么东西能存活下来。"韦塞尔的河岸爆发出一道火焰墙，在水中反射出耀眼的光芒。盟军的水陆两栖车辆在泥泞的河岸上滑行，数百架英国皇家空军（RAF）轰炸机出现在头顶，向纳粹阵地投下炸弹。期间，一名美国士兵停下来在一枚炮弹上潦草地写下"300000"——这是美国人在一小时内发射的第三十万枚炮弹。效果很是触目惊心："整个（韦塞尔）镇看起来就像被反复捡起来又扔下去"，一名士兵说道。

凌晨1点，韦塞尔被攻克了，莱茵河东岸的一系列滩头阵地之一被建立起来。那天清晨，丘吉尔再次来到前线，从一个军事观察哨眺望莱茵河对岸，炮火声仍旧在水面上回荡。首相叼着标志性的雪茄，表示很高兴能亲历其间。他后来写道，"莱茵河及其所有要塞已经证明，如果没有手段和精神去守阵，物理的障碍是徒劳的。一支被打败的军队，不久以前还是欧洲的主宰者，在追兵面前退却了"。

丘吉尔也许有点言过其实，但横渡莱茵河无疑是一个决定性的时刻。过了河之后，盟军展开了为期六周的进军德国行动。北方的城市相继解放：汉堡（Hamburg）、阿姆斯特丹、格罗宁根。在阿纳姆，一支英加联军激战数日，解放了这座城市。跨过莱茵河不到一个月，希特勒在柏林的地堡里自杀了。一个星期后，德国正式投降，盟军浩浩荡荡地穿过荷兰，一路向一边欢呼一边挥舞着郁金香和橙色彩带的人群投掷巧克力、香烟和肥皂。从莱茵河的上游到下游，人们都为胜利而欢欣鼓舞。丘吉尔后来在伦敦对国会议员们说，荷兰人在"敌人的控制下"受尽折磨，但"他们承受的压迫使他们更加坚强"。不过，也有其他人持不同观点。一位名叫威尔玛·库勒（Wilma Kuhler）的年轻德国妇女写信给一名威尔士士兵，感谢他将她的丈夫埋葬在战场上。"战争解决不了任何问题"，她说。

顺着一条像接缝一样穿过堤坝的沥青自行车道，我继续沿着河向东骑车。天气还是好得地出奇，车道上都是骑行者——如此之多，事实上，以致我常常不得不下车推着车走——这个问题我在英国乡村的自行车道上从没遇到过。

在我的左边，我经过了几十间梯形的小平房，紧接着是一片被"出售建筑用地"的告示包围的沼泽地。一个拿着记事本的男人站在那里，画着一个看起来像是要在那里盖一座小屋的粗略计划草图。我稍停了一下，多管闲事地从他背后偷偷瞄了一眼。"那将会非常棒！"他说道。再往前走，草地上布满了大块的奥兹曼迪亚斯[1]式的石头和混凝土——更多的战争遗迹。这条河本身总体上很平静，但我看到一艘相当大的集装箱船沿着寂静的河道汹汹而来，就像乡间小路上出现一辆巨型卡车一样不协调。隔着河的南面，景色就如同荷兰常见的那样，漂亮但没有什么特色，空旷的绿野如野餐时的毯子一样平展开来。我简直觉得如果我跳得足够高，就能够看到丹麦了。

刚经过潘纳登（Pannerden）村，我在一个浮桥上休息，一艘满载荷兰骑行者的小渡船正从这儿驶过莱茵河。一群争强好胜的 40 岁荷兰人在我身后停了下来，他们都是些瘦骨嶙峋、晒成红

---

[1]　奥兹曼迪亚斯（Ozymandias）是埃及法老拉美西斯二世的希腊名字，雪莱曾以此为题写下了他的十四行诗名篇。——译者注

褐色的人。在快速检查了我的自行车后，他们对我宽松的非莱卡服装皱起了眉头，然后执着地讨论是"今天骑120"还是"只骑100"后就停下来。波光粼粼的水面对面是几个小沙滩，年轻的姑娘们在那里游泳，而她们的男友则懒洋洋地躺在沙滩上。看着地图，我意识到他们在另一个国家：在这个地方，河的北岸是荷兰，而南岸是德国。"我们去德国吃午饭好吗？"我听到一位骑自行车的男性问他的妻子，是否要乘渡轮。"是的，我想是的"，她回答。"为什么不呢？"

我停留在了荷兰，但随着越骑越远，我明显地感觉到变化近在眼前。德国汽车的数量开始超过了荷兰的，道路指示牌的地名后面会根据其位于国境的哪一侧而附上（D）或（NL）。刚经过斯派克（Spijk）村，我猛然意识到我沿着走的路牌的字体与之前的那些不同，我目前在的这条路叫伦德大街（Runde Straße），一个听起来很不荷兰的名字。我又往回骑了一小段，成功找到标记字体开始变化的准确位置，就在一条沿着河岸的路的急转弯处。我再次检查了我的地图并确认了就是这里——荷德边境，除了我手中的纸外完全没有其他任何地方有标识。哪怕在荷兰跨省或者在伦敦跨自治市，通常都会有一个标识来展现行政区划的变化，但在这里完全没有；没有旗帜，没有路面标线，没有写着荷兰语或德语的"欢迎"（Welkom or Willkommen）的标牌来祝贺我。在这里，民族国家似乎是一个过时的东西了。

荷兰和德国的边界并不总是这么隐蔽。1788年，托马斯·杰斐逊（Thomas Jefferson）在这附近的某个地方越过了大西洋，两个国家之间的差异使他大为震惊，因为他（和许多美国人一样）认为这两个国家在很大程度上是相同的。杰斐逊在他的日记里写道："跨越荷兰和普鲁士领土之间的界线，明显地发生了从安逸富裕到极度贫困的转变。（在普鲁士）甚至没有城堡也没有房子能显示这里有中产阶级的存在。人们陷入普遍的、同样的贫困之中。""这些村庄"，他指的是德国，"似乎正在倒塌"。

今天，已经很难发现这两个国家有什么差别了。到目前为止，最大的不同是自行车道。在荷兰，自行车道都铺设得光滑无比，并配有清晰的路标，但在德国，自行车道凹凸不平，满是裂缝，其间长满了杂草。由于几乎没有路标，我不得不不停地转弯，以免像没头苍蝇一样在路上乱窜。过了边境不远，我遇到一位上了年纪的荷兰人，他恼怒地把自行车掉头，放弃在德国的车道上骑行，准备回到荷兰"避难"。"太可怕了！真是太可怕了！"他大喊道。

作为一个在岛上出生的英国人，一想到可以骑车去另一个国家，我就心痒痒的兴奋不已。然而，大多数荷兰人和德国人都自然而然地认为这是理所应当的。在这样的边境地区，人们一点儿也不介意每周出国给汽车加油或购物。成千上万的荷兰居民在德国工作，反之亦然。荷兰的精英们显然为自己对德语和德国文化的熟悉而感到自豪，在这两个国家，遇见其中一国的国民与另一国的公民结婚是很常见的事。荷兰民族英雄威廉·奥伦治（William of Orange）出生在今天的德国，甚至荷兰国歌也直接承认了两国文化和遗产共享：一个外国游客在阿姆斯特丹的国王节[1]，可能会惊讶地听到爱国的荷兰人放声高歌"我身上流着德意志的血液"（Ben ik van Duitsen bloed）[2]。

长期以来，我经常往返于两国之间，一直认为两国民众的观念惊人地相似。和荷兰人一样，德国人坚信秩序，他们的生活建立在整洁、计划和详细的日程安排的基础上。两国人都对英国人的过分礼貌和搪塞很反感，但两国人也都有一种倾向，即讨论问题的时间太长，以致没有时间去真正解决问题。他们在钱的问题上也相对保守——在这两个国家，有一个词（schuld）很有名，同时意为"债务"和"罪恶"。然而，也有些差异是显而易见的。例如，德国人通常比较正式：人们可以在一起工作多年，而从不使用非正式形式的"你"（du）来称呼彼此，而荷兰人则会在第一次见面的几分钟内拥抱 CEO。有人曾经告诉我，在荷兰，一切都是被允许的，除非是被明文禁止，但在德国，情况正好相反：一切都被假定为是被禁止的，除非是被明确允许的。

在经济上，这两个国家相互依赖，一体化趋势日渐明显。鹿特丹有时被称为"德国最大的港口"，这在很大程度上要归功于莱茵河，荷兰有约四分之一的出口商品销往德国。德国还向荷兰出口了大量商品——2017 年，1700 万荷兰人从德国购买的商品与超过 10 亿的中国人买的一样多。在政治上也一样，两国是亲密的

---

[1]　国王节是荷兰的全国性公共假日，是荷兰最盛大的节日。——译者注

[2]　关于这句歌词的词源有一些分歧，但至少，它有很强的德语内涵，而且令人有些惊讶的是，它仍然存在于国歌中。

盟友，通过欧盟正式共享主权，并通过不断的努力非正式地捍卫其明智的北部欧洲价值观，来对抗鲁莽的南欧价值观。对于安格拉·默克尔（Angela Merkel）来说，荷兰首相马克·吕特（Mark Rutte）是峰会上的常客，就像全力支持全能的蝙蝠侠的罗宾。

　　然而，这并不意味着两国的关系完全不会出现问题。尽管荷兰人以宽容著称，但他们长期以来还是对德国怀有温和的敌意。考虑到有的德国思想家认为荷兰根本不应该存在，这种敌意或许是可以理解的。例如，恩斯特·莫里茨·阿恩特（Ernst Moritz Arndt）在 1803 年写了一本书，认为荷兰"严重破坏了德国的自然边界"。另一些人则认为贸易联系使两国之间的区别变得毫无意义。奥托·冯·俾斯麦（Otto von Bismarck），把一群四分五裂的邦国打造成了现代德国的铁血宰相，据说曾这样说过：如此严重依赖德国贸易，"Holland annektiert sich selbst schon"——荷兰已经并吞了自己。

　　第二次世界大战过后，荷兰人看待德国当然就像一只刚从鹰爪下奇迹般地死里逃生的田鼠看待老鹰那样，是绝对的恐怖和仇恨的目标。正如荷兰首相威廉·舍默霍恩（Willem Schermerhorn）在 1945 年 6 月以典型的荷兰式直率所言："荷兰人几乎在每个领域都有账要算。"荷兰人很快占领了阿纳姆附近的德国领土，并声称他们应该得到德国丰厚的赔款。许多生活在荷兰的德国人被认定为国家的敌人，被关在边境附近的拘留营里，然后被驱逐出境，这一行动被称为"黑色郁金香"（Black Tulip）。战争结束后很长一段时间里，从荷兰前往德国的人们会看到这样的标语，"你正在进入敌人的领土：保持警惕！"

然而，随着时间的推移，荷兰人对他们邻居的看法发生了转变。随着一道铁幕在欧洲落下，荷兰人开始意识到德国（至少是西德）不能永远保持被排斥的没落状态。就像一对痛苦地离婚的夫妻为了抵押贷款而重归于好一样，荷兰人和德国人发誓要忘记过去，共同繁荣。

于是，荷兰与德国当局齐心协力地纠正了《纽约时报》（*New York Times*）曾称的"西欧最持久的偏见之一"。从 20 世纪 90 年代中期开始，荷兰政府在边境附近的城镇组织了一些旨在缓和反德偏见的特别研讨会，包括对阿纳姆的警察进行"与德国人相处"的特别培训。他们推出了大量文化交流和留学机会，投入数百万欧元用于促进莱茵河走廊沿线的贸易。2016 年，两国政府甚至签署了一项协议，有效地借调了 800 名德国水手到荷兰海军服役。

然而，在个人层面上，仇恨却绵延了数十载。1966 年，当荷兰公主贝娅特丽克丝（Beatrix）在阿姆斯特丹嫁给了一个德国亲王时，这并没有获得所有荷兰人的祝福，一部分人甚至在街上闹事抗议。几十年过去了，盟军退役军人在访问奥斯特贝克和阿纳姆时总是受到热烈欢迎，而好奇的德国游客就不那么受欢迎了。马丁·米德尔布鲁克（Martin Middlebrook）写道："德国退伍士兵协会参加（纪念）仪式的努力遭到了当地舆论的坚决反对；有一回，德国人在战争公墓献上的花圈迅速被人拿开。"20 世纪 90 年代初，荷兰国际关系研究所（Dutch Institute on International Relations）进行了一项臭名昭著的调查，发现在荷兰 15—16 岁的青少年中，56% 的人对德国人持负面看法，只有 15% 的人持正面看法。大多数受调查者给德国人的标签是"种族主义""傲慢""渴望权力"。时任荷兰驻德国大使的彼得·范瓦尔苏姆（Peter van Walsum）在接受采访时指出："我们荷兰人……看到的德国自 1945 年 4 月以来从未改变过。因此，宽容的荷兰公民虽然从不歧视其他外国人，却认为这样对待德国人并没有错。"

最近，这种情绪有所减弱，因为荷兰和德国要联合起来对抗 ISIS 和特雷莎·梅（Theresa May）这样的共同敌人。很多荷兰人甚至认为德国人树立了一个好榜样。"德国就像荷兰过去的样子，善良、宽容。"一位荷兰朋友若有所思地对我说。不过，不难看出，荷兰人对德国重新夺回欧洲主导地位的速度感到潜在的不安。在荷兰旅行时，经常会遇到一些老年人，对德国的一切都避之不及：汽车、啤酒、洗衣机、吸尘器。"我永远只会选择法国车！"一个和我父亲年龄相仿的荷兰人这样告诉我。

公然的敌意比较罕见，但对很多荷兰人来说，对德国人不友好仍然是可以接受的。作为一个搬到鹿特丹的外来者，我了解到，要想打动某类荷兰人的心，最可靠的方法之一就是表达温和的反德情绪，最好是以一个笑话的形式，比如提到德国士兵偷走了荷兰的自行车。在之前写的一本书里，我提到过鹿特丹战争，后来我惊讶地收到几封来自荷兰老年读者的电子邮件，他们反对我用"纳粹"这个词来指代战时的士兵，而用"德国人"来指代他们今天的同胞。"他们都是纳粹！"一位愤怒的来信者说道。在个人层面上，许多荷兰人仍然认为德国专横跋扈、盛气凌人，热衷于对其他国家的事务指手画脚。"前几天我在一家德国餐厅吃饭"，从代尔夫特到海牙的火车上有个家伙曾跟我开玩笑说，"食物很好，但一个小时后，我变得真的很渴望权力"。

与此同时，从德国人的角度来看，这两个国家的关系看起来自然也很不一样了。从政府的角度，德国人把荷兰人视为天然的盟友，永远在美国过度热衷于从战争获利的资本家和地中海过度热衷于装病的社会主义者之间找到一个明智的中间地带。荷兰当局偶尔会感到恼火，因为一些德国公司会将荷兰看作避税天堂；一些人利用阿姆斯特丹做中转站来进行毒品走私、人口贩运。不过，总的来说，他们很高兴有一个能干的伙伴来应对共同的挑战。"荷兰人非常明智"，一位保守的德国国会议员曾在柏林和我一起喝咖啡时对我说，"聪明、成功。他们是我们的好邻居"。

如今，经过几十年低迷的紧张局势，荷兰人似乎终于把德国人看作兄长。他们会因兄长有时给自己的生活蒙上的阴影而感到恼怒，会对他十几岁时所做的愚蠢事情感到绝望，但他们也对他强悍的能力怀有敬意，私下里充满爱意，甚至有点嫉妒。相反，德国人则把荷兰人视为典型的弟弟妹妹——亲切可爱，但也有点不负责任。感情好的时候，他们的关系可以用德国总理赫尔穆特·科尔（Helmut Kohl）曾对一位荷兰采访者说的话来概括："我们不能忘记历史，但也不能受困于历史。"但在感情糟糕的时候，当我提到我在写关于德国的文章时，至少有三个不同的人给我讲了同一个笑话，这个笑话或许可以更好地概括这一点。"默克尔"，他们说："从德国抵达阿姆斯特丹史基浦机场（Schiphol airport）。

移民局官员看了一下她的护照，然后向她提问以确认一些细节。'国籍？'他问道。'德国'，她回答。'居住地？''柏林。'最后一个问题：'职业（Occupation）[1]？''不'，总理说道。'不是这一次。'"

国境线以东，我继续沿着河前往埃默里希（Emmerich），德国诸多莱茵河畔小镇的第一站。大部分自行车道依然荒废失修，但天气依然美丽。对我而言，这里的景色看起来更像英国而非荷兰；不是很整洁，而是带有一点迷人的不修边幅之感。如果把国家拟人化，我想，荷兰很有可能是一个随和的年轻建筑师，干净利落地穿着一身办公休闲便装。德国则像英国一样，是一个出色能干但略为古怪乖僻的教授，有一头乱糟糟的头发和戴歪了的领带。

过了约莫半个小时，我到达了埃默里希。这是一个相当普通的德国小镇，但高耸入云的悬索桥又让它不再普通。这座500米长的红色悬索桥看起来就像布鲁克林大桥。我把自行车锁在长椅上，沿着河岸走了一会儿。与阿纳姆的喧闹相比，埃默里希安静得要命，只有零星的几个人在河滨漫步。不过，这里还是很漂亮。河岸上有一条迷人的鹅卵石小道，一尊渔夫划着小船的雕像，还有一座石方尖碑，指示向西179.1公里是荷兰角港，向南681.9公里是巴塞尔。另一个路标指向上游几英里处的克莱韦（Kleve），

---

[1]　Occupation 还有一个意思为"占领"。——译者注

这是一座前德国公爵城市，也是英格兰国王亨利八世（Henry Ⅷ）第四任妻子、克里维斯的安妮（Anne of Cleves）的家乡。第三个路标指向河对岸更远的地方——克桑滕（Xanten）镇，我喜欢这个名字，因为它听起来像是超级英雄系列电影或《星球大战》（*Star Wars*）中某个角色的名字。["佐格（Xog）的儿子克桑滕已经从叛军联盟手中夺回了综国（Zon）的王位！"]

在埃默里希镇中心，我在一家面包店停了下来，买了一顿极其不健康的午餐，体验了一下最好的德国美食：一升巧克力牛奶奶昔、一份黏糊糊的糕点和两个柏林甜甜圈。我的手机姗姗来迟地收到了自动群发短信："欢迎来到德国。"（Welkom in Duitsland.）我很高兴又回到了德国，不用在荷兰继续忍受一些糟糕、过分的行为：差劲的餐桌礼仪、看漫画书的成年人、蓝色西服配棕色鞋子的男人。在河边小坐片刻，我快速翻阅了一本德语短语书，希望能提高我的语言技能。这本书出版于1970年，看起来有点过时；它开篇讲的是怎样找一个通过边境上的海关哨所运送免税香烟的搬运工。它没有包括像"女朋友"这样令人生厌的现代词汇，但却解释了如何购买浴盐，如何与陌生人下棋，以及如何购买歌剧门票。我对着一只路过的鸭子练习："今天晚上会有歌剧演出吗？"（Wird heute abend einen Operette gespielt？）德语，我断定，很像荷兰语；它充满喉音和颤音，一句本该温和的"下午好"的问候经由德国人说出来，就像被一个支气管炎的患者大喊了一嗓子。也许这两个国家根本就没有什么不同。

| 第二部分 |

德国

第 5 章

发动机舱：杜伊斯堡与杜塞尔多夫

夜晚，这个老旧的金属厂看起来漂亮而又阴森。巨大的储气罐被明亮的圣诞绿的灯照耀着，高耸的烟囱上挂着鲜红色的霓虹灯项圈。其中一对房子大小的筒仓被泛着血红色的泛光灯照亮，从单调的灰色容器变成了巨人发光的心脏。目之所及，到处都是明亮的原色灯光照明下的巨大管道、电缆塔、塔楼和涡轮机。整个地方面积巨大，灯光耀眼，像电影布景一样空洞宏伟。我爬上一段钢铁楼梯，穿过一个巨大的化学容器上方的管道和缆绳交织的网络，差点以为会看到蝙蝠侠把小丑扔进有毒的绿色黏液池里。

这座位于德国北部莱茵河以东杜伊斯堡（Duisburg）的景观公园（Landschaftpark）虽然现在已经废弃，但它曾经是欧洲最大的工业中心之一，也是推动德国经济的主要引擎之一。它还在很大程度上塑造了世界对德国人的看法，甚至可能是德国人对自己的看法：高产、高效、意志坚强、铁石心肠。今天，锅炉和冶炼厂一片寂静，整个地区变成了一个巨大的城市公园，到处都是破败不堪的工业建筑。旧铁路被改造成适合儿童行走的人行道，高高的混凝土墙现在成了攀岩者的垂直游乐场，锈迹斑斑的储仓变成了长满野花的花园，以前的一个储气库变成了水肺潜水员的练习池。虽然不可避免地产生了一些觉得这里是累赘的抱怨之词，但经过改造，整个项目取得了惊人的成功，成为欧洲工业遗产之路（European Route of Industrial Heritage）的亮点之一———一种（有人认为是）为了让来这里度假的十几岁的女儿"憎恨"她们的父亲而发明的自驾旅行。

　　我在灯火辉煌的废墟中徘徊了好几个小时，只看到几个深夜慢跑的人，他们像等待降落的飞机一样在公园里盘旋。午夜降临，我坐在一个高高的装有墨色的水的巨大球形水箱上，准备再吃一顿极不健康的旅行者野餐。跟荷兰一样，德国并不以精致的菜肴闻名世界——非德国人也许会对无穷无尽、花样繁多的猪肉配土豆兴致寥寥，但是，德国美食也不是没有它的魅力，我每次到莱茵兰旅行，都喜欢品尝当地美食，这些美食远比许多外地人的赞誉更丰富。与一些国家不同的是，德国没有一道能让人们团结起来的国菜，而是拥有一大堆令人眼花缭乱的各地特色菜，这和一个"在欧洲大陆的中央，在斯拉夫人和罗马人、冷和热、海洋和山脉之间"[1] 的国家很相称。在莱茵河北部地区，杜伊斯堡和埃默里希附近，食物似乎与荷兰没有太大的不同；可口但很顶饱，厨师们专注于压低价格，而非提高食物标准。科隆周围的食物简洁

---

[1]　这句话是食物历史学家乌苏拉·海因策尔曼（Ursula Heinzelmann）说的。

而丰盛，这在一些新奇菜品中有所体现，如咸猪肘（Hämmche），夹奶酪黑麦三明治（Halve Hahn），以及肉泥配苹果酱（Himmel und Ääd）。但实际上，非本地的德国人可能也很难在一长串菜名中辨认出来这些菜品。再往南，法国和意大利的影响开始蔓延到莱茵河和阿尔卑斯山脉，德国食物也有了一种稍淡的拉丁风味；肉类是腌制的，而非深加工的；蔬菜是烤的，而非磨碎的；配的是葡萄酒，而非啤酒。然而，在杜伊斯堡，所有的欢乐都还在后头。黑暗中，我坐在高耸的塔架中间，开始享用在去公园的路上买的老朋友：一个蘑菇状的猎人猪排（jägerschnitzel）三明治，几乎和我的头一样大。它尝起来很美味，可能和我周围的发电机与炉子一样充满了能量。

对于渴望了解更多关于德国的辉煌历史文化的人来说，杜伊斯堡不是开始的最佳地方：一座杂乱无序的灰蒙蒙的城市，满是老旧的街灯，排烟的烟囱，垃圾和涂鸦。沿着景观公园周围的街道散步，我发现自己置身于这样一个世界：遍地都是跆拳道俱乐部、戴着链子的凶悍的狗，以及穿着运动服、开着看上去很贵的汽车的年轻人。地平线上都是烟囱，空气闻起来是烧过的金属的味道。

杜伊斯堡也是一个曾经因为莱茵河富裕起来的城市，这在很大程度上要归功于它的地理位置——靠近莱茵河和鲁尔河（Ruhr）的交汇处。这里是罗马边墙的一个兵营据点，即德乌托尼斯营区（Castrum Deutonis），后来又成为汉萨同盟贸易俱乐部（Hanseatic

League trading club）的成员，吸引了来自英格兰、波罗的海诸国和其他地区的商人。这种贸易带来了某种世界主义，但在19世纪早期的大部分时间里，杜伊斯堡仍然专注于传统商品的贸易：木材、鱼、蜡、陶器和毛皮。

在很多方面，上述贸易让杜伊斯堡成为当时德国莱茵兰的典型。到18世纪末，英国已经深陷工业革命的阵痛之中，包括蒸汽机在内的新发明正在改变英国的经济和社会。新材料（钢铁）、新能源（煤和蒸汽）和新机器（珍妮纺纱机和生产线）使大规模生产成为可能。不列颠尼亚竭力为自己的能源、新材料和新市场寻找新的出路。然而，在很大程度上，这种疯狂的增长仅限于英国。为了保持它们可怕的领先优势，英国竭尽全力确保创新不外传，禁止机械出口和技术工人向邻国移民。于是，欧洲大陆的其他国家远远落在了后面。例如，荷兰长期以来一直是创新者和科学家的避难所——在著名的黄金时代——他们使荷兰成为世界上经济和技术最发达的国家之一。然而，随着工业革命的开始，荷兰经济非但没有迅猛发展，反而停滞不前。19世纪初，荷兰仍然是一个风车比蒸汽机更普遍、马车比铁路更普遍的地方。

与此同时，德国则是另一个晚起步的国家。当然，它们并不是完全不知道现代技术，但尽管拥有丰富的资源，奇怪的是德国却未能跟上英国经济现代化的步伐。外国人常常认为德国明显落后于时代。例如，玛丽埃塔·斯塔克（Marietta Stark）在1798年写道，对于一个英国人来说，访问德国就像回到一百年前，因为"人们的服装、习俗和举止与我们的祖先非常相似"。当英国女王维多利亚宣布她要嫁给德国亲王阿尔伯特（Albert）时，她的首相警告她，一个德国丈夫只会因为拒绝洗澡而惹恼她。

　　当然，这并不是说19世纪的德国是一个贫穷或不发达的地方。然而，一直到19世纪，它仍然是由王国和封地拼凑而成，每个王国都有自己的法律、法规和税率。这种分裂割据的情况自然阻碍了发展：对于一个漫游的商人来说，即使是向上游或下游短途泛舟都可能像去另一个国家旅行。莱茵河上贸易往来频繁，但河流的大部分地区仍然相对贫困。19世纪一位名叫塞缪尔·莱恩（Samuel Laing）的旅行家写道，他震惊于"（这片）水域的工业和交通竟然如此之少！""这条古老的莱茵河庄严而安静地流过广大的人群……对工业、商业和文明漠不关心。"他说。

　　不过随着时间的推移，情况开始发生了改变。分散的西北各邦国开始慢慢团结起来，减少了贸易壁垒。人们削减了河流交通的通行费，炸毁了危险的岩石，还将一些支流开凿为运河，使船只更容易通过。1834年，关税同盟（Zollverein）废除了德国数十个邦国之间的关税，极大地促进了贸易发展。到了19世纪50年代，一位英国游客惊讶地听说，杜伊斯堡人花了3000美元买了一小块土地，打算在那上面修建一座锌工厂。"买这一小块地的价钱会吓着一个英国农民的。"他倒吸一口气。其他人则希望不断增长的财富和贸易能够终结地区之间的战争。"莱茵河上挤满了汽船"，1854年，一位英国记者写道："这样的交流将使战争成为一种更难玩的游戏，而且……再也不会发生了。"

　　遗憾的是，事情的结果并非如此。然而，蒸汽和钢铁制造技术迅速地传遍整个大陆。随着对用于造桥、船和火车的钢铁的需求猛增，德国工业家开始寻找一个拥有所有核心原材料的合适地方：一个很容易获取铁矿石供应、拥有大量廉价的用于提供能源的煤炭，以及用来冷却设备和运输沉重成品的大河道的地方。水、船、铁和煤，莱茵河与鲁尔河交汇的地区提供了这一切。

在一家挤满了吵吵闹闹的德国年轻人的旅舍里度过了一个不眠之夜后，我搭乘一辆普速车从景观公园向南几英里去杜伊斯堡的市中心。在等火车来的时候，我装模作样地仔细思考了铁轨之间的小栅栏的问题。在荷兰，我想，不会有栅栏，人们可以自由地随意来回奔跑。在英国，也不会有栅栏，人们可以自由地来回奔跑，直到有人受伤，然后报纸和议会就会一片哗然，车站也不得不关闭。在德国，则会有一道栅栏，每个人都站在栅栏两边各自的位置上耐心等待。

相较于我经常乘坐的穿越德国的玻璃般光滑的高速列车，普速车给我的感觉是令人不快的惊吓，车体画满了褪了色的涂鸦；比起东方快车[1]更像是《犯罪现场调查：纽约》[2]的现场。不过，它

---

[1]　东方快车（Orient Express）是横贯欧洲大陆的长途列车，主要从巴黎行驶至伊斯坦布尔，最初由国际卧铺车公司营运。历史上东方快车曾有不同的路线，但大致不离最初东西贯向的起讫点。虽然东方快车最初是指通往东方（近东、土耳其）的国际列车，但后来在各种通俗文学中均用来指代激情的异国旅行或豪华旅游。——译者注
[2]　*CSI: New York*，简称 *CSI: NY*，中国大陆译为《犯罪现场调查：纽约》，是一部美国刑事电视系列剧。——译者注

行驶得挺快，我很快就到达了杜伊斯堡的内港（Innehafen），这是一条从莱茵河分出来的运河状狭长水域，一边是古老的砖砌仓库和工厂，另一边是丑陋的现代化办公楼。在水边，几台旧的港口起重机是工业历史的罕见遗物，它们长长的金属臂指向简介板，板上自豪地宣布："这里曾经是夜空闪耀红光的地方。"我漫步在一条老铁轨上，来到一家"沙滩酒吧"，几对年轻夫妇正在一块"进口"的沙滩上喝着弗里茨可乐。

对很多德国人来说，杜伊斯堡最有名之处在于它是霍斯特·西曼斯基（Horst Schimanski）最为留恋的地方，西曼斯基是一个在电视系列剧《犯罪现场》（Tatort）中登场的虚构的警察角色。我以前看过几集，觉得这位侦探很好地代表了杜伊斯堡本身：心地善良，但有点受压迫，就像早餐喝了太多威士忌的人。但其他人显然不会同意我这个观点。在之前的杜伊斯堡之行中，我发现当地人对自己城市的恶劣名声有某种尖锐的自豪感。"它并不完美"，一位手臂上有杜伊斯堡文身的年轻姑娘曾经告诉我："但它是我们的。我们爱它！"在停下来拍摄一座特别丑的桥时，我遇到一对友好的 50 多岁的日本夫妇，正在兴奋地做着同样的事情。他们住在京都，但英语说得很好，德语近乎完美。"我们每年都来这里，吃这里的食物，游览这片区域，参观一些博物馆"，这位女士解释说："我们的朋友觉得我们疯了，但我们认为这很棒！"

关于杜伊斯堡类似的积极评价一度很常见。随着德国工业革命的加速，围绕着莱茵河和鲁尔河交汇处的地区 [被称为鲁尔区（Ruhrgebeit）] 迅速崛起为德国最为兴旺的角落之一。1844 年，杜伊斯堡自己的第一家金属厂开厂，就在莱茵河河岸上。几年后开始开煤矿。到1864年，河流交汇处开了近700个煤炭矿井，雇用了大约10万人来此工作。到1871年，德国成了世界上第二大的煤炭生产国，仅次于英国，远超美国、法国或比利时。一些来自鲁尔河的煤炭顺莱茵河而下，出口至荷兰，成为荷兰围海造田时排水蒸汽泵的燃料，但大部分煤炭就地供熔炉燃烧以冶炼钢铁。杜伊斯堡铸钢厂很快成为欧洲大陆最大的铸钢厂。德国科学家和工程师也做出了卓越的贡献。恩斯特·西门子（Ernst Siemens）发明了发电机，卡尔·本茨（Karl Benz）制造了第一辆可实用的汽车，鲁道夫·狄赛尔（Rudolf Diesel）获得了一种新兴发动机的专利。克虏伯（Krupp）钢铁厂，由弗雷德里希·克虏伯（Frederich Krupp）于19世纪初在埃森（Essen）建立，发展成为世界上最强的公司之一。对于在那里工作的人来说，工作环境确实让人难以忍受——当地有个很老的故事，讲的是一个工厂工人来到地狱的烈火中，大喊道："该死！我忘带我冬天的外套了！"然而，不断增长的收入也意味着新的机遇。到20世纪初期，一度沉睡的杜伊斯堡飞速发展、日新月异，以致当士兵们休假回家时，找自己的家都很费劲了。就像一个弱小的少年长成一个无敌的壮士一样，德国，不久前还是个工业的落后国，已经崛起为欧洲的主导者了。

　　在安静的内港来回逛厌了后，我决定去水上玩。之前在阿纳姆时，我用手机预订了一趟乘船游览，但印象中我一直记得自己实际上订的是一次私人游览——我和也许一个或两个好奇的游客一起挤在一艘小艇里，由一个对水路了如指掌的可爱的当地老人带着参观港湾。因此，当在指定的时间到达指定的码头时，我惊奇地发现一艘巨大的游船正等着我，大约有 80 名快乐的德国退休人员从长途汽车上下来，登上敞开的顶层甲板。"我希望能装得下我们所有人！"排在我旁边的女人哈哈地笑着说。

他们确实做到了，我发现船尾有一个座位，夹在一群和我父亲年龄相仿的兴高采烈的男人中间，他们都穿着砂色多口袋马甲，就像那种在摩加迪沙（Mogadishu）出门工作一天的战地摄影师会穿的那样。他们中没有一个人会说基本的英文，同时我发现他们浓重的巴伐利亚口音非常难懂，但我们愉快地坐在一起互相点着头、咧着嘴笑，客套地聊聊天。"你正在写一篇关于这个港湾的文章？"一个大约 60 岁、灰白头发的男人问我。"差不多吧，是的。"我回答道。"别打扰他，哈拉尔德（Harald）！"他的朋友打断道，在我胳膊上拍了拍让我放宽心。"让他好好写他的文章。"

幸好我对这样的打岔早就有所准备，随身带了一份 1944 年《英国军人驻德须知》（Instructions for British Servicemen in Germany）的复印本，这是上一次回英国时我母亲给我的——祖父的一份神奇的遗物，他曾在战后不久服役于驻德英国部队。这本书在很大程度上记录了当时的情况——建议军队"不要喝太多杜松子酒"，并解释说所有德国人都是在"根深蒂固的……想要凌驾于他人之上的欲望"中成长的。"当你见到德国人时，你可能会觉得他们和我们很像。"书中说道。"他们和我们长得很像，只是瘦而结实的人少了，更多的是高大肥胖、金发的男人和女人，尤其是在北方。但实际上他们根本不像我们……他们有一种歇斯底里的倾向，（而且）你会发现，如果一件小事出了差错，德国人往往会勃然大怒。"

谢天谢地，哈拉尔德和他的驴友们并不怎么歇斯底里，也没表现出一点想要凌驾于我的倾向。事实上，在离开德国很久之后，如今我很享受再次回来的时光。天气并不是特别宜人，但万物都一成不变地非常高效，人们也都以一种严肃的方式表示友好。"你是一个游客？"一个说英语的路人在火车站这样问我。"杜伊斯堡没多少游客，但我希望你能玩得开心！"此外，当然还有食物——高高地垒在每一个火车站面包房和便利店：德式扭结面包、硬面包圈、脆皮奶酥蛋糕和甜甜圈；炸肉排三明治还有盖着一层饼干碎的厚厚的楔形酥皮糕点。我每一种都吃过，每一种都喜欢，然后又把每一种都吃了一遍。等我到达阿尔卑斯山顶时，我想我就可以滚着回家了。

回到德国的唯一一个问题是语言。我住在荷兰，时常去比利时和伦敦工作，还在非洲的英语区和法语区待过很长时间，我已经习惯了无论走到哪里都能让别人听懂我的话。在荷兰时我经常说荷兰语，但即使我不说也没事，有一份报告显示至少90%的荷兰人会说英语，而且英语水平通常高得惊人。然而在德国，会说英语的人的比例就低得多了——56%——而且在大城市里没有人懂一个英语单词的情况仍然很常见。尝试说德语也无甚助益——我所有的学习抽认卡和看带字幕的《恶搞之家》（*Family Guy*）的努力显然都白费了，我经常被迫用搞笑的德语口音讲荷兰语单词。可怕的复合词，像弗兰肯斯坦（Frankenstein）的怪物一样笨拙地拼凑在一起，最好还是完全避免使用。我经常想起马克·吐温（Mark Twain）著名的文章《可怕的德语》（*The Awful German Language*），在文中他批评这种奇怪的语言，鱼贩的妻子在雨中行走，雨得称为"他"，鱼贩妻子的那只公猫要称为"她"，而那个妻子自己却不得不满意于仅仅当一个"它"。谢天谢地，我的《英国军人驻德须知》里再次给出了一些合理的建议："尝试说一门你不懂的语言的黄金法则是尽可能简单。拿一个两岁的孩子做你的榜样。"

伴着巨大的引擎轰鸣声，船开动了，我们驶出内港，穿过一个很深的混凝土"峡谷"，朝着莱茵河的方向出发。水位附近的混凝土码头上画着大量路过的水手留下的涂鸦，包含他们的姓名以及陌生的国际港口城镇地名：马里奥（Mario）、伊塔（Ita）、瓦迪斯（Wladys）和马努（Manu）；里加（Riga）、华沙（Warsaw）、鄂木斯克（Omsk）和格但斯克（Gdansk）。在我们的头顶上方，码头上布满了简陋的工厂和仓库。这一切都比鹿特丹的欧罗波特港更破旧、摇摇欲坠，而后者就像一台运转良好、高度自动化的机器。这里没有机器人叉车，也没有人工智能起重机，只有一些硬汉开着凹痕斑斑的货车，在一堆油腻的工具中搜寻合适的撬棍，用来推倒出故障的起重机。客观来讲，杜伊斯堡并不是欧洲最迷人的地方之一。我坐在船里，被柴油烟雾呛得喘不过气来，这时候扩音器里传来一个声音，详细地介绍了沿岸20世纪70年代的办公楼。

随着第一次世界大战的爆发，杜伊斯堡的美好时光骤然终止。在英国和其他地方，德国工业突然被视为洪水猛兽；一个生产子弹、毒气的制造商，甚至——根据流行的谣言——用人类尸体制造人造黄油。没过几年，英国皇室就把姓氏从萨克森 - 科堡 - 哥达（Saxe-Coburg-Gotha）改为听起来不那么像德国人的温莎（Windsor），在伦敦，达克斯猎狗被人用石头砸死，因为它们是"德国狗"。英国《每日邮报》的所有者北岩勋爵（Lord Northcliffe）访问了德国，他担心莱茵河和鲁尔河沿岸的"每一个新工厂的烟囱"都是"一把指向英国的枪"。

在第一次世界大战期间，鲁尔河的工业腹地基本上躲过了一劫，但在战后，当战胜国为它们受到的损害寻求赔偿时，这一地区发现自己牢牢地处在被瞄准的十字准线中。据称，英国首相大卫·劳合·乔治（David Lloyd George）曾表示，他希望德国像个柠檬一样被榨干，"直到果核都被榨得吱吱响"才罢休。杜伊斯堡周围的港口、煤矿和炼铁厂看上去是特别诱人的目标。其他人不同意，但这些榨果核的人最终如愿以偿：根据《凡尔赛条约》（Treaty of Versailles）的条款，德国被要求在 1930 年前交出 60% 的煤炭开采权，以及 90% 的海运船队和一半的内河航运船队。到 20 世纪 20 年代，德国失业率飙升，通货膨胀率飙升到一份报纸 3 亿马克的水平。随着紧张局势升级，阿道夫·希特勒承诺惩罚那些"对我们国家的不幸负责"的人。"很多人会掉脑袋。"他说道。

引发第二次世界大战的原因有很多，但其中之一就是纳粹不仅想要控制鲁尔河和莱茵河，还想控制法国东部和比利时的大型煤田。希特勒对德国实现现代化和工业化有强烈的渴望。长期以来，他一直在威吓任何愿意倾听他这些渴望的人，并一直鼓励德国年轻人要变得"像克虏伯钢铁一样坚硬"（"hart wie Kruppstahl"）。随着莱茵兰成为冲突的中心，莱茵兰的许多公司，以及其他地方的德国公司，在支持纳粹军事机器方面发挥了关键作用。奥迪（Audi）、大众（Volkswagen）、博世（Bosch）和宝马（BMW）确保了纳粹战争机器的平稳运转，而化学卡特尔组织法本公司（I.G. Farben）则在奥斯维辛（Auschwitz）建立了一家工厂，利用俘虏来干活。阿尔弗里德·克虏伯（Alfried Krupp）在自己的床头柜上放了一本《我的奋斗》（*Mein Kampf*）。大规模生产和新技术的广泛使用让敌对的两军能够以前所未有的规模互相攻击。

随着盟军加大对希特勒的打击力度，杜伊斯堡和埃森等城市以其工业重要性成为重点打击目标。丘吉尔说，莱茵河和鲁尔河沿岸的轰炸行动提供了一个"彻底切断德国根基"的机会。在这些行动中，河流充当了"向导"的角色。雷达直到战争后期才被广泛使用，在大部分战斗中，飞行员被迫依靠纸质地图，根据飞行时间、风速和星星的位置来猜测自己的位置。汉诺威（Hanover）等城市，深居内陆，远离英吉利海峡，定位并不容易，但如科隆和杜伊斯堡等城市就比较容易定位了：盟军飞行员可以穿过英吉利海峡，然后顺着月光照耀的默兹河和莱茵河找到它们，就好像沿着一条明亮的小路穿过一片黑暗的森林一样。日复一日，轰炸机从英国沿着莱茵河飞来，像希区柯克的鸟一样布满了天空。[1]
大火席卷了这些城市。一家美国报纸报道说，英国轰炸机"飞得
很低，飞行员都可以通过火光看到他们在街上设置了消防车"。一
次突袭甚至击中了莱茵河以东埃森附近的阿尔弗里德·克虏伯的
宫殿。由于自来水管道破裂，工作人员被迫用价值不菲的教皇新
堡葡萄酒（Chateauneuf-de-Pape）来灭火。

很可惜，诺埃尔·科沃德（Noël Coward）关于往德国的屋
顶投掷可以自粘的盟军旗帜的建议被否决了，他们投掷了真正的
炸弹——其中包括 1.2 万磅重的被称为"小型地震炸弹"的庞然
大物——并造成了严重的破坏。在杜伊斯堡，共计 299 次空袭炸
毁了 80% 的城市，造成了近 10 万人流离失所。当盟军逼近时，
希特勒做出了一个使情况变得更糟的决定，他命令撤退的士兵实
施焦土政策，摧毁那些工业设施、水路和船只。"敌人应该发现
每一座桥梁都被摧毁了。"纳粹报纸《人民观察家报》（*Volkische
Beobachter*）宣称道。莱茵河被数百艘沉没的驳船堵塞了。战争
结束时，曾经伟大的莱茵河下游城市岌岌可危，正如乔治·奥威
尔（George Orwell）在该地区旅行时所说的——一个"拥挤的农
村贫民窟"。

坐着游船游览，我们最终到达了莱茵河，驶进了繁忙的海峡，
就像一辆慢车驶入了高速公路。没了内港的限制之后，这条河看

---

[1] 指由希区柯克（Hitchcock）执导的电影《群岛》中密密麻麻的鸟群画面。——
译者注

起来宽大而清新，河岸上点缀着泥泞的小沙滩，孩子们和狗在那里游泳。我们向右转，向北行驶。我不顾一切地想逃离环绕在船尾座位上的引擎烟雾和噪音，于是挤过人群，站在船头，在那里，我遇到了一位70岁左右的德国男子，他和妻子以及其他四对年龄相仿的夫妇一起旅行。我做了自我介绍，他说他的名字叫彼得（Peter），还有他的妻子萨比娜（Sabina）。他也穿着一件像防弹衣一样的砂色马甲，口袋里装满了地图、相机和钱包。"我在埃森的一家船运公司工作了很多年，但我很少出海。"他说。"不过现在我已经不工作了，外面的天气这么好，就来看看这个港口。"他还说了一些我听不懂的话，他的同伴们都觉得非常好笑。我站在那里不知所措，希望他们不是在嘲笑我。打开笔记本，我草草记下了与我在荷兰参加的类似乘船旅行的一个简短对比："在德国，人们更爱笑。"

　　又过了1英里左右，我们离开了莱茵河的主河道，进入了另一个港口，这里的风格和鹿特丹很相似，满是迷宫般的码头和运河。即便手里拿着地图，我还是很快迷失了我们所在的位置，但码头上的标志表明，我们在鲁尔欧特（Ruhrort）的某个地方。鲁尔欧特曾经是杜伊斯堡外的一个独立港口，现在已与杜伊斯堡合并。在远处，常见的一堆堆五颜六色的集装箱整齐地堆放着，就像乐高积木一样。在码头的高处，一个巨大的西门子风力涡轮机正等着运转。拐角处是一家回收工厂，一台起重机从驳船上吊起了一大堆缠在一起的电缆——看起来像是生锈的意大利面。

　　相比于鹿特丹，我们巡游的这些港口都相当小——我在杜伊斯堡看到的最大的船或起重机可能只有鹿特丹的小船或小起重机的四分之一大。然而，考虑到我们与海仍有一段距离，这里还是有些让人印象深刻的东西。杜伊斯堡到海岸的直线距离超过120英里：比布鲁塞尔、巴黎或米兰离海更远。然而，由于莱茵河的存在，杜伊斯堡拥有欧洲最大的内陆港口。小港口里挤满了货船、拖船和散货船，它们都像学校里的家长争夺停车位一样在争抢位置。在河岸的道路上，指示牌显示了实际的运行规模：左转到3401号码头，或是右转到3590号码头。"这太不可思议了！"彼得感叹道，而我继续被柴油烟雾呛着，在笔记本上潦草地写下我的抱怨。

到第二次世界大战结束时，鲁尔区——曾为德国经济王冠上的宝石——已遭到彻底破坏。1945年游览莱茵兰的乔治·奥威尔写道："穿过德国的废墟，你会对文明的延续性产生怀疑。"他接着说："在马恩河（Marne）和莱茵河之间大约300英里的地方，没有一座桥或高架桥未被炸毁。"历史学家科尔（Robert Cole）后来说得更简洁：1945年，鲁尔区是"一堆基本上处于无政府状态的无用废墟"。当然，德国人并不是唯一遭难的——在荷兰和法国，情况也很危急，但德国的情况可以说是最糟糕的。在鲁尔区的部分地区，每天的食物配给只有600卡路里。"德国人只谈论食物"，有个笑话说，"而美国人只谈论音乐、文化和艺术。所以每个人都在谈论他们所没有的东西"。

战争刚一结束，盟军就计划把杜伊斯堡和莱茵兰的剩余部分夷为平地。尤其是英国人，初衷是急切地想让德国重工业受限制并国有化，以确保渴求权力的实业家永远不会再赞助一场战争。而其他人只是想报复。"我们打败了德国人，为什么还要对他们那么客气？"英国《每日快报》（Daily Express）问道，尤其是"当所有德国人都有罪的时候。"

然而，最终获胜的盟国改变了态度与论调。由于鹿特丹港的吞吐量还不到正常水平的一半，荷兰人尤其急于增加贸易。而正如一位记者所写的那样，法国担心"让德国重新站起来就等于让法国一辈子第三次被踢出家门"，但盟国无视这种担心，通过马歇尔计划（Marshall Plan）向西德提供了数十亿美元的援助。数以百万计的资金被用于清理莱茵河里的残骸、重建鹿特丹。许多为这项工作买单的人对此感到不舒服，但正如一位英国记者所写，盟国领导人最终决定，他们"宁愿让（西德）公民赚钱，也不愿让他们拥有枪支"。

西德人也改变了他们的经济运行方式。在总理康拉德·阿登纳（Konrad Adenauer）的领导下，货币被取代[1]，税收被削减。对一些人来说，这些政策听起来很疯狂——政府表示，他们将通过取消价格控制来结束通胀，通过取消配给来结束饥饿。据报道，在听到最新一轮的激进改革措施时，一名美国军事指挥官质问西德经济部长路德维希·艾哈德（Ludwig Erhard）说："艾哈德先生，我的顾问告诉我，你所做的决定是一个可怕的错误。你怎么

---

[1] 指由路德维希·艾哈德负责的西德货币改革，发行德意志马克以取代原有的帝国马克。——译者注

看？""将军先生，别理他们！"艾哈德热情洋溢地回答道。"我的顾问也跟我说了同样的话！"

无论顾问们怎么想，这个策略都奏效了。工厂、矿山和磨坊重新开工，几个月之内工业产值增长了50%以上。在一种后来被称为"社会市场经济"（Soziale Marktwirtschaft）的模式下，西德人有效地在资本主义和社会主义之间划分了界限，重建了一个充满活力的自由市场，同时在研究和学徒培训方面投入了数十亿资金。员工们接受了密集的培训，并对他们的雇主产生了强烈的忠诚感，往往会在同一家公司工作一辈子。许多公司都是家族企业，经理们在重大决策上会征求工会的意见，这让生产外包到国外变得更加困难。在自由市场理论在英国和美国占据主导地位之后，上述"哲学"却持续了数十年。"这里不存在雇佣和解雇的原则，"西门子首席执行官曾说，"我也永远不想让这一原则存在"。

一些工业设施和公司被废除或解散——例如，杀人如麻的法本公司被解散，部分领导人被判犯有战争罪。然而，不少人轻松逃脱。阿尔弗里德·克虏伯被监禁了一段时间，但随后获释，并很快恢复了他作为欧洲最有权势的实业家之一的地位。西德人被鼓励尽可能多地生产产品并出口到世界各地。尤其是德国汽车制造商，成为从上海到圣达菲（Santa Fe）家喻户晓的品牌。希特勒曾订购的一款车——大众甲壳虫，英国人和美国人都深信它毫无价值——成为一款惊人的畅销车，其惹人喜爱的形象极大地改变了外国人对血腥的西德工业的看法。战争结束后的几年里，西德的出口量增长了两倍。法国人每盖一栋新房子，德国人就盖八栋。

虽然西德仍然面临着一些严重的问题，但在杜伊斯堡这样的城镇，失业率几乎降到了零。1948 年，《纽约客》的一位记者访问了莱茵兰，他只看到"寂静的工厂扭曲的大梁上耸立着无烟的烟囱"。六年后，他故地重游，之前看到的残骸被"高炉和轧钢厂……独栋、双联排的新房子"所取代，"绵延数英里，它们（归属于）欧洲住房条件最好的工人"。很快，西德战后的经济被赋予了一个新的绰号："Wirtschaftwunder"——经济奇迹，也被称为"莱茵河上的奇迹"。

在后来的几年里，大量的神话围绕着"经济奇迹"涌现。就像做白日梦的人看占星术一样，人们倾向于在德国故事中看到他们想看到的一切。对于右翼人士来说，"经济奇迹"证明了自由市场政策能够带来惊人的经济增长，而对于左翼人士来说，它证明了像马歇尔计划这样的大规模支出计划能够让人们摆脱贫困。在德国之外，右翼人士常常不假思索地推崇德国的经济模式，就像左翼人士不假思索地推崇荷兰的社会模式一样，但实际上他们对此并不了解。当我在英国从事政治工作时，很快就意识到，要想让任何产业政策理念被倾听，不管它多么不切实际，最好的办法都是说它是基于德国已经在做的一些工作提出的。

然而，对于很多战后的德国人来说，他们变富只有一个原因，这当然不是一个幸运的"奇迹"。一位钢铁生产商声称："马歇尔与此事无关。这是德国的奇迹。我们重新站起来是因为我们努力工作。"这是一种夸张的说法，但毫无疑问，在一个对任何带有爱国主义色彩的事物都普遍感到紧张的国家，经济上的成功是无与伦比的骄傲。正如赫弗里德·蒙克勒（Herfried Münkler）所写，大众（Volkswagen）和梅赛德斯（Mercedes）的标志取代了铁十字勋章，成为德国爱国主义的象征。奥迪（Audi）著名的口号"Vorsprung Durch Technik"——突破科技，启迪未来——不仅成为该公司的座右铭，而且成为整个德国的座右铭。德国领导人试图按照自己的出口驱动模式重塑地中海经济，而德国民众则为自己的效率感到自豪。"为什么美国人总是吹嘘他们每周工作60小时，而同样的工作量我们却能在40小时内完成？"一个杜伊斯堡人曾这样问我。

乘船游览结束了，我沿着内港走回火车站。我试图对杜伊斯堡的未来保持乐观态度，但发现很难做到。港口以低调的方式给人留下了深刻的印象，但城市的其他地方却出奇地安静。这么一个星期三下午的早些时候，方圆1英里内似乎最多只有10个人，许多现代化的办公室明显是空的。这座城市并不令人不快，但显然并不繁荣。

在杜伊斯堡和一些其他地方，"经济奇迹"没能永远持续下去。莱茵—鲁尔地区的煤炭和钢铁企业曾发生了断崖式衰落，曾经强大的工业凋敝的速度就像一块铁矿石被扔进污染的河里一样快。衰落的原因引起了激烈的争论，但这基本上是一个熟悉的故事：来自国外的竞争太多，而国内的支持太少。随着钢铁产量的下降，50多万矿工失去了工作，鲁尔区从世界上最大的煤炭生产地之一变成了最大的煤炭进口地之一。在全球化的经济中，莱茵兰的煤炭和钢铁供应过剩。

从经济角度来看，所有这些变化和措施可能都是完全必要和有效的。然而，在杜伊斯堡等城市，大规模裁员造成了毁灭性的社会影响。从 20 世纪 60 年代初到 80 年代中期，近 15 万人离开杜伊斯堡到其他地方寻找工作。一系列公共及慈善计划——ABIs 和 URPs；SCPs 和 UNSNRPs——开展时，都大胆承诺要重振就业市场，但在不可阻挡的全球化大潮面前，它们做的改善很有限。具有讽刺意味的是，一些曾经帮助推动欧洲一体化的行业，在全球化的竞争压力下，反而率先崩溃。

德国就是德国，杜伊斯堡当然并不穷。这座城市的部分地区曾经开满了银行和保险公司，河边的停车场里停满了锃亮的奥迪和宝马。内港就有一个可爱的现代艺术画廊和一座体面的博物馆。与其他贫困的内陆城市相比，这里就像是迪士尼乐园。但也有明显的低水平贫困的迹象。在荷兰，很少见到无家可归的人，但在杜伊斯堡，我发现火车站里有 4 个流浪汉，火车站外还有 5 个。统计数据显示，杜伊斯堡及其邻近的多特蒙德（Dortmund）和埃森是德国最贫困的地区之一，失业率（12%）是德国平均水平的两倍多。对我来说，我的日常工作经常带我去世界上一些极度贫困的角落，它提醒着我，贫穷有时是在旁观者的眼里，也可能是相对的：在中国，人均年收入超过 4 万欧元，一个一年赚 2.5 万欧元的人可能会觉得自己很穷。

即使对于我这样一个牢骚满腹的人来说，这听起来也很荒谬。然而，我还是要提醒大家，德国"经济奇迹"的故事正是如此——

这个故事包含了大量的真相，但也包含了编造神话的成分。例如，我曾经为之工作过的英国政客们似乎常常忘记，尽管他们现在十分推崇英国经济，但在 20 世纪 90 年代的大部分时间里，英国被视为一个监管过度、失业率高企的国家；被认为是"欧洲病夫"。自那以后，情况已明显改善，但并非对所有人都是如此：2017 年，40% 的德国最低工资劳动者的实际收入低于 1997 年。

考虑到杜伊斯堡这样的地方，德国财政部长仍有充分理由对未来感到不安。这些挑战在一定程度上是政治性的。长期以来，德国在一个以自由贸易和共同防御为基础的世界体系中蓬勃发展，但这些原则现在正受到质疑。唐纳德·特朗普（Donald Trump）曾警告欧盟领导人，德国人在美国销售过多汽车是"糟糕的，非常糟糕的"，并多次威胁要对从德国进口的汽车征收高额税负。英国脱欧则导致了另一个担忧：由于单一市场和关税联盟，英国是德国的最大汽车进口国，此外还有价值数十亿欧元的其他产品。除此之外也有技术方面的担忧：尽管为现代化和创新设定了雄心勃勃的目标，但德国制造商仍难以跟上特斯拉（Tesla）等外国新贵的步伐，在 IT 创新方面也落后于硅谷。大众汽车等汽车制造商竞相提高电动汽车的产量，却不得不使用从中国供应商那里进口的电池。一个明显的变化迹象是，中国汽车制造商吉利在 2018 年收购了戴姆勒（Daimler）的大量股份。戴姆勒是梅赛德斯—奔驰的母公司，（至少在过去）是德国工业实力的重要象征。

或许更令人担忧的是，有迹象表明，德国可能与其他国家一样，受到了腐败（或至少是草率）的污染。长期以来，德国人一直为自己的正派和职业道德感到自豪，但近年来大众汽车等公司的丑闻开始让这些价值观看起来像是一层表面的油漆，用来装饰一辆败絮其中的汽车。德意志银行（Deutsche Bank）被控犯下一系列令人震惊的财务上的不法行为，汉莎航空（Lufthansa）则因为竞争对手而不断压低价格，并因罢工而陷入瘫痪。能源巨头意昂集团（E.On）和莱茵集团（RWE）陷入困境，博世则被指控帮助大众公司欺骗客户。几个地区的地方银行已经不顾一切地借贷，当全球金融市场崩盘时，它们很快就崩溃了。几十年来，德国的成功——尤其是莱茵—鲁尔地区的成功——依赖于一种普遍的信念，即德国产品体现了某些不可动摇的价值：可信度、纪律性和精确性。但现在，这些价值观似乎已成为过去。正如"德国之声"（Deutsche Welle）所指出的那样，"德国制造"品牌长期以来一直是德国最有价值的资产之一，但现在它有时看起来像是一种负担。

多项指标显示，德国经济仍处于良好的健康状态。然而，当我漫步在杜伊斯堡破败不堪的城市边缘时，我突然想到，一个德国实业家可能会紧张地以日本为前车之鉴。在很多方面，这两个国家的发展轨迹惊人地相似。日本人也目睹了他们的工业被战争摧毁、道德权威被击碎，但在美国军事"保护伞"的庇护下，日本作为高科技出口国再次蓬勃发展。日本国民生产总值猛增，到1991年时，很多经济学家预测，2010年的日本将超过美国成为世界上最大的经济体。东京皇居的价值一度被认为超过整个加州。德国有自己的"经济奇迹"，日本也有自己的"奇迹经济"。但后来，泡沫破灭了。亚洲其他地区的高科技制造商开始削弱日本的竞争力，而经过多年的快速增长，日本经济陷入了恶性循环：物价下跌、裁员、通货紧缩、债务上升和破产。在短短几年的时间里，正如一位记者所言，日本"从一个经济上的哥斯拉变成了全球经济中一个无足轻重的角色"。

这样类比两个国家明显有其局限性，而且德国的经济基础看起来很强大。然而，当我四处旅行，看到德国的汽车工业举步维艰、银行系统陷入混乱时，还是很容易感到一丝紧张，因为德国人已经过了太久的好日子了。如果失去高端制造商的地位，他们还能做什么呢？近来的麻烦只是一次小波动，还是更大的地区性危机的信号？经济看起来不会在短时间内很快崩溃，但正如一个学者曾说过的那样，所有的革命在发生前看起来都是不可能的，但事后回顾，似乎又是不可避免的。在走回火车站的路上，我经过一个长着北非面孔的男人，他用英语对着电话那头大吼："我被告知到杜伊斯堡来找工作和房子。但这里什么都没有！没有工作！没有工厂！没有文书！这里就是个鬼地方！"

离开杜伊斯堡，我继续向南的旅程，沿河大约 25 英里后我将到达杜塞尔多夫。在杜伊斯堡度过的几天让我陷入闷闷不乐的情绪中，希望下一站会让人愉悦地纠正先前悲观的看法：莱茵河沿岸城市不仅会在"经济奇迹"的缓慢失败中存活下来，还能蓬勃发展。此前我去过杜塞尔多夫很多次，总觉得这是一个热闹繁忙、充满吸引力的地方，在一圈工业化景观的环绕下，就像一个超模站在超市里。

　　我在市中心一家破旧的旅馆办理了入住，然后走到莱茵河边。宽阔的人行道上熙熙攘攘，有游客也有当地人，有骑行者也有跑步者，还有走在回家路上的商务人士。和鹿特丹一样，河流给人的感觉是繁忙而充满活力的，是城市生活的自然焦点，而非一个过时的水文景观。这里最著名的地标建筑是莱茵塔，每年最盛大的节日是莱茵狂欢节，当地的报纸叫《莱茵邮报》（Rheinische Post）。整个城市里，小小的指示牌永远指着回莱茵河的路，就好像当地人如果离河太远就会很不安一样。

　　在经济低迷的日子里，杜塞尔多夫自命为全球主义者这一行为很容易招来人们的嘲笑。在这里，富裕的迹象随处可见：昂贵的汽车，穿着考究的人，闪亮的现代化建筑。国王大道（The Konigsallee，知道的人会称为"the Ko"）感觉更像是香榭丽舍大街（Champs Elysee）或摄政街（Regent Street）的华丽版，这里有灯火通明的路易威登（Louis Vuitton）和迪奥（Dior）专卖店，西装笔挺的门卫把我这样的邋遢男人挡在门外。当我停下来给一家特别高档的香水店拍照时，一个门卫把我赶走了，好像我是一只脏鸽子。离开了脏鸽子的数量比游客还多的杜伊斯堡后，这里的一切都让人觉得很不习惯。不过，在其他方面，这座城市对我在北方听到的所有衰落的沮丧故事都起到了有益的纠正作用。尽管一些重工业已经崩溃，莱茵兰的经济仍然很强劲，特别是汽车工业依然保持着惊人的成功，仅在北莱茵—威斯特法伦州（North-Rhine Westphalia）就有超过20万人就业。尽管有时外国对德国经济过于盲目迷恋，但德国出口依然强劲，债务相对较低，公共财政运行健康。在杜塞尔多夫这样的地方，大多数经济指标的水平好到能让希腊或葡萄牙的财政部长乐意卖掉他们的祖母来达到！

太阳出来了，我沿着河往南走，几乎以慢跑的速度跟上了一长串驳船。经过一座巨大的桥下，我来到了媒体港区（MedienHafen），这是莱茵河东侧的一个大港口，约一公里长，大概有两个足球场那么宽。我看过一些旧照片，这片区域过去是重工业的聚集地，但现在，浑浊的河水并没有被仓库和起重机包围，而是被设计大胆的现代化街区环绕，这些街区看上去就像建筑师嗑了药一样。其中一座建筑上覆盖着许多巨大的塑料雕像，像一幅真实的凯斯·哈林[1]画作在墙上爬上爬下一样。另一些建筑则为那些成功而有抱负的公司提供轻松的开放式办公室：奈斯派索（Nespresso）、雷格斯（Regus）和贝恩（Bain）。过去肯定有魁梧的搬运工拖着箱子的地方，现在有了日本和墨西哥餐馆，一家李维斯（Levi's）专卖店，还有一些商店，容易上当受骗的人在那儿可以买到比我的汽车还贵的咖啡桌。一位女士牵着一只像老鼠一样的吉娃娃从我身边走过，这只吉娃娃系着一条镶着珠宝的皮带，穿着对狗来说足够高的高跟鞋摇摇晃晃地走着。

媒体港区无可争议的中心点离港口不远：新海关大楼（Neue Zollhof），由弗兰克·盖里（Frank Gehry）设计的三联式现代建筑。三座塔在形状上很相似，但每座塔的外墙都不同：一座是白色石膏；一座是红砖；还有一座则是闪亮的金属。金属外墙的那座塔非

---

[1] 凯斯·哈林（Keith Haring）是美国街头绘画艺术家，作品带有浓厚的波普艺术风格，单色、空心的抽象人与动物图案充满整个构图。——译者注

常引人注目：一面光滑的铝制波纹墙，点缀着小窗户，像镜面浴帘一样起伏。我加入了前面一小群游客的行列，花了几分钟开心地拍了几张照片，我的倒影在墙上扭曲着，就像在游乐园的镜子里一样。我觉得这栋楼看起来很眼熟，在偷听了两个拿着旅游指南的矮胖美国人的对话后，我意识到了原因——弗兰克·盖里在曼哈顿（Manhattan）建了一栋非常相似的大楼，离我有时供职的一家非政府组织的办公室很近。"这个叫盖里的家伙为两个不同的客户做了几乎一模一样的东西！"旅游指南愤愤不平的读者喊道，"如果你能找到的话，干得不错"！

暮光渐渐消逝，我决定不再发牢骚，而是做点有趣的事。沿着媒体港区的边缘往回走，我来到了河的主河道，那里有一对勇敢的皮艇手正准备划着船过河。我一度想要加入他们，但最终还是选择了不那么冒险的最后一站：河畔的莱茵塔，对一个正在写关于莱茵河的书的人来说不可错过的当地地标。

这座塔（我的旅游指南里说）建于1981年，主要用作广播和电视发射机，但也是一个旅游景点；这是一个火箭形状的混凝土圆柱体，象征着杜塞尔多夫的重生。在支付了高昂的门票费后，我乘电梯上升了170米，陪同我的是一名不太高兴的服务员，就和在电梯里待了一整天的人一样。我急于打破尴尬的沉默，问他塔顶的景色好不好。"是的，非常好！"他说，"天气晴朗的时候，你可以看到埃森"！

在塔顶，景色确实非常好。我不仅看到了埃森，还看到了杜伊斯堡，它在远处大口地吐着烟雾。在南面大约25英里处，科隆像林火一样在地平线上熠熠发光。在它们之间的是莱茵河，在朦胧的暮色中，玻璃般的蓝黑色河流，蜿蜒穿过繁忙的街道、工厂、医院、大学、仓库和港口。从上面看，人们可以清楚地看到河流是如何塑造周围的城镇的，这些城镇从河道两边突起，就像一根线上的大珠子。港口看上去人满为患，人行道上人头攒动。我坐在一个视野开阔的座位上，点了一杯爱尔兰咖啡，过了一秒当我意识到爱尔兰咖啡是世界上第二贵的液体，仅次于打印机墨水时，为时已晚了。塔的下方，街灯沿河闪烁着，驳船在波涛起伏的水面上点起了明亮的探照灯。夕阳从杜塞尔多夫的地平线坠下，我看着下方莱茵河的转弯处先是变暗，然后又恢复了生机。

第 6 章

上帝、同性恋、葡萄与谷物：科隆

个穿着女式紧身皮衣裤的男人从路中央缓缓走来，同时还有一个戴着口套（muzzle）、身上系着皮带的人在河对岸的双塔大教堂大吼大叫。科隆同性恋大游行开始前几个小时，莱茵河上的道伊泽尔桥（Deutzer Bridge）就挤满了成千上万的人，其中有很多人都不同程度地赤身裸体。到达后不久，我被一个穿着皮短裤的男人喷了香槟，被一个穿着水手服的老妇人亲了一口，还被一个穿着舞会礼服的大胡子男人抱了一下。一位过路人说："自从我放弃骑马以后，我就没见过这么多马具了。"

科隆的大游行 [也叫克里斯托弗大街纪念日（Christopher Street Day）] 长期以来一直是莱茵兰夏季的主要活动，吸引了成千上万的人来喝酒、跳舞、抗议和庆祝。今年的气氛可能比往年更加活跃。就在十天前，德国议会投票通过同性婚姻合法化[1]，科隆一片欢欣鼓舞。"谢谢！"一个穿着热裤、头戴牛仔帽的男人举

---

[1] 2017 年 6 月 30 日，德国议会以 393 票同意，226 票反对，4 票弃权通过了同性婚姻合法化法案，德国成为第 23 个同性婚姻合法化的国家。——译者注

着牌子说。

在整个欧洲，同性恋权益近年来取得了长足的进步。荷兰在2001年投票通过同性恋婚姻合法化，很快就有许多国家效仿。在一些地方仍然存在严重的歧视问题，有的国家同性恋和跨性别者仍受到可怕对待，但也有一些国家的政治形势发生了显著转变。例如，在英国，对保守派政客而言，反对同性恋婚姻几乎和崇拜菲德尔·卡斯特罗（Fidel Castro）一样令人无法接受。然而，在欧洲仍有一些地方盛行着旧的观念和政策。奇怪的是，莱茵河担任了一个非常粗糙的边界角色，划分支持和反对同性恋婚姻的国家。在河的西面，法国、比利时、荷兰、卢森堡、西班牙、葡萄牙和英国都允许完全婚姻[1]。但在莱茵河东边和南边，瑞士、奥地利、意大利、列支敦士登，都有更严格的规定，通常允许同性"注册伴侣关系"，但不允许完全婚姻。[2]在德国，同性伴侣可以建立一种民事伴侣关系，但同性婚姻仍然是非法的（直到游行前的投票），同性伴侣也不可以共同收养孩子。对于一个努力将自己定位为道德领袖的国家来说，这似乎是一种不和谐的反常现象。

造成这一反常现象的部分原因是简单的政治因素。在科隆游行之前的几个月里，德国总理安格拉·默克尔因支持难民权利的强硬立场，被许多欧洲左翼人士誉为英雄。然而，她内心深处仍

[1] 同性的完全婚姻是指获得社会承认的、自愿的、忠贞的、单配的、合法的两个成年人之间的契约结合，由政府和（或）社会通过给予与异性婚姻相同的权利、待遇和责任表示认可。这些权利包括经济、税收、遗产、生养子女以及做出医疗决定的权利。——译者注

[2] 在我完成我的莱茵河之旅后，奥地利宪法法院裁定，从2019年起同性别的情侣可以结婚。

然是一个亲商业的保守派，依靠右翼盟友继续掌权，并且相信（正如她曾经说过的）"男人和妻子，婚姻和家庭，位于我们社会模式的中心"。另一个因素是宗教。在局外人眼中，常常有一种假设，即德国在很大程度上是一个世俗的国家。"德国人只会忙着赚钱，根本无暇顾及那些教堂里的东西。"一位英国朋友对我说。然而，现实情况是，这个国家的宗教色彩仍然非常浓厚：2010年，44%的德国人表示相信"上帝存在"，而法国人和荷兰人的这一比例分别为27%和28%。特别是在莱茵河沿岸，宗教在政治和日常生活中仍然是一股强大的力量。

在16世纪，宗教改革将基督教分裂为天主教和新教后，一般规律是居住在某一地区的人通常会遵循该地区统治者碰巧支持的任何一种宗教。按照这一规律，今天德国的北部和东部主要是新教徒，而南部和西部以及荷兰南部的人则倾向于成为天主教徒。尤其是科隆，成了一个主要的天主教中心。近年来，不断上升的移民潮和无神论削弱了宗教情绪，但莱茵河地区仍然是天主教信仰的相对大本营。官方统计数据显示，在德国东部，62%的人表示他们不相信"任何形式的精神、上帝或生命力"，而在莱茵河的西部，这一比例仅为17%。在莱茵河流经的每一个西部教会地区，三分之一到三分之二的人口被认定为天主教徒，而在东北部，这一比例只有20%左右。在该地区旅行和工作时，我常常惊讶于宗教——尤其是天主教——仍然是一股强大的政治力量的事实。默克尔（一位新教牧师的女儿）说她的信仰是"永远的伴侣"，或者说德国的问题不在于"伊斯兰教徒太多"，而在于"基督教徒太少"，她的这一言论似乎让大多数人都如释重负。教堂在德国公民的生活中仍然扮演着重要的角色，其部分资金来自政府向所有登记为某一宗教的信仰者征收的特殊税收，无论他们是否真的去过教堂。和荷兰人一样，很多德国人对"孩子、厨房、教堂"（Kinder, kuche, kirche）的态度仍然非常保守。然而，分界线并不总是那么清晰。在政治上，莱茵兰和鲁尔区的大部分地区经常向左而非向右倾斜，科隆等地似乎经常处于一种稳定的、略微不安的平衡状态。一方面，它们是开放和国际化的地方，通过国际贸易和文化交流创造了巨大的财富；但从另一个角度看，它们生来就墨守成规。即使是不信教或不投票给默克尔所在政党的莱茵兰人，他们的观点也常常显得相当传统，恪守礼节、避免债务或戏剧性事件。"我们很享受生活"，科隆的一位熟人曾经解释说，"但也就到此为止了。努力工作，谨慎花钱，结婚生子——这就是每个人真正期望的"。"我们这里大部分人都是天主教徒"，另一个人说。"我们喜欢玩乐，但过后会觉得很糟糕。"当然，莱茵兰也有很多新教徒，但与柏林等地相比，无神论者似乎经常供不应求。沿着莱茵河旅行时，我经常想起一个来自北爱尔兰的老笑话：一位游客问一个当地人："这附近难道没有无神论者吗？""有啊"，当地人答道，"有新教无神论者，也有天主教无神论者"。

德国莱茵兰的自由、国际主义的天性与不那么宽容、更保守的天性之间的奇怪矛盾，在科隆表现得最为明显。科隆醉人的啤酒文化几乎和高耸的大教堂同样有名。然而，今天，文化战争中哪一方占上风已经很清楚了。看着同性恋大游行经过，我的笔记本上很快就写满了一长串观察结果，可以用来驳斥外国认为德国是个古板、无趣的国家的刻板印象：穿着神奇女侠服装、满身文身的年长女性；剃了光头、没穿上衣的女士举着一个写着"免费接吻"的牌子；一个男人什么也没穿，腰间挂着一根绳子，上面挂着一块餐巾大小的布。一位戴着"停止恐同"徽章的警察拥抱了一位变装皇后，一位老人和他的妻子自豪地拥抱了他们穿着彩虹衬衫的儿子和他的男朋友。

后来我才意识到，这一活动不仅是那些性取向不符合某一笼统类别之人的庆祝游行，也是很多觉得自己没有被社会完全接受之人的游戏，他们享受这个成为自己的机会。"我不奇怪"，一个十几岁的笨拙的女孩 T 恤上写着，"我是限量版"。我还记得一张战后著名的照片，照片上科隆被毁的、破碎的桥梁倒塌在莱茵河上，我想——虽然很俗，但却很真实——这是多么美好的一个地方，曾经被仇恨所伤害，现在却充满了爱与欢乐。

离开游行队伍，我沿着螺旋楼梯下了桥，来到河边，向市中心走去。从下面看，卡车和舞者的队伍几乎看不见了，但河岸上回荡着麦当娜（Madonna）和麦克默尔（Macklemore）的歌声。远离河岸处，小广场和狭窄的街道上挤满了临时的酒吧、鸡尾酒摊、餐车以及现场音乐演奏的舞台。这感觉很像荷兰国王日，只是少了些橙色，多了些彩虹色。在一个角落里，一个小摊在卖彩虹条纹旗帜、帽子、领带、T 恤、耳环、背带和太阳镜，生意兴隆。一个看起来很高兴的德国年轻人每种东西买了一样，然后站在路边，把所有的东西都戴上，迅速地把自己变成了一组可以行走的交通灯。更有甚者，一小群人聚集在一起细看出售的 T 恤，每件 T 恤上都装饰着醒目的标语："橡胶"（Rubber）、"皮革"（Leather）、"织物"（Woof）。

　　科隆，如很多德国城市一样，美丽而又带有一点狂野。在绝大多数荷兰城市，建筑物被严格分隔开来，历史中心保持完全未受破坏的原貌，而现代建筑则被限制在边缘地带。然而德国城市却更像英国城市——美丽的老式建筑和丑陋的战后建筑七拼八凑地混杂在一起，古老的大教堂不协调地坐落在闪闪发亮的快餐店旁边，17 世纪的联排别墅与丑陋的现代超市共用同一堵墙。

　　我最近读了一份美国报纸，有人向我保证科隆是"德国最被低估的城市"，但事实似乎并非如此。它靠近荷兰、法国和比利时的边境，地理位置并不是很偏僻。风景如画的河岸上到处都是明信片摊、旅游团和叫卖游船票的人。走向大教堂的路上，我经过一群 30 多岁的醉醺醺的英国女人身旁，她们都戴着紫色的派对帽，化着闪亮的妆容，喝着纸杯里的酒，准备像西哥特人（Visigoths）或破坏者那样在城市里横冲直撞。"我们他妈的就这么干吧！"那个戴着粉红假发的头目咯咯地笑着说。不远处，站着一大群十几岁的朋克青年，他们穿着破旧的牛仔夹克，留着莫西干发型（mohawks）[1]，穿着一模一样的衣服，花哨地展示着自己的个性。

---

[1]　指两边低、中间立起来的发型，应翻译为莫霍克发型，但国内习惯称为莫西干发型。——译者注

当然，是罗马人正式建立了科隆，他们在公元前38年在这里建立了一个坚固的定居点，后来为了纪念皇帝的妻子朱莉娅·阿格里皮娜（Julia Agrippina），给它起了一个朗朗上口的名字：克劳蒂亚·阿格里皮娜的殖民地（Colonia Claudia Ara Agrippinensium）。大轮船很容易就能到达这里，中世纪的游客可以看到意大利商人带着油和丝绸抵达这里，奥斯曼商人把无花果和葡萄干装上莱茵河的驳船，还有来自北方的装满鲱鱼、毛皮和羊毛的船只。城市就像生长在圩田里的毛茛一样，开了花。"这座城市多么辉煌啊！"意大利诗人彼特拉克（Petrarch）在1333年写道。"在如此蛮荒之地找到这样一个地方，简直是个奇迹！"后来，它因冲突争斗而被严重破坏，但仍然让从北方来的游客兴奋不已。1839年，一位名叫约瑟夫·斯诺（Joseph Snow）的游客将这里描述为"欧洲文明的中心"。但其他人可不同意。放荡不羁的卡萨诺瓦（Casanova）认为科隆是一个"令人讨厌的小镇"，也许是因为他对自己欲与一名年轻女子在颠簸的鹅卵石街道上发生关系的荒唐行径感到挫败。"我们已经尽力了"，他在日记中悲伤地写道，"但几乎什么都没做"。

与莱茵兰的很多城市一样，科隆在第二次世界大战期间遭到了严重的破坏。1945年春天，来这里访问的海因里希·伯尔（Heinrich Böll）看到人们躲藏在废墟下——罗马时代遗留下来的深地窖中。"莱茵河上的科隆是一种被破坏的典范。"另一个游客在1945年写道，"毫无美感、杂乱无章地躺在碎瓦砾上"。不过，这里很快就开始了惊人的复苏，这条河又带来了贸易和游客。经过一代人的时间，这里再次成为一个充满活力且繁荣的地方，有圣诞市场、几家不错的博物馆，而且——不出所料——还有一个改造过的时尚港口：科隆长廊（Rheinauhafen），挤满了把FaceTime用作动词还在室内戴着太阳镜的人。

继续远离河的方向，我穿过拥挤的、音乐声震天的街道，走向宏伟的大教堂（Dom），中途停下来买了份外带的"flammkuchen"——一种变种的披萨，显然发明的人认为普通的披萨不够健康，增加些熏肉和奶油会更好。这里比大桥附近安静得多，但还是很容易看见同性恋游行的人——穿着高跟鞋的变装皇后、穿丁字裤的男人、试图看起来放松的笨拙的青少年。当我狼吞虎咽地吃着奶油披萨时，一位身穿"如果你觉得自己快乐/是同性恋，请微笑"T恤的女士路过并和我击了下掌。

遗憾的是，由于2015年年末发生的两起可怕事件，科隆作为一个宽容城市的名声遭受到了严重打击。第一起事件发生在10月，一位名叫亨瑞埃特·莱珂（Henriette Reker）的政客被一名反对她的难民政策的男子刺伤了脖子，当时她正在竞选科隆市长。几个月后的新年前夜，数十名妇女在教堂外遭到性侵。对这一事件的报道往往极不准确，但无可争议的是，成群的年轻男子袭击了聚集在该市主要广场庆祝新年的妇女，这些男子总是被描述为"外表上看是北非人或阿拉伯人"。据报道，警方几乎没有采取任何措施来阻止袭击者，甚至在第二天发布了一份声明，称科隆的庆祝活动有一种"欢乐的气氛"。最初的报告显示，科隆和其他地方约有 100 名女性遭到袭击，但后来泄露的警方文件显示，真实数字更接近 1200 人，多名妇女被强奸。

数月后，很多细节仍未被披露，只有少数几个袭击者被判有罪。科隆的警察局长被免职，而在刺伤袭击中幸存并在住院时成功当选市长的亨瑞埃特·莱珂，则受到了严厉批判，因为她发行的指南暗示性侵事件中的受害女性也有责任，如果她们没有为被强奸的可能性做"准备"，男人也许就无从下手。安格拉·默克尔对难民和移民的自由主义政策——2014—2017 年，德国申请庇护的难民人数达到惊人的 140 万——遭到了猛烈抨击。科隆所在的北莱茵—威斯特法伦州登记的避难者比其他任何州都多，可想而知，那里的政治反应会有多激烈。主流政党如左翼社会民主党（SPD）难以做出一致的回应，右翼政党如德国选择党（Alternative for Germany）的支持率飙升。极右翼政客和博主们洋洋得意。"科隆，一个女性无法在街上安全行走的城市"，极右翼网站布赖特巴特（Breitbart）如是称呼。强暴事件发生后，难民中心发生了数百起袭击，手枪销量猛增，据报道，德国零售店的反强奸内裤已经售罄。"是的，你应该帮助难民。但是要适可而止"，科隆一位女士告诉国际通讯社法新社（AFP），"德国文化正在慢慢消失"。科隆各处的灯柱上贴着的标签甚至更为直白："不欢迎强奸者。"我停下来给其中一个标签拍照，就在这时，两个女人从我身边走过，她们穿着蒙面罩袍布卡，除了眼睛周围像小信箱口一样的缝隙外，全身都是黑色的。我点头致意，就在这时，一位上了年纪的白人停下来斥责她们。我听不懂他的德语，但显然他没有遵行先知对信徒的教导，做出好像要去抓其中一个女人的袍子似的动作。[1]
然而，两个女人明显已经习惯了这样的事情，她们不理会他，继续说说笑笑地往前走。再往前走几米，一个长得像土豆的德国白人正在对他的妻子大喊大叫，就像我的狗偷了我的袜子时我对它大喊大叫一样。在科隆，和其他地方一样，容忍和不容忍之间的平衡显然很微妙。

虽然我还想做些其他事，但是似乎很有必要走马观花地参观一下大教堂。科隆大教堂是德国同类教堂中最大的一个，它巩固了科隆作为宗教中心的地位。大教堂一度是欧洲最高的建筑，现在仍然在市中心和河岸占据最重要的位置；一堆黑色的哥特式尖顶，看上去就像在阳光下已经部分融化的伦敦议会大厦的蜡制模型。我记得自己第一次参观大教堂时，还是一个从没好好旅行过的19岁少年，深深震惊于它的规模之大、诞生的时间之早，那时候生产一块石头方砖可能需要用锤子和凿子辛苦工作数周。今天，在我第一次访问的十多年后，它仍然具有类似动人心魄的力量。"该死，那是个大教堂！"一个戴着棒球帽的加拿大人喊道。

大教堂的建造工程始于13世纪中叶，但（正如经常发生的那样）建造者最初的热情被证明超过了他们完成这项工作的能力。这座建筑就像是那个时代的柏林机场[2]，过了几个世纪只完工了一

---

[1] 这位白人比较排斥穆斯林。——译者注
[2] 柏林勃兰登堡国际机场于1990年规划，并于2006年动工，至今仍未落成。——译者注

半。然而，在 19 世纪 80 年代，耗费六百多年，它终于完工了。在这片有大量宏伟的宗教建筑的土地上，它很快就崛起成为世界上最宏伟的宗教建筑之一，吸引了大量来自欧洲大陆的游客，其中包括成千上万坐着汽船沿莱茵河而来的人。这座建筑在第二次世界大战中奇迹般地幸存下来，几乎毫发无伤，如今已成为科隆地平线上无可争议的亮点，像一位照看孩子的严厉女家长一样俯瞰着城市居民。

当然，它的内部也精美绝伦。近年来，我去过欧洲几十座、甚至数百座大型教堂和主教堂，但这无疑是最令人印象深刻的教堂之一。细长的石柱林立，支撑着一个高得惊人的天花板，周围是几十扇精致的彩色玻璃窗。在尽头处，一架巨大的风琴靠在墙上，像一门重型火炮，几十根长长的音管伸向穹顶。我再次惊叹于眼前的这一切，从笔记本里翻出我从伟大的莱茵河诗人海因里希·海涅（Heinrich Heine）那里抄来的一句话："在过去，人们有自己的信念。我们现代人只有观点，而建造一座哥特式大教堂需要的不仅仅是观点。"在这样一个工作日的早晨，这里挤满了人——日本旅游团、荷兰度假者、美国背包客、英国周末游客——所有人都举起手来，对智能手机的拍照功能赞不绝口。在我身后，一对中年荷兰夫妇走进门来，惊叹道："多漂亮啊！"他们很快就被一长队头戴黄色帽子、就像消防演习中的麦当劳员工一样的意大利游客打断了。一对西班牙背包客摇摇摆摆地走过来，像乌龟一样背上绑着巨大的圆背包。然后来了一对胖胖的德国夫妇，粗鲁地从我身边挤过去，还重重地踩了我一脚。我开始觉得英国脱欧或许并不是一个坏主意了。

科隆并不总是以其美丽而闻名。在早期的旅行者对莱茵河之旅的记述中，科隆往往因其气味而引人注目。例如，塞缪尔·泰勒·柯勒律治（Samuel Taylor Coleridge）写了一首暴躁的小诗，表达了他对这个"里里外外臭气熏天的小镇"的失望之情。

> 莱茵河，众所周知，
>
> 洗刷着你们的科隆城；
>
> 但是告诉我，女神们！什么神圣的力量，
>
> 能在今后清洗莱茵河？

在这样的背景下，科隆的名字在现代已经成为某种闻起来很香的东西的同义词，实在有些奇怪（又或许是恰当的）。这款香水是意大利人乔瓦尼·玛利亚·法利纳（Giovanni Maria Farina）的创意。18世纪初，法利纳搬到了科隆，改名为约翰（Johann），在一家家族企业工作，负责在莱茵河上运送货物。法利纳对从河流上游地中海进口的精油和水果香精的气味印象深刻，于是开了一家香水工厂，并以他在河上的新家命名他的拳头产品："古龙水。"他所依赖的一些成分有点可疑——茉莉花花瓣揉进猪油里——但整体效果不错，令人神清气爽。法利纳在给弟弟的信中写道，古龙水让自己想起了"意大利春天的早晨，以及雨后山谷中水仙花和橙花的清香"。当时大多数竞争对手的香水是由麝鼠或麝牛等重口味的天然分泌物制成，法利纳清淡的、柑橘基底的气味得以脱颖而出，广受欢迎，吸引了（如果当地传说可信的话）包括拿破仑、歌德、贝多芬和一群在位时间很短的皇帝、沙皇和君王在内的顾

客的关注。后来，它们被出口到世界各地，通常随货船"顺流而下"。"终于"，伏尔泰闻了一闻，说道："一种振奋精神的香水！"我在教堂外那些花哨的商店随便逛了逛，想买一些古龙水，但看到价格后，我决定还是买一个私人岛屿更好。

　　回到大桥附近，科隆多样性的庆祝活动仍在如火如荼地进行着，河滨回荡着远处的哨声、舞曲声和欢呼声。然而，我更关心莱茵兰文化中更重要的元素：啤酒。

　　我走进了一家经典的德国酒吧，它拥有德国啤酒屋的所有元素：笨重的木椅和沾满啤酒的桌子、深色的木镶板墙壁、铁制枝形吊灯、猎人和骑手的画像，以及喧哗吵闹的笑声。接待我的侍者身材魁梧、秃顶、蓄着小胡子，很容易就能被选中饰演好莱坞 B 级影片中的德国侍者。这里有百余名顾客，看上去都过得很开心，我又一次觉得，多奇怪啊，世界上仍有一些人坚持认为德国人是忧悒不欢的机器人，觉得他们不知道如何玩乐。我想，产生这种误解，单纯是因为德国人划分工作世界和休闲世界的方式。在英国，即使是正式的会议，也会不时被所谓的"玩笑"和机智打断。然而在德国，这种跨越边界的行为简直不可想象。与工作的同事的关系要保持正式，个人关系则是二元的，分为好朋友和泛泛之交两种，没有其他选择。他们说，"Dienst ist dienst und Schnaps is Schnaps"——工作就是工作，喝酒就是喝酒。这两者永远不会相交。这意味着，任何只在工作中遇到德国人的人，都会不可避免地认为他们是高效的机器人，而事实是，他们和其他人一样快乐。

午餐时间，科隆的啤酒屋在活力和风趣方面并不比周五晚上的英国酒吧逊色，也比任何一家安静的荷兰咖啡馆更欢乐。

和很多啤酒屋一样，这家也有一个简单的啤酒点单系统：你完全不需要点单。服务员们不停地在屋里踱来踱去，每当看到桌子上有一个空杯子，他们就会立刻冲进去，换上一个满杯子，在顾客的啤酒垫上用黑色的铅笔潦草地写下他们喝了多少杯。没有酒品菜单可言——每个人都自动享用了当地的科尔施啤酒（Kolsch beer），这意味着整个体验有一种向无法控制的事物投降的气氛。幸运的是，啤酒确实很好；又淡又甜，像一种澳洲拉格啤酒，但很好喝。我点了一些菜单上我看不懂的菜，菜几乎立刻就来了：一根巨大的弯曲的白香肠"大坝"，挡住了一堆炸土豆和红甘蓝。相比之下，荷兰菜突然显得无足轻重。我坐着，吃啊，喝啊，喝啊，喝啊，啤酒垫上画满了黑色记号，就像监狱窗户上的铁条。

在德国之外，人们关于这个国家对啤酒的喜爱的看法常常带有一种粗暴的文化成见；蓄着八字须的啤酒饮者或扎着马尾的酒吧女招待，在当地扮演着相当于美国牛仔的角色，或相当于荷兰酩酊大醉的自由主义者，或是英国戴着高帽的绅士。但毫无疑问，啤酒是浸润于莱茵兰文化中的一大基石，我很高兴有了一个深入了解啤酒的正当理由。"你是个在写关于德国的书的英国人"，一位德国朋友说。"所以我猜书里会有一大节关于啤酒的内容？"是的，我回答，一定会的。

德国人对啤酒的热爱可能往往被夸大，但它还是非常真实的。在卢森堡欧洲法院的一起法律案件中，德国政府的律师甚至辩称，啤酒不仅仅是一种娱乐饮料，也是均衡饮食的一个关键组成部分。啤酒在火车站和购物中心的自动贩卖机出售，在公司总部的自助餐厅里供应，而且——根据啤酒商和历史学家霍斯特·多布施（Horst Dorbusch）的说法——"许多德国医生建议孕妇每天喝适量的啤酒"。平均而言，德国人一年的啤酒消费量比英国人、比利时人或荷兰人高出约50%。读到这些数据，我觉得德国人居然能从床上爬起来，简直是个奇迹，更不用说他们还做到了让德国成为全球最高产的经济体之一。

如今，在外国人的心目中，德国啤酒常常与慕尼黑或巴伐利亚联系在一起——许多著名的啤酒厂和著名的啤酒节都在这里。然而，西德的啤酒爱好者可能会强烈抗辩，认为啤酒是莱茵兰的典型产物。该地区的日耳曼部落帮助罗马人培养了对啤酒的嗜好，修道院帮助改进和普及了德国啤酒的配方，莱茵河则成为成品的主要运输路线。莱茵兰的啤酒厂为德国一些最盛大的嘉年华和活动提供了黄金"燃料"，杜塞尔多夫和科隆还曾就谁的啤酒最好的问题展开了激烈的争吵。对于有英国人对德国的偏见的我来说，热闹的啤酒屋也有效地纠正了根深蒂固的成见，即所有德国人都是明智的、不冒险的。在莱茵兰，正如瓦尔特·本雅明（Walter Benjamin）曾经写道的，"啤酒厂是通往每个城镇的钥匙，（而且）知道在哪里可以喝到德国啤酒，就足以了解当地的风土人情"。

出人意料的是，世界上最早的啤酒很可能不是在欧洲酿造的，而是诞生于中东或高加索地区。古代苏美尔史诗《吉尔伽美什》（*Gilgamesh*）讲述了"野兽恩奇都"（Enkidu）的创世神话，恩奇都喝了啤酒后变成了人类。"他喝了七次",古文里写道,"他的精神放松了,于是开始大声说话"。在欧洲,位于今天的德国和低地国家的部落,人们在公元前 1000 年左右开始酗酒。在森林营地和村庄里,日耳曼酿酒师——通常是女性——开始用面包酿造啤酒,把半生不熟的面包放进一壶壶水中,然后让水发酵成浓稠的、酸的、含酒精的粥。就像现代啤酒一样,部落酿造的啤酒也有很多不同的风格,通常还会加入蜂蜜、树皮或牛肠子等美味的调味品。

罗马人到达时,啤酒已经在莱茵河地区广受欢迎了。塔西佗指出,在部落会议和宴会上,啤酒的消耗量很大。作为地中海文明中的嗜酒居民,一想到要喝野蛮人酿造的啤酒醪液,罗马人就感到十分震惊。塔西佗暗示说,部落对啤酒的热爱很可能是他们"习惯性懒惰"的原因,并认为他们的酗酒行为可能会对他们不利。"如果我们想利用他们的嗜酒癖,让他们想喝多少就喝多少,我们就可以像用武器一样依靠这一恶习轻易地击败他们。"他说道。然而,随着时间的推移,罗马人逐渐看到了啤酒的吸引力。起初,他们从当地的日耳曼妇女那里买她们用传统方式酿造的啤酒,但很快他们就开始自己酿造,采用部落的面包捣碎技术,直接研磨生谷物。罗马人对这种部落饮品越来越推崇,这反映在他们给它取的名字上:"cerevisia",这是农业女神克瑞斯(Ceres)送给他们的礼物。

当爱喝啤酒的日耳曼部落最终击败胆小的爱喝红酒的罗马人时,啤酒作为欧洲北部首选饮料的地位似乎已成定局。在公元 8、9 世纪,查理大帝成了一个真正的啤酒铁杆粉,他下令广阔疆域中的每一处领地都要运营自己的啤酒厂。查理大帝死后，他的子孙们瓜分了他的帝国，欧洲大陆的流动边界变得清晰起来。粗略地说，在莱茵河以西，今天的法国人保留了一种更罗马化的生活方式，喜欢喝葡萄酒，而在莱茵河以东，德国人则坚持喝啤酒。在莱茵兰的农村，啤酒是一种主食，农民们喜欢用大块面包蘸着啤酒吃，就像蘸着汤一样。

慢慢地，许多修道院开始经营自己的啤酒厂和酒吧——这在现在相当于教堂背后有一个酒吧和微型啤酒厂一样。在修道士们的精心监督下，酿造啤酒不再像孩子们试图烤蛋糕一样随心所欲，而变得更加科学。靠近莱茵河流入博登湖处的圣加尔（Saint Gall）修道院，建造了一个巨大的啤酒厂，成为或许是整个欧洲最大、最喧闹的酒店酒吧，数百名修道士和农奴在这里照料着谷物和啤酒花。据记载，甚至从北非的领地出发入侵欧洲的伊斯兰萨拉逊人（Saracens），也曾在圣加尔驻足，享用过这里的啤酒。圣加尔啤酒厂最终扩张到40座左右的建筑，但并不需要储酒窖——啤酒总是一酿好就卖光了。由于免税且享有免费劳动力，修道院获得了可观的利润，同时也向贫穷的游客赠送啤酒。今天那些正努力吸引信徒的牧师们，不妨可以考虑一下这一策略。在圣加尔，每个修道士每天至少能分配到5升啤酒。

然而随着时间的推移，修道士们对啤酒的垄断开始减弱，啤酒制造者的泡沫接力棒传递到了新商人阶级手中：那些承运商和贸易商靠着莱茵河悄无声息地发了财，他们现在开始像交易葡萄酒、羊毛、木材、琥珀和橄榄油一样交易啤酒。精明的商人开始在欧洲各地销售德国啤酒，酒桶和酒瓶顺流而下运往迪尔斯泰德附近韦克和乌得勒支。然而，他们所卖的啤酒仍然与现代欧洲人所认识的啤酒大不相同，通常是用豆子或豌豆而不是谷物酿造的，用盐或煮熟的鸡蛋调味。不过一段时间后，啤酒的制作标准提高了，这在一定程度上要归功于著名的《啤酒纯度法》（*Reinheitsgebot*[1]），该法规定，啤酒应该只含有三种成分：啤酒花、水和大麦。1521 年，马丁·路德（Martin Luther）因被控藐视天主教会而受审，据称他在受审期间只要求一种酒来支撑他：一桶新鲜的爱因贝克（Einbecker）啤酒。"浓啤酒"，据说路德曾如是写道，"是老年人的牛奶"。

德国支离破碎的政治体系意味着，长期以来地区间围绕酒的竞争一直十分激烈。例如，在 14 世纪，多特蒙德附近城镇的啤酒酿造商会雇佣狙击手，把沿河运输的多特蒙德啤酒桶打出洞来。如果被抓获，持枪歹徒至少会有一个愉快的死法：他们通常被淹死在啤酒桶里。在莱茵河沿岸，如今啤酒的主要区别在于是在发酵桶顶部还是在底部使用酵母。在科隆，人们一般更喜欢清淡的桶底发酵拉格啤酒。不过，沿河而下的杜塞尔多夫，大多数酿酒商显然都是老（Alt）风格的狂热爱好者，他们在桶顶用酵母发酵，酿造出更具麦芽味和果味的啤酒。在局外人看来，整个辩论都显得神秘莫测，就好比争论顺时针还是逆时针搅拌茶的味道更好一样。但对莱茵兰的居民来说，顶底之争是一件很严肃的事情。

---

[1] "Rein"的意思是"纯粹的"，所以"Reinheitsgebot"这个词与莱茵河毫无关系。

这两种啤酒——科隆更现代的科尔施啤酒和杜塞尔多夫老派啤酒——之间的竞争已经酝酿了几十年，不可避免地蔓延到邻近城市之间存在的其他竞争中。啤酒厂打出广告，嘲笑上游或下游的竞争对手使用的愚蠢技术，而酒吧则明确拒绝将非本地啤酒列入菜单。我个人偏爱的是焦糖色的老啤酒，比科尔施啤酒颜色更深、烟熏味更重；杜塞尔多夫的啤酒更像可口可乐而科隆的啤酒像是柠檬水。但在科隆的旅行中，我总是小心翼翼地不这么说。"在科隆点老啤酒，要么你非常勇敢，要么非常愚蠢。"一位德国朋友警告我。显然，他没有考虑到我可能是两者兼而有之。

第二天，一觉醒来，我听到军队全面撤退的声音。在酒店窗外，几十辆卡车排成一列行驶在狭窄的街道上，装载着同性恋大游行的废弃物，包括便携式厕所和舞台。几个清扫街道的人正在收集最后一点垃圾，但在早餐时间之前，街道已经基本上一尘不染。我的计划是沿着这条河继续向南前往波恩，但我想先简单参观一下科隆的其他几个景点。

第一站是海因里希·伯尔广场（Heinrich Böll Platz），名字来源于这座城市的一位名人。与许多其他著名的德国作家一样，伯尔只在德国家喻户晓，但他毫无疑问是20世纪一大文学巨匠；这位诺贝尔奖得主基于自己在第二次世界大战时当兵的经历，写了一些故事来尖锐抨击他那一代人的道德困境与矛盾。当伯尔还是个小男孩时，曾在莱茵河边玩耍，因此他后来经常在自己的作品中深情地描写这条河流——比如，他曾这样写道，在冬天"浮冰像足球场那么大，覆盖着一层厚厚的雪，一片洁白……（上面）仅有的乘客是被浮冰带着前往荷兰的一群乌鸦，平静地乘坐着它们那巨大、优雅的的士。"

沿着河继续向南走，我经过一排半木结构的餐馆，来到游行队伍走过的大桥下面。一座人行桥通向一个伸入河中的人造半岛，这里就是巧克力博物馆的所在地了。我以前去过一次这个博物馆，不想再去了，但还是停下来买了四大块贵得要命的巧克力——我的父母一人一块，我妹妹一块，还有一块给我妻子。15 分钟后，当我走回市中心时，我已经把它们都吃光了。

天气很好，我在一座漂亮的半木结构餐厅外小坐片刻，晒着太阳读了会儿伯尔的书，又望向水光潋滟的河面。慢跑者跑着步，骑行者骑着车，赛艇者划着艇。这种感觉就像是假日，有种懒洋洋的气氛，我点了杯上午酒[1]：一杯约翰山雷司令（Johannisberg Riesling），装在像是金鱼缸的玻璃杯里。和啤酒一样，葡萄酒几百年来一直是莱茵兰最重要的出口商品之一。德国很多地方都产葡萄酒，但其中最高产的一个地方在科隆以南地区，靠近莱茵河与摩泽尔河（Moselle）、美因河（Main）的交汇处。在那里，一排排郁郁葱葱的葡萄树像毛毯般覆盖在河岸边低矮的小山坡上，人们很难坚持走几分钟而不被诱惑来上一瓶酒。

就在来科隆旅行前不久，我在科隆南边的威斯巴登（Wiesbaden）的一个葡萄酒节上探索了莱茵河葡萄酒的世界，度

---

[1] 上午酒，与"下午茶"相对应的生造词，作者的幽默表达。——译者注

过了美好的一天。锈迹斑斑的大教堂背风处的标志性广场被几十个圆形帐篷顶的酒吧占据，每个酒吧都代表着一个不同的葡萄园或地区，其间的空隙摆满了隔板桌和长凳。到了中午，长凳上已经坐满了顾客。就我所见，他们可以分为两群人：严肃的品酒师，站在高高的圆桌旁，小心翼翼地小口抿着酒，用舌头在口腔中搅动，对比不同的风味；还有那些豪饮者，坐在搁板桌旁，拼命狂喝。在广场边缘，摊位上摆放着诱人的地方特产：火腿、干香肠和味道浓烈的奶酪。天气很暖和，一切都令人感到非常文明，这对那些认为德国菜就是香肠和炸肉排的人（也包括脾气不太好时的我在内）是一个尖锐的反驳，他们总是对当地美食惊人的广泛性和多样性视而不见。对我来说，这里相较荷兰也有让人愉悦的不同，荷兰的公共活动通常都是重击音乐、油炸食品和塑料杯装的喜力。

随便选了一家酒吧，我点了一杯雷司令，然后走到隔壁买了一盘罗马风格的火腿、烤甜椒、葡萄和奶酪。事实证明，这款酒非常甜，余味带有强烈的指甲油的味道。火腿很美味。在我左边，一个小男孩尝了一小口兑了水的雷司令。"Lecker!"——好喝！他向父亲评论道。

和很多其他事物一样，葡萄酒很有可能是跟着罗马人来到德国的。随着科布伦茨以及科隆之类的小镇发展成为重要的军事和贸易中心，罗马的农民们在它们周围的小山坡种上了从地中海进口的葡萄树。一开始，莱茵兰生产的葡萄酒似乎并未闯出名堂——它们不曾被塔西佗著名的记述日耳曼生活的著作提及，也没出现在恺撒造访今天的德国时写作的报告文学中。这在一定程度上是因为这一地区气候寒冷，还有一个原因是罗马人很想保持地中海对葡萄酒酿造业的垄断。西塞罗曾经提到，罗马元老院颁布过一条法令，禁止帝国的外省出于单纯的经济原因酿造葡萄酒。"我们，最公正之人，不允许我们边境外的人们种植橄榄树和葡萄树，只为一个理由：这样我们自己的橄榄树和葡萄园能有更高的价值"，他写道，"我们很聪明，但我们并不公正"。

不过，随着时间的推移，罗马人对北方葡萄酒酿造的反对逐渐减弱。莱茵河中部连绵的山坡建起了一个个葡萄园，由河对岸的农奴和战俘看管。施派尔（Speyer）这样的莱茵河城市成了重要的葡萄酒贸易中心。虽然德国葡萄酒的质量仍然相当低，但质量还在不断提高，虽然啤酒仍然流行得多，但罗马有钱人喝日耳曼尼亚葡萄酒的想法不再像过去那样荒谬了。就像葡萄酒本身的品质一样，德国的酿酒工艺也在随着年份的增长而不断改进。

罗马人从莱茵兰撤退后，葡萄园被保留下来，在查理大帝的统治下兴盛发展。尽管这位神圣罗马帝国皇帝是众所周知的啤酒爱好者，但其实他也喜欢混饮不同的酒。据传说，他曾站在位于英格尔海姆（Ingelheim）莱茵河边的城堡里，看见约翰山上的雪已经先于别的山融化了，断定河对岸的气候比别的地方更温暖。于是他下令在那里大量种植葡萄树，而后又迅速扩展到周边地区。和啤酒一样，修道士和修道院成为主要的生产者，酿造他们自己的葡萄酒用于做弥撒。毫无疑问，修道院酿造出的葡萄酒很快就远远超出他们自己需要的量，于是他们开始通过弗里斯兰人和汉萨同盟（Hanseatic League）在别处售卖。满载沉沉的葡萄酒桶的驳船成为莱茵河上的日常风景，顺流而下冲向迪尔斯泰德附近韦克或者海岸边。种植者试验了很多不同品种的葡萄，但最成功的是雷司令；白色的葡萄在河流中游寒冷、多石的山坡上茁壮生长。寒冷的天气有时意味着葡萄酒很难发酵，因此制造商改良出了一种特殊形状的瓶子：瘦瘦高高的瓶身，加上格外长的瓶颈。

在随后的几个世纪中，莱茵河的葡萄酒贸易有所衰落。寒冷的天气常常使葡萄歉收，莱茵兰不断增长的人口带来的是许多葡萄园被夷为平地，变成了住宅、农业或工业用地。然而，种植者们顽强地坚持了下来，一些德国葡萄酒在国外变得大受欢迎，其中就包括圣母之乳（Liebfraumilch），一种由最初在沃尔姆斯市圣母教堂（Liebfraukirche）附近种植的葡萄酿就的白葡萄酒。莱茵河葡萄酒从一个国际笑柄演变成了某种像西班牙汽车的事物——并不是如果你有闲钱就会买的东西，但实际上相当不错。

然而，德国葡萄酒永远比不上法国、意大利、西班牙甚至南美葡萄酒——部分原因是它们的质量确实欠佳，还有一部分原因是它们口感粗糙、价格低廉的名声在外。（"德国人极其喜欢莱茵河葡萄酒"，马克·吐温写道，"人们得通过标签才能分辨出这种酒与醋的不同"。）看标签或许也没什么用，因为很多葡萄酒的名字可能会让非德国人的舌头打结；把生产葡萄酒的那个镇和葡萄园的名字，以及船运公司的名字连在一起，一个词都念不出来。看看在科隆和威斯巴登销售的赫雪丽（Huxelrebe）和逐粒枯萄精选（Trockenbeerenauslese）葡萄酒，不难看出为什么简单古老的蓝仙姑（Blue Nun）和黑塔（Black Tower）在国外如此受欢迎。

　　喝完雷司令后，我又点了杯斯贝博贡德（Spätburgunder）[1]，醇厚、柔和，带有黑莓的香气。在我的右边，两个年长的德国男人正顺着酒单稳步地挨个往下点，一次只点一杯，就像飞行员在完成飞行前的检查清单核对一样。其中一个喝了一小口玫瑰红（rosé），同意了他同伴的话："好喝！"一位醉醺醺的法国人摇摇晃晃地走了过去，身上穿着一件脏兮兮的棕色 T 恤，上面写着："葡萄酒越陈越香。我越喝越强。"我漫不经心地翻阅着一份别人留在桌上的地方报纸：气候变化和环境破坏、默克尔和特朗普、难民和民族主义者。莱茵兰，就像世界上其他地方一样，最近也不是没有问题，在科隆等地，宽容的力量似乎并不总是占上风。然而，不管末日论者说了些什么，正如同性恋大游行和葡萄酒节等活动所显示的那样，该地区仍然是德国人所说的怡然自得（gemütlichkeit）的温床：温暖、团结、好客和欢乐。坐在阳光下，边上是一座壮丽的大教堂，我的肘弯里有一杯口感顺滑的红酒，生活似乎确实很美好。

---

[1]　斯贝博贡德是黑皮诺（Pinot Noir）红葡萄酒在德国最为主要的别名。——译者注

第7章

"冷战"阴翳：波恩与柯尼西斯温特

秘密部署的核武器地堡出奇地难找。从科隆向南，莱茵河谷看起来越来越像格林童话书的书页。河流宽阔平缓，颜色灰暗一如往常，但河流两岸的大地隆起了平缓的小山，如同波浪一般从水边升起。德国的啤酒文化开始让位于葡萄酒，多石的小山覆盖了一排排平行的、绵延不绝的葡萄树。整个河谷看起来就像用黄绿色的灯芯绒装点了一样。

离开河流走了一会儿，我很快就迷路了，于是停了下来向一个长着胡子的葡萄园工人问路。他停下手头重新捆扎葡萄藤的工作，回答我的问题。"对，对，秘密的东西就往那条路上去！"我沿着远处的小路上山，穿过一片漂亮的山毛榉和悬铃木林，终于找到了我一直想找的地方：一座没有任何标志的混凝土建筑，半隐藏在树后面，看起来就像是某个农民用来存放拖拉机的地方。我以为自己走错路了，但查看了地图后确认无误，就是这里：最高机密军事基地的隐藏入口。

进去之后，这个地堡就和人们所能想象的核武器地堡的样子一模一样：灰暗，阴郁，冷得令人害怕。我没有提前打电话预约参观，但超级幸运的是，一群德国历史爱好者正准备开始参观地堡，我被准许跟在他们后面一起参观。在一个头发灰白、有着便于在地堡工作的矮小身量的向导带领下，我们一起曳足而行，穿过一个深深挖入葡萄树之间的山坡，走进有地下人行道那么大的混凝土地道。我的入门级德语水平还很差，很难跟上他的解说，但关键词没有听错："原子弹"（Atombombe）、"核"（Nuklear）、"共产主义"（Kommunistisch）和"放射污染净化"（Dekontamination）。通道弯来绕去，经过一道道厚重的铁门，看起来就像是在潜艇里一样。停下来拍一张照时，我不小心碰到了墙上一个大大的蘑菇形按钮。没人注意到这件事，但我小小地担心我可能已经毁灭了海参崴（Vladivostok）或是明斯克（Minsk）。

我这一代人从小就把德国视为啤酒节和艺术画廊的乐土，从小接受的教育让我们相信德国的历史始于1914年，止于1945年。然而，直到近年来，莱茵兰仍然是世界上军事化程度最高的地区之一，那里爆发核战争的可能性不亚于朝鲜。

1945年击败纳粹后，获胜的同盟国与苏联将德国划分为四个占领区：大致地说，西北地区由英国控制，东南地区由美国控制，西南地区由法国控制，东北地区由苏联控制。（"英国人和法国人得到了煤炭，俄罗斯人得到了麦田，我们得到了风景"，一位美国官员解释说。）从理论上讲，战时的雅尔塔和波茨坦协定奠定了一种微妙的权力平衡的基础，这种平衡将给欧洲大陆带来和平。但实际上，就像争吵不休的孩子们试图分享生日蛋糕一样，占领者们很快就闹翻了。在东方，苏联建立了一个共产主义附庸国——具有讽刺意味的名称是德意志民主共和国（GDR）——而在西方，英国、法国和美国联合起来创建了一个亲资本主义的德意志联邦共和国（FRG），更广为人知的名称是西德。俾斯麦在七十年前刚刚统一的德国，因此被一分为二：一个是几乎每个家庭最终都拥有一台洗衣机，另一个是有时甚至禁止在报纸上印刷"洗衣机"一词。

在德国之外，公众的关注点自然地沿着铁幕，聚焦于"冷战"超级大国之间的分歧最为明显之处。柏林，作为一个分裂的城市，尤其具有巨大的象征地位。（"柏林是西方的睾丸"，据说苏联领导人赫鲁晓夫曾这样说，"当我想要西方尖叫时，我就挤压柏林"。）莱茵河及其沿岸主要城市——波恩、科隆、杜塞尔多夫、美因茨——位于西半部，在铁幕另一面。然而，正如在以往的冲突中一样，莱茵河扮演了关键角色。

根据第二次世界大战的惨痛经历，同盟国认为，如果苏联对欧洲发动进攻，很可能会采取陆路入侵的方式，坦克将穿越平坦的平原，直抵巴黎和布鲁塞尔。作为西德的工业中心，同时又是西德首都波恩的所在地，莱茵河地区也是一个重要的军事目标。与此同时，像鹿特丹这样的港口对于北约增援部队进入欧洲至关重要。1951 年，西方大国为欧洲制定了"紧急防御计划"，计划了"莱茵河沿岸防御"。同样，北约在 20 世纪 50 年代中期撰写的一份秘密战略文件称，如果欧洲发生战争，最重要的目标之一将是"守住莱茵河上的桥梁"。虽然汉诺威和法兰克福这样的小卒在紧要关头可以牺牲给苏联，但"跨越莱茵—艾赛尔防线的最后阵地必须不惜一切代价保住"。在罗马人离开几百年后，在阿纳姆附近的桥梁倒塌多年后，莱茵河再次成了最后的边界，阻止敌军进入"文明"腹地的屏障。

随着"冷战"的升级，莱茵河中部地区迅速开始军事化。大多数外国军队集中于两个地方：一是所谓的富尔达缺口（Fulda Gap），一条很容易让苏联坦克开进来的低地走廊；二是莱茵河中部地区，美国和英国在卡尔斯鲁厄（Karlsruhe）、曼海姆、沃尔姆斯、美因茨、威斯巴登和莱茵堡（Rheinburg）等地建立了数十个军事基地。即使是在军事开支高昂的年代，这些军事行动的规模也是惊人的：据估计，在莱茵兰—普法尔茨（Rhineland-Pfalz）的部分地区，美国的军事开支占 GDP 的比例高达 43%。虽然有一部分西德人强烈反对北约，但绝大多数人还是持支持态度，数千支外国军队的存在对民族文化产生了深远的影响。一些西德人认为美国消费主义与共产主义一样毫无吸引力，但另一些此前还被教育美国是头号敌人的西德人，现在觉得美国就像一个在山上的闪亮城市，一个充满了凯迪拉克和蓝色牛仔裤、奶昔和万宝路、西部电影和流行歌曲的花花世界。19 世纪小说家卡尔·麦（Karl May）关于美国西部的奇幻冒险故事卖出了数千万册，并被拍成了一系列风靡一时的热门电影。

美国的影响力非常强大，但英国的影响力也不容小觑，这要归因于驻扎于莱茵河的英国军队。军队输送了数千名年轻士兵及其家庭来到像杜伊斯堡、埃森、杜塞尔多夫以及科隆这样的边郊城镇。他们在那里的临时家园单调而乏味。《世界报》是基于英国《泰晤士报》（Times）创办的，德国电力系统的设计也部分源于英国电力系统。可惜英国人教莱茵兰人打板球的尝试不太成功。

不那么有趣的是，数十枚核武器也被运往莱茵兰。北约的秘密作战计划说，如果苏联地面部队渗透到莱茵河，盟军将尽最大努力……用各种形式的原子弹来保住这条线。另一份机密报告称，为了"从莱茵河后方"保卫欧洲，"我们将大量使用核武器"。不用说，结果将是毁灭性的。1979 年，一场名为"七天打到莱茵河"的苏联"战争推演"预测道，西德将布满红色蘑菇云，波恩、杜塞尔多夫、科隆、布鲁塞尔、安特卫普、哈勒姆（Haarlem）和阿姆斯特丹等城市将被摧毁。艾森豪威尔总统说，一旦战争全面爆发，"不过是没有足够的推土机把尸体从街道上刮下来罢了"。

在地堡里，我们一行人继续向地心深处缓慢行军，越远离阳光照射的葡萄园，温度越低。向导解释说，这个地道最早是为第一次世界大战前一个未完工的铁路项目建设的，而后在 20 世纪 60 年代被大规模地延长。这一延长项目建造了一座惊人的建筑：一个在厚厚的石头和混凝土的保护下，西德政府可以躲过苏联袭击的地下城。从外面看，这些设施都是看不到的，但在里面，有能供数千人工作、生活的办公室和住所，还有一个电视演播室，用来向所有人保证辐射病并没有像听起来的那样糟糕。这个地堡最终在 20 世纪 90 年代"冷战"结束后被封锁起来，只有一小部分作为上一代荒唐行径的纪念碑而对外开放。"现在还有为总理准备的地堡吗，在德国的某个地方？"我问向导。"还有些……东西。"向导谨慎地回答道。

走到更远处，我们来到了其中一间通信室，一把转椅立在像星际迷航一样的操控台前，有各种灯、按钮、开关和银屏。在一个角落有总理的套装、三文鱼色的沙发、复古电视机和橘黄色的塑料台灯，营造了一种 20 世纪 60 年代流行的学生公寓的气氛——不像《奇爱博士》（*Doctor Strangelove*）而更像是《王牌大贱谍》（*Austin Powers*）。附近的墙上钉着一张有电影放映广告的传单，用来让无聊的地堡工作者娱乐一下：《霹雳钻》（*Marathon Man*）、《比佛利山超级警探》（*Beverly Hills Cop*），当然，还有《战争游戏》（*War Games*）。

几分钟后，我们抵达了参观的终点，一道巨大的铁栅栏挡住了我们想要更进一步探索的步伐。栅栏后头空无一物，只有无尽的黑暗。那群历史爱好者陷入了一片沉默，所有的视线都聚集到墙上挂着的一幅醒目的黑白照片上：一朵巨大的蘑菇云，从毁坏的环状珊瑚岛上升腾而起。大家拖着沉重的步伐离开，我停留在原地独自待了一会儿，望着这个地道，心想，能生活在现在这个时代是多么幸运啊，核战争爆发的可能性就像在荷兰举办一场滑雪锦标赛的可能性一样小。头顶的黄色灯光稍稍闪烁了一下，我迅速转身朝着地面的方向往回走。

回到河谷中，我坐上了一趟直接去波恩的小火车，自行车和行李被留在了那儿的一家酒店里。旅程很愉快；火车疾驰于一连串漂亮的河畔小镇间，每个小镇都有相似的教堂、主干道和风景如画的河边步行道。有几个地方的火车线路离河非常近，爱好垂钓的通勤者甚至几乎可以把钓鱼线扔出车厢窗外开始钓鱼。在荷兰，即使是企业巨头也会庆幸自己能拥有一个小花园，但在这里，房子之间的距离很完美，几乎每个人隔着后门都能拥有一小块自己的野地。莱茵河还是一如既往地繁忙，货物和渡船与开往巴塞尔和鹿特丹的火车赛跑着。过道对面，一个年轻的背包客把潮湿的衣服铺在座位上晾干，直到整个车厢都看起来像一个青少年的卧室。车厢里，一位年轻女子一边吃着外卖披萨，一边听着扩音器里的舞曲，一边大声地和男友通电话。我暗自希望一枚导弹落在我们所有人身上。

半个小时后，我到达了波恩，这又是一个我很熟悉且非常喜欢的城市。街道上绿树成荫，人行道边开着一家家咖啡馆，还有看上去像大使馆一样的柱廊式房屋，这个城市保留了某种曾经被重视的地方所带有的略微冷漠的气氛。中心书店几乎和足球场一样大，市政厅看起来像一个婚礼蛋糕。我在鹅卵石铺就的街道上散了会儿步，很高兴又回到了熟悉的草坪上，享受着不知道为什么被称为诺格（Nogger）的巧克力冰淇淋。这是德国北部的一个典型夏日：灰蒙蒙、阴沉沉的，有85%的下雨概率。

和莱茵河的许多城市一样，波恩本质上是由罗马人建立的，他们建造了一座伟大的堡垒——"波恩尼西亚堡垒"（Castra Bonnensia）——打算（用19世纪一位作家的话说）"征服河对岸的蛮族"。后来，当罗马人离开后，它变成了一个重要的宗教和政治中心。波恩大学曾一度被认为是世界上最好的大学之一：伦敦大学成立时，它学习的榜样不是邻近的牛津或剑桥，而是波恩。在那里学习的人中有卡尔·马克思（Karl Marx），他很快就以剑术精湛、嗜酒如命而闻名。根据马克思离开波恩时颁发的官方证书，他的学习成绩"优秀"，但他也曾"因在夜间闹事和酗酒而被拘留一天"。我还记得自己做学生时的日子，很高兴没有人被要求写这样一篇关于我的报告。我没有去河边酒吧聆听迷人歌声，而是去了贝多芬之家（Beethoven Haus）。那是一栋古老的红色联排别墅，不协调地夹在一家鞋店和一家狼爪（Jack Wolfskin）户外用品店中间。路德维希·凡·贝多芬于1770年出生在这里，离河只有一箭之遥；他是在屹立不倒的圣雷米吉斯教堂（St Remigius Church）受洗的，我在进城的路上经过了这座教堂。

贝多芬的父亲是一名歌手，他决心要把他儿子培养成一个像莫扎特一样的神童，虽然他早期严苛的教育手段有些缺陷，但小贝多芬在十几岁的时候，演奏技巧就很了不得了。贝多芬作为波恩市交响乐团的一员迅速成长，最终被派往维也纳，师从伟大的莫扎特。据说莫扎特曾对朋友们说："这个年轻人将会名扬四海。"回到波恩后，贝多芬成为富有家庭的私人音乐教师和作曲家。波恩位于当时伟大的德国音乐中心曼海姆的下游，是后者的一个关键前哨，贝多芬深受莱茵河中游风格影响进行创新，比如据说反映了法国大革命的风味的反复乐段，以及被称为"曼海姆火箭"的爆发式音乐结尾。重新搬到维也纳后，贝多芬继续用他的演奏技巧振奋人心，尽管后来逐渐严重的耳聋限制了他作为一名演奏家的职业生涯。（"如果我能摆脱痛苦，我愿意拥抱整个世界。"他说。）据报道，贝多芬小时候喜欢在波恩莱茵河上的收费站附近转悠，有一次和母亲一起沿着莱茵河一路来到荷兰旅行。尽管贝多芬的作品从未像理查德·瓦格纳（Richard Wagner）那样深受莱茵河的影响，但他仍然对莱茵河怀有深厚的感情。后来，在给朋友和支持者的信中，他经常提到莱茵河，并期待着回到"我永远珍爱的莱茵河国度"。"如果我能再次……见到我们的父亲河——莱茵河，我将视之为我一生中最幸福的经历。"他曾写道。和很多莱茵兰儿女一样，贝多芬也很热爱该地区的红酒，他认为红酒对他迅速恶化的健康状况"必要且有益"。他的医生意识到他"喜欢烈酒"，但并不觉得这是什么坏事，因为这有助于"改善他的胃虚弱"，甚至还鼓励贝多芬喝红酒，就好像它是一种补品一样。1827年初，贝多芬躺在维也纳的病床上，向他的一位老酒商写下了"一个非常重要的请求"。"我的医生"，这位作曲家说道，"命令我喝非常好的莱茵河陈年葡萄酒，（但）要在这里喝到纯正的莱茵河葡萄酒，即使付最高的价格也是不可能的"。他接着解释说，他正要接受手术，而且"我越早……喝上莱茵河，或者摩泽尔河的葡萄酒，我的病就能好得越快"。

或许并非巧合，几周后，在1827年3月，贝多芬死于肝硬化。现在，差不多两个世纪过去了，德国旅游局习惯将他视为波恩的骄傲之子。到处都有纪念活动，在博物馆，在贝多芬广场，以及（在我参观的那天）围绕着一座青铜色的雕像的临时集市，集市里有卖甜甜圈的小贩和酒吧，播放着吵闹的舞曲。波恩的诗人严肃地盯着一个啤酒摊，身后的墙上传来贾斯汀·比伯（Justin Bieber）某首歌的节拍，我觉得，他聋了可能也是件好事。

有差不多一个小时的空余时间可以打发，我便沿着波恩种满行道树的可爱的河边步道漫步。骑行者和跑步者疾驰而过，游船来来往往，几个学生在河岸上就一箱啤酒对他们复习哲学考试能力的影响进行了深入的研究。这条河本身是庄严的，呈子弹色，大约和伦敦的泰晤士河一样宽。我很快意识到，我无意中走到了一条德国人非常喜欢的旅游线路上——这条线路的设计初衷是让游手好闲的游客了解太阳系的奇观。在大约 1 英里的空间里，我经过了火星和金星的小雕塑，然后在灿烂的阳光下抵达了一个被随意置于河岸边的破损的黄色混凝土圆球。"它是宇宙的中心！"一位路过的母亲用德语对儿子解释说。奇怪的是，她的评论比她可能意识到的更准确。在我参观波恩时，它只是一个沉静的地方，但即使它曾经不是宇宙的中心，至少也是世界上最重要的城市之一。

1949 年 5 月，西德议会委员会（现代联邦议院的前身）投票决定将波恩定为新德意志联邦共和国的首都，波恩突然被推上了世界舞台。这在很多方面都是一个奇怪的选择——波恩在 20 世纪 40 年代后期是一个沉睡的小城市，习惯于光芒被它更大、更开放的邻居所掩盖。然而，就像许多竞选高级职位的候选人一样，它从竞争对手的弱点中获益。法兰克福由社会主义地方政府管理，而柏林部分处于共产主义控制之下，许多西方人不喜欢它，因为如一位观察家所说，它是"斯拉夫荒原边缘的殖民边境城市"。在这方面，波恩是一个折中的选择；这座迷人而朴实的小城市的中心不是一座伟大的军事领袖的雕像，而是贝多芬的雕像。"波恩是一个开端，一个没有过去的城市。"德国总理阿登纳（Konrad Adenauer）如是说。还有人称之为"首都村"。

"加冕"为首都对波恩来说是件好事。据报道，在成为首都的前四年里，这座城市的人口增加了一半以上，从 9 万增至 14 万，其中包括许多来自苏联统治的东部地区的难民。然而，一些新居民受到了充满敌意的对待。1954 年，一位游客写道："博纳夫妇谈起这些人，就好像他们是移民，而不是德国同胞。""我们的学校里挤满了他们的孩子"，一位当地人抱怨道，"他们的年轻人已经和我们的子女结婚了。几年后，我们地区纯粹的天主教性质，我们美丽的莱茵兰的整个文化和宗教结构，将被来自东方的新教徒摧毁"。

就像一个非洲独裁者把他们的家乡变成了一个闪耀的大都市一样，西德政府花了一大笔钱来打造世界首都的标志。莱茵河岸边涌现出许多豪华的政府部门和辩论厅，其中包括河边的国防部，后来被称为"波恩五角大楼"（Pentabonn）。然而，尽管这座城市在历史的关键时刻意外地走上了全球舞台，却从未能摆脱"无知乡巴佬"的名声。莱茵河是一道亮丽的风景线，但派驻波恩的外交官和官员们常常觉得，与时髦的国际化大都市巴黎、日内瓦或维也纳等城市相比，波恩的莱茵河沉闷得令人难以忍受。无聊的英国外交官们开始把他们在波恩的大使馆称为"女王陛下唯一的在麦田里的使命"。

　　走得有点累了，我停下来在河边的一家酒吧点了杯咖啡，挑了个景致不错的位置坐下，顺着河流的方向能眺望远处森林覆盖的群山。我买的那本书是二手的：约翰·勒·卡雷（John Le Carré）的间谍惊悚小说《德国小镇》（*A Small Town in Germany*）。20 世纪 60 年代，勒·卡雷 [当时的真名是戴维·康威尔（David Cornwell）] 在波恩住了一段时间，在英国大使馆担任一名异乎寻常的"外交官"。这是他的第五部小说，出版于 1968 年，讲述了一个关于被盗文件和外交官叛逃的错综复杂的故事，波恩不仅是故事的背景，还是一个关键的配角。勒·卡雷对这座城市的描述，成功塑造了现代间谍惊悚小说中的许多经典形象：阴暗的桥梁、浓重的河雾、街灯下的鹅卵石街道，以及道德上可疑的英雄。故事本身并不完全合我的口味，但这本书引人入胜地描绘了这座城市以及这个被过去所困扰的国家几代人之间的紧张关系。在英国脱欧时期，我坐在河边喝着咖啡，读到勒·卡雷对后帝国时代英国侨民悬挂着的"英联邦小旗，因储藏而皱褶，因分裂而减损"的描述时，我畏缩了。

　　勒·卡雷住在波恩的时候，波恩已经成了"冷战"的中心；它被认为是西方"文明"的前哨，就像几个世纪前的乌得勒支和科隆一样。随着西德声誉的恢复，它也成为全球权力之旅的常规站点，轮流接待总统、总理和王室成员。例如，罗纳德·里根（Ronald Reagan）来到莱茵河边的现代议会大厦，引用席勒（Schiller）和海涅（Heine）的话，称"德国的土壤……是至关重要的问题"。"如果我们能正确地建构我们的和平"，总统说，"它将会和科隆的塔尖一样长久"。

位于河边的普利特斯多夫（Plittersdorf）郊区，有400多所为美国外交官、士兵和间谍建造的住宅，全部采用"南加州风格"，周围还有美国邮局、网球场、教堂、保龄球馆和棒球场等配套设施。1951年，一位目睹美国新大使馆落成的记者说，建筑师向外交官们保证，他们可以"购物和洗衣服……而全程无须接触德国人"。西德对其美国盟友的态度仍然矛盾：1982年，25万人在波恩参加了反核抗议活动。然而，在很大程度上，莱茵兰人仍然牢牢地留在西方世界；他们成为最新的消费品热情的生产者和消费者。人们通常把美国人看作快乐爽朗、粗心鲁莽的堂兄或姑父：有时有点勉强，但总的来说还是很好相处的。

离开波恩，我乘坐渡船沿河一路向南前往柯尼西斯温特（Königswinter）。船上人很多，自从离开海岸开始本次旅程，我第一次觉得我的荷兰朋友们关于莱茵河游船本质上是移动养老院的警告是对的：在船上大约60个人中，我是最年轻的一个。然而，尽管我有点对年龄的偏见，这里的人们却活泼聪明，气氛欢快。在上午10:30，几个乘客已经点了各自的第二瓶啤酒，空气中充满了人们享受这一年中的高光时刻的嘈杂声。

旅行者中有很大一部分是荷兰人，我与四名戴着配套棒球帽的阿姆斯特丹人交谈，他们惊讶地发现自己遇到了一个在莱茵河独自旅行的会说荷兰语的英国人。"但是……你的朋友都在哪里？"一个女人问，显然不相信我的理智。"我们要乘船从科隆一直到科布伦茨！"她丈夫打断了她的话，不想失去我这么一个忠实的听众。"让我告诉你，我们已经来过很多次了。我记得第一次航行是在1986年，当时天气很糟糕，夏娃忘了带雨衣……"我突然觉得这可能会是一段极其漫长的旅程。

听完一大堆故事后，我与新认识的朋友们道了别，然后上岸，加入了一大波灰发的人潮中，涌向河畔小镇柯尼西斯温特。这是一个观光客很多的旅游胜地，但却很让人喜欢，中心广场上有一个喷泉，红色的英国电话亭里有一个微型图书馆。而热门景点则在镇子的另一边，位于从河上升起的一簇簇陡峭的森林小山中。从码头上，可以看到三座引人注目的山顶城堡——长方体的彼得堡（Petersberg）、迪士尼风格的龙堡（Drachenburg）和被毁的龙岩堡（Drachenfels），龙岩堡锯齿状的轮廓就像一颗破碎的牙齿从树梢探了出来。大多数游客都乘小火车去城堡，但我鲁莽地选择了徒步前往。就山脉而言，"柯尼西斯温特七峰山"（"七峰山"的名字不太恰当；实际上远不止这些山）并不可怕——最高处也只有300多米高。然而，对于像我这样从地势较低的荷兰沿着河流南下的旅行者来说，它们看起来就像喜马拉雅山脉那么高。在船上，荷兰人曾警告过我："在那儿别紧张！你很快就会累的，因为这么高的地方空气很稀薄。"

山路比我想象的陡峭许多，我很快就像一艘蒸汽船一样气喘吁吁，拼命找借口停下来拍照或看地图。除了我以外，徒步登山的只有三个人：两个戴着厚厚的头巾、汗如雨下的年轻穆斯林妇女，以及一个坐着电动轮椅的十几岁男孩，他一边艰难地爬山，一边对自己的机器进行终极测试。这一切看起来都像是某种现代德国崛起的隐喻，但我不太确定该如何实现。

终于登上了第一座小山，我在龙堡短暂地待了一会儿。龙堡是一座壮丽的哥特式奇幻建筑，由红色的石头和灰色的石板构成，周围环绕着高耸的红杉。这座城堡是 19 世纪 80 年代，由波恩客栈老板的儿子斯蒂芬·冯·萨特（Stephan von Sarter）委托建造的，他熟练地驾驭了莱茵兰日益繁荣的浪潮，通过在股票交易所投机发了财，后来又为苏伊士运河融资。和他那个时代的很多德国人一样，萨特依靠鲁尔区的快速工业化致富，但他的国家正变得越来越灰暗、肮脏、嘈杂，污染日益严重，这也让他深感不安。中年时，富足的他委托建造了一座私人乡间别墅：由塔楼、尖顶、彩色玻璃和尖塔组成的令人眼花缭乱的大杂烩，故意让人回想起崇尚自然、浪漫和骑士精神的德国田园时代。他的选址风景壮美，但整体效果却有点古怪，就好像把英国国会大厦从伦敦空运过来，装饰得色彩斑斓，然后安置在森林覆盖的山坡上。

斯蒂芬·冯·萨特甚至还没真正在龙堡住过就去世了，这座城堡后来的历史就如同它的装饰一样多彩——它曾在不同时期被用作纳粹精英男子学院、天主教寄宿学校、美国军事设施、战争难民之家、德国铁路工作人员培训中心和一个俗气的未完工游乐园。现在，经过一项耗资巨大的修缮工程，它又恢复了往日的辉煌，邓布利多肯定会喜欢的。

我没有过久停留，但还是去金碧辉煌的餐厅转了转，然后爬上角塔来到屋顶上，从这里看去，景观壮美得简直让人惊掉下巴：另外两座城堡掩映在郁郁葱葱的山上，再远一些是波恩，当然还有莱茵河——像一条深绿色的蛇一般向北方弯曲延伸。

我走下山坡，穿过森林，回到了莱茵河。大约一个小时后，我来到了勒恩多夫（Rhöndorf），又是一个美丽的河畔小镇，住满了生活在所谓的"德国梦"之中的郊区居民：开着两辆大众汽车，花园里种着冷杉，还有一个篮球架。我停下来给一座不起眼的别墅拍了张照，一个路过的德国人带着某种既骄傲又嫉妒的奇怪表情向我打招呼："漂亮，不是吗？"我靠着自己在餐巾纸上草草画的一张地图，走了段路，终于找到了我要找的那栋房子：一栋白色的大别墅，沿着陡峭的山坡延伸，就像俄罗斯方块里掉落的方块一样。房子前面，一个大牌子上写着曾经住在这里的政治家的名字：康拉德·阿登纳。

必须要说明的是，阿登纳并不在历史上最浮夸的人之列。正如他的传记作者安东尼·尼科尔斯（Anthony Nicholls）所写："在所有塑造欧洲命运的政治家中……阿登纳是其中最不鲜艳的一个。"他脸色阴沉，常戴黑帽，骨瘦如柴，是个生活简朴而又虔诚的天主教徒，没有丘吉尔或者戴高乐（de Gaulle）的那种气派。然而，毫无疑问，他是德国历史上最重要的人物之一：担任西德总理14年期间，他的铁腕纪律帮助重建了被摧毁的城市，启动了

"经济奇迹"，恢复了他的国家在海外的声誉。阿登纳也是一个典型的莱茵兰人，他比任何人都更努力地使波恩周边地区成为当时所谓"自由世界"一个看似不太可能的核心。

阿登纳于 1876 年出生在科隆，父亲是一名普鲁士小官员。在学习法律并娶了个好太太后，他在第一次世界大战快结束时，以四十出头的年纪当上了科隆市长。作为市长，阿登纳面临着一系列战后的挑战，包括严重的粮食短缺和革命动乱，但他处理得很巧妙。他不是一个伟大的演说家，但痴迷于细节，依靠律师细致入微的论据，像推土机一样推平任何不同意他观点的人。他监督了科隆大学的重新开放，并修建了宏伟的建筑和公园。然而，这一稳步的进展在 1933 年戛然而止，当时纳粹党对阿登纳的独立感到恼怒，把他从市长的职位上撤了下来。在接下来的噩梦岁月里，他被逮捕了好几次，然后被流放到勒恩多夫，只能在那里远远地看着他心爱的城市被摧毁。1945 年春天，阿登纳出门时发现外面有一辆美军吉普车，车上两名军官要求他返回科隆，负责重建这座城市。

作为市长，阿登纳公开反对盟军在莱茵河沿岸拆除德国工业的政策，并满怀热情地着手重建科隆，但对英国人来说，这有点过于热情了。在他拒绝砍伐城市树木作为柴火后，英国人突然把他免职了。他并不屈服，投身于建立自己的基督教民主联盟（CDU），并致力于打造一个"社会市场经济"，在最好的纯粹资本主义和最好的社会福利之间寻求平衡。阿登纳的做法被其竞争对手社会民主党人斥为"私营企业的巨大宣传气球，充满了腐朽自由主义的腐烂气体"，但这些腐烂气体迅速"扶摇直上"，1949年9月，阿登纳成为战后西德第一位民选总理。他以一票的优势获得了这份工作——他喜欢告诉人们，那张票是他自己的。

作为总理，阿登纳激烈反对剥夺德国工业产能的计划，并赢得了对外交政策的控制权。他向以色列支付了数百万的大屠杀赔偿金，并禁止反犹太主义。在国内，他可能会非常无情——例如，支持逮捕被控侵犯国家安全的记者，并收集对其竞争对手不利的情报。批评人士指责他是一个"民主独裁者"，而科隆的人们则开玩笑说，CDU代表不朽的康拉德（Conrad der Unsterbliche）。然而，当阿登纳的竞选对手们陷入困境时，他似乎成了最安全的人选；他是一位严厉的父亲，能够迫使德国人规规矩矩的。约翰·F.肯尼迪（John F. Kennedy）在遇刺前不久访问波恩，对这位新上任的铁腕总理大加赞扬。"他已经活在了他创造的历史中。"肯尼迪说。

和其他政客的政治生涯一样，阿登纳也以失败告终。就像一位拒绝退役的明星运动员一样，阿登纳执迷于权力太久，拒绝接受任何人接替他的位置。在波恩，人们喜欢讲述阿登纳问一个小男孩长大后想做什么的故事。"我想当西德总理。"这个孩子热切地回答道。"但那是不可能的！"阿登纳说。"我已经在做这份工作了！"他最终在1963年秋季被迫退休，但他的名声却经久不衰；他的名字出现在街道和飞机、T恤和慈善基金会、一瓶瓶的雷司令和一包包的大吉岭茶上。然而，他老人家自己并不在乎这些，而是把精力集中在莱茵河畔自家花园里的玫瑰上。1967年4

月，他在家中去世。阿登纳比希特勒早出生 12 年，最终比他多活了 20 年。

离开阿登纳的房子，我走回到河边。天气依然好地出奇，我惊喜地看到了地中海式的景色：几处小沙滩，孩子们在港口游泳，水边一场热闹的婚礼上人们在为幸福的新婚夫妇祝酒。身穿比基尼的年轻姑娘奔跑着穿过一片绿地，年轻男子大胆地从码头跳入水中。阿登纳的家乡显然不像他那样简朴。

向南望去，我看到了大概是诺能维特（Nonnenwerth）的绿色小岛，像一艘绿色的战舰，笨重地停泊在河中央。我记得自己曾读到过，这是作曲家弗朗茨·李斯特（Franz Liszt）最喜欢的隐居地，1841 年夏天，他拖着一架钢琴乘渡船来到这里。李斯特本希望能找到一些平静与安宁，但却大失所望。他几乎一到这儿就被认出来了，在接下来的几天里，几十波观光客来访，其中包括科隆爱乐乐团的三百多名成员，他们乘坐一艘汽船，邀请李斯特为大教堂演奏一场义演音乐会。即便如此，这个风景如画的地方显然还是有一些好处的——正是在这个岛上，李斯特创作了《诺能维特的小屋》（*Die Zelle im Nonnenwerth*），并伴有歌词，描述其隐居小屋"被莱茵河拥抱／充满爱的关怀"。

在沙滩上小散了会儿步，我又乘坐一辆渡船回波恩了。河岸上大大的标志告诉过往船只到博登湖的距离，划桨的人飞快地划过水面，年轻的情侣们在泥泞的小河滩上拥吻。"这里看起来就像是挪威峡湾。"我听到一位比利时乘客难以置信地对他的妻子说。

甲板上已经挤满了度假者，但为了载更多的乘客，我们在与勒恩多夫隔河相望的巴特戈德斯贝格（Bad Godesberg）停了下来。我觉得我认得这个名字，多亏了谷歌，我才知道为什么我会认得。1938年，希特勒和内维尔·张伯伦（Neville Chamberlain）在该镇的德雷森酒店（Hotel Dreesen）会面，在会谈中，英国首相未能阻止纳粹占领捷克斯洛伐克，称其为"在遥远国家的一场争吵，我们对其一无所知"。后来，在那场遥远的争吵结束后，这个小镇成了想要逃离波恩限制的来访政治家们晚上的热门去处。据报道，20世纪90年代的一个晚上，喝醉的鲍里斯·叶利钦（Boris Yeltsin）被发现躲在该镇一家餐馆的桌子下面。当时，俄罗斯政府正在开展一场旨在劝阻人们不要喝太多伏特加的运动。

从南边靠近，波恩的南部边境以一座巨大的摩天大楼为标志，这座大楼曾是德国联邦议会的会址。它建于20世纪60年代，是一个指向东部的威权主义者的巨大民主中指。透过河岸上的树林，我瞥见了德国总统在波恩的官邸——汉默施密特别墅（Villa Hammerschmidt），它看起来很像华盛顿特区的白宫。附近是总理官邸施伦堡宫（Palais Schlumburg）。大约一年前，我曾徒步参观过这个地方，（考虑到目前德国关于恐怖主义的争论）惊讶地发现它被遗弃了。当我透过墙往里看时，监控摄像机正监视着我，但主栅栏不到两米高，顶部光滑；如果我真这么想的话，我很可能会跳过去拜访默克尔，顺便喝杯茶。

在某种程度上，波恩的温和是近年来德国政治重心从莱茵兰向柏林转移的表征。这件事的整个过程漫长而复杂，但一个关键的转折点出现在20世纪80年代末，时任苏联领导人米哈伊尔·戈尔巴乔夫（Mikhail Gorbachev）推出了他著名的开放和改革政策，东欧国家纷纷脱离共产主义阵营。1989年11月9日，也就是最初的"11·9"，一位名叫君特·沙博夫斯基（Günter Schabowski）的官员在东柏林举行了一场热闹的新闻发布会。在满屋子嘈杂的记者面前，沙博夫斯基竭力让自己的声音被听到，他宣读了一项法令，概述了一些新的签证规定。这些内容相当枯燥，但是由于脱离语境、措辞笨拙，听起来像是东德自己的边境将会开放。当记者问他这一变化什么时候会发生，沙博夫斯基回答说："据我所知，现在，马上。"在电视上观看发布会的人们冲向柏林墙，同样听了含混不清的公告的边境警卫让他们通过了。几个小时后，两边的德国人开始用锤子敲打混凝土墙。由于口误，柏林墙倒了。

在接下来的几个月里，人们的注意力自然而然地再次集中在最戏剧性行动的发生地——柏林以及摇摇欲坠的铁幕沿线。然而，波恩再次发挥了关键的支持作用，为一系列会谈和峰会提供了场所，在这里，各国领导人敲定了他们所称的"新世界秩序"。或许最令人兴奋的是1989年戈尔巴乔夫的访问，他在巴特戈德斯贝格的一次宴会上说，他想"扭转进程，阻止欧洲成为世界上军事化程度最高的地区"。午饭后，戈尔巴乔夫在波恩散步时，被当地的崇拜者团团围住。"戈尔比！戈尔比！""他可能是个美国人……从他处理公共关系的方式来说。"一位旁观者惊叹道。

当然，这样的狂欢只是一个漫长变革过程的开始。德国总理赫尔穆特·科尔（Helmut Kohl）——又一个莱茵河之子，出生在路德维希港（Ludwigshafen）——通过娴熟的谈判，让德国与苏联达成了一系列和平协议，并开始统一德国。似乎很相称，在科尔第一次与戈尔巴乔夫进行里程碑式会见后，接到的前三个祝贺电话分别来自荷兰首相吕德·吕贝尔斯（Ruud Lubbers），纳粹猎人西蒙·维森塔尔（Simon Wiesenthal）[1] 和普鲁士亲王路易·斐迪南（Louis Ferdinand）——18 世纪首度统一德国的统治者后裔。"霍亨索伦家族（the House of Hohenzollern）的领袖会为德国的统一而祝贺我，这很正常，不是吗？"科尔说道。

美国人也强烈支持统一，这进一步巩固了德国和美国之间友好的地缘政治联盟。但其他国家的人却没有那么热情，反而担心统一后的德国将会主导欧洲其他地区。众所周知，玛格丽特·撒切尔（Margaret Thatcher）在 1989 年与欧盟领导人共进晚餐时说道："我们打败了德国人两次，现在他们又回来了。"撒切尔并不是唯一持怀疑态度的人。荷兰人对重建过去威胁他们的庞然大国持谨慎态度。与此同时，法国也担心一个强大的德国可能会破坏欧洲的统一。其他一些人则更为积极：以色列总理伊扎克·沙米尔（Yitzhak Shamir）表示，鉴于"德国人民决定杀害数百万犹太人"，如果统一后的德国成为"欧洲最强大的国家……他们会重蹈覆辙。"对于波恩政府来说，缺乏支持很是难以接受。然而，公众

---

[1]　第二次世界大战结束后，维森塔尔选择了追捕在逃纳粹战犯的艰辛事业。经过几十年不懈努力，他把 1000 多名纳粹战犯送上了法庭，因而被称为"纳粹猎人"（Nazi-hunter）。——译者注

是团结一致的。从 1989 年 11 月起，波恩和其他地方的人群开始高喊"Wir sind ein Volk"——我们是一个民族。

与此同时，科尔与戈尔巴乔夫继续走着一着着慢动作、高风险的国际象棋。1990 年夏天，在克里姆林宫濒临破产之际，西德同意用贷款援助苏联，以换取两德统一的便利。1990 年 10 月 3 日，东德正式解体，其组成部分同西德一起并入一个统一的国家。东部建立了新兰登（德国的州），并引入额外的所得税来支付实现统一的成本。就像托洛茨基主义者从革命照片中被抹去一样，东德基本上消失得无影无踪，无人哀悼、无人纪念。维利·勃兰特（Willy Brandt）有句名言："现在属于共同的就是共同成长。"

在莱茵河周围，数千名军事人员和外交官开始收拾行囊。1989—1996 年，美国对德国的军事预算减少了一半。部分主要基地仍然开放，但大多数基地被拆除或遗弃。卡尔斯鲁厄等城市外的大型停车场停满了等待出口的卡车和吉普车。令许多人欣慰的是，数以千计的核武器也出口了：整个欧洲的核武器数量从 1990 年的 4000 件左右下降到 2000 年的 480 件左右。波恩以南的地下掩体已经关闭。这个地区曾经是第三次世界大战的潜在战场，现在又恢复了和平。

在波恩，"冷战"的结束意味着这座城市短暂的辉煌结束了。1991 年 6 月，国会议员们就首都应该留在波恩还是搬到其他地方进行了 10 个小时的激烈辩论。最终，320 人投票支持留在波恩，337 人支持迁往柏林。政府部门和大使馆开始打包箱子，卡车车队向东行驶。"这让我想起了西贡（的沦陷）。"一位痛苦的美国外交官说道。[1]

为了对波恩进行补偿，新的联邦政府承诺投入数十亿美元用于重建工程。1996 年，联合国进驻波恩，并在其上空建起了赫然耸立、远超德国其他城市的几座大型河边建筑——民族国家实力衰落的现成隐喻。大多数人一致认为，几乎没有证据表明这一变化促进了中央集权或军国主义。如果有什么不同的话，那就是相反的情况发生了：参观柏林时，看到那些检查站、柏林墙和纪念碑，人们对德国痛苦历史的了解，会比去小小的波恩或熙熙攘攘的法兰克福更深刻。"波恩有点沉闷，"一位经常在德国工作的朋友对我说。"但当你去柏林时，你能看到一切：骄傲、羞耻、悲伤和乐观。这是德国历史的缩影。"

在波恩，乐观主义者声称，首都地位的丧失使当地人的精神得到了放松，帮助城市摆脱了一些由政府造成的灰暗。就我个人而言，我不太确定这是对的。我一直很喜欢去波恩：那里有很棒的博物馆和啤酒厂，长长的河滨小道非常适合晨跑，那里的人是好客的莱茵兰人的缩影。但我也经常发现这座城市有些灰心丧气。随着柏林日趋繁荣，波恩公然宣称自己是一个伟大的世界城市，尽管那时大家早已收拾好行李然后离开了，这似乎有点悲剧色彩。老城区的一些地方很漂亮，但是河岸上的石板间长着高高的野草，到处都是涂鸦，我想知道市政府是不是把装修合同给了一个街头

---

[1]　值得注意的是，在有关搬迁问题的争论中发表的或许最具影响力演讲的政治家，是沃尔夫冈·朔伊布勒（Wolfgang Schauble）。25 年后，朔伊布勒仍在重塑欧洲，担任德国大权在握的财政部部长。

帮派，而不是房屋油漆工。在夏天，波恩可能是令人愉快的，但在冬天，我常常认为戈尔巴乔夫的开放和改革几乎像任何核打击一样有效地摧毁了它。然而，其他人并不同意。我在书店翻阅《孤独星球指南》时发现，这本书简洁明了，只是有点一本正经："波恩还不错，谢谢。"

现在已经是晚上了，夕阳在河面上缓缓西沉，我朝着老城区走去。两个年轻人坐在浮舟上分享一箱啤酒，一个孩子张大嘴巴盯着一个开豪华快艇的胖子，他的船正危险地驶近岸边。"他是那条船的船长"，小女孩的妈妈解释说。"他一定很有钱！"在肯尼迪大桥附近，我在另一家游客友好型酒吧吃晚饭，点了一份飞盘大小的炸肉排。在酒吧角落的电视上，安格拉·默克尔在汉堡20国集团（G20）峰会的拍照环节中苦笑，而酒吧外的暴徒则通过砸进百货商店，偷走西方资本主义的产品，显示出他们是多么憎恨西方资本主义。"对默克尔来说"，播音员吟诵道，"这次峰会是一场灾难。德国被羞辱了"。

对德国人而言，那天的头条新闻是一次不同寻常的挫折。对很多欧洲人来说，在唐纳德·特朗普当选美国总统后，德国战后的崛起似乎已经完成。"看到自由世界的领导权和平交接不是很棒吗？"有一次，一位美国朋友给我发短信，当时我们都在看巴拉克·奥巴马将总统职位移交给唐纳德·特朗普的现场视频。"从奥巴马到默克尔，没有一枪一弹。"

德国的支配地位来得很缓慢。在第二次世界大战结束后的几年里，西德领导人发起了一场坚决的运动，试图从奥斯维辛、布痕瓦尔德（Buchenwald）和斯潘道（Spandau）的废墟下重新获得一些道德权威。大臣们接连做出了宏大的、上镜的赎罪行动。这是一个缓慢的过程，有起有落，许多人理所当然地对一些纳粹分子轻而易举地恢复当权的地位感到愤怒。令人难以置信的是，当希特勒从著名的公文包炸弹暗杀阴谋中生还时，站在他身边的纳粹军官阿道夫·豪辛格（Adolf Heusinger），后来被提拔为阿登纳的军事顾问，并最终成为北约驻华盛顿军事委员会主席。不过，总的来说，重建工作取得了惊人的成功。到 21 世纪初，当我第一次开始去德国旅游时，它终于变成了一个正常的国家，年轻人不需要为祖父母的失败负责，而历史基本上就是：历史。

最近，安格拉·默克尔做出了相应的努力，不仅要把德国树立为世界的经济榜样，还要树立为道德榜样，制定欧洲在难民和气候变化问题上的议程、抵制民粹主义。称默克尔为"自由世界的领袖"有些夸张，但她显然是某种欧洲中间派世界观的领袖，将经济活力与宽容的人道主义结合起来。奥斯威辛集中营结束大约七十年后，德国又回到了原点：从道德上的贱民，变成了欧洲大陆的良心。

不过，从另一个角度看，不难看出波恩的衰落是他者对德国全球地位普遍感到不安的一个隐喻。我在这个国家待的时间越长，就越觉得德国的政治发展也有一些阻碍。当然，在很多方面，这个国家都是地缘政治池塘里的一条大鱼。德国军队曾在阿富汗作战，国防开支势必大幅增加。在国际发展领域，德国的发展部被认为是全球的领导者。与一些英国议员形成鲜明对比的是，德国议员在欧洲议会体系中似乎总是非常自在。欧洲议会体系的基础是政治团体，而非政党、令人麻木的委员会工作以及无穷无尽的妥协能力。

然而在世界舞台上，德国人往往缺乏信心；永远担心如果他们的行为过于武断，别人会怎么想。例如，2011年，他们与俄罗斯和中国一道，在联合国安理会就空袭叙利亚的表决投了弃权票；七年后，他们说空袭是"必要的"，但拒绝实际参与。对国外的武装干涉仍然极其罕见，德国领导人很少表现出法国或英国领导人那种虚张声势的狂妄自大。在20世纪初，正如作家迈克尔·怀斯（Michael Wise）所言，德国仍常常被视为"一个经济巨人，却是政治上的侏儒"。

在很多方面，这个和平主义国家的观点是可理解的——甚至令人钦佩的——考虑到他们的历史。但正如帕特里克·凯勒（Patrick Keller）在《明镜》周刊（Der Spiegel）上所描述的，德国在保护自由国际秩序方面的"战略利益"与其这样做的"政治意愿"之间常常存在紧张关系。与邻国荷兰形成鲜明对比的是，荷兰人对自己在世界上的地位及其塑造世界的能力信心十足。总的来说，德国政府经常看起来像一个新手司机驾驶着一辆强大的保时捷；因为害怕可能导致的车祸而不敢踩下油门。自由民主党政治家汉斯—迪特里希·根舍（Hans-Dietrich Genscher）曾说过："我很乐意把法国外籍军团（French Foreign Legion）的电话号码告诉任何寻求冒险的人。"

我坐在贝多芬的房子背后附近，看着河岸上的喧闹百态。我快速浏览了一下自己的笔记，尝试温习依然很烂的德语技巧——一项现在变得容易许多的任务，因为我记住了一个单词"bitte"，可以用来表达从"请"到"继续""不客气""能再说一次吗"，以及"是的，我确实想要再来一杯鸡尾酒"所有这些意思。

随着晚餐时间的到来，我在市中心闲逛着，找到了两家看起来我都很喜欢的餐厅：一家德国餐厅和一家意大利餐厅。我没法抉择哪一家更好，于是决定两家都吃：在一家吃块披萨，再立刻去隔壁点一份大香肠和土豆。吃完后，我对自己为德国经济做出了一点微小的贡献而深感自豪，尽管我几乎已经走不动路了。我朝着我住的酒店方向滚下街道，半路上被一个拿着菜单的男人拦下，想要吸引路过的人进他的餐厅。"你为什么不进来尝尝我们的巧克力布丁呢？"他问。"Bitte"，我回答道，"好的"。

第 8 章

浪漫莱茵河：科布伦茨到吕德斯海姆

对于一个已经去世差不多 130 年的男人来说，威廉一世（Kaiser Wilhelm）看起来惊人地健康。他戴着一顶饰有羽毛的头盔，骑着一匹腾跃的骏马，俯瞰着科布伦茨的莱茵河，目光坚定地注视着对岸的堡垒。在他的面前，雕像的底部，一小群游客在台阶上摆着各种姿势拍照或自拍，而河上的游船为了让游客看得更清楚，会在这里放慢速度。唯一对这里不太感兴趣的是我的狗，布兰奇——在经历了一系列复杂的寄养失败和火车换乘后，她和我一起在河边散步、河上坐船度过了几天。她嗅了嗅花岗岩，抬头望着皇帝和他的马，小心翼翼地在石头上撒了泡尿。

围绕着雕像的正面，很快就可以明白为什么要把它建在这里。一排旗杆通向一片像战舰船头一样伸出来的尖锐的岬角，延伸进灰色的水中：德意志之角（Deutsches Eck），也就是巨大的 Y 形的莱茵河和摩泽尔河交汇处。除了是一个重要的河流交汇处外，德意志之角也是莱茵河下游工业发达地区转向风景如画的"浪漫莱茵河"（充满了旅游观光、陈词滥调和传奇色彩）的地方。在科布伦茨以北，河道边到处都是工厂、港口和古朴的现代建筑，但向南的很长一段河流，几乎没有桥梁和现代建筑，这条河看上去基本上和一百年前一样；两旁是城堡、教堂和森林。莱茵河就是在这里成为德国真正的象征的；这个国家传奇的命脉。

布兰奇心满意足地一路小跑跟在我后面，我沿着河散步，经过卖 T 恤的旅游纪念品小商铺，也看见把长长的钓鱼线抛入水流中的垂钓者。在很多方面，科布伦茨也是一个典型的莱茵河城市；这是一个山环水抱的小地方，有一个迷人的老城中心和一个沉闷的现代购物区。我猜想大多数非德国人很难在地图上找到它的位置，但它充满了吸引力，有一种历史的恢宏感，让你觉得你可能会在每个角落遇到教皇或皇帝。

就像这一地区的很多其他城市一样，科布伦茨常常处在历史的十字路口：曾是罗马的主要贸易中心，也是法兰克王室驻地，曾为普鲁士莱茵省的首府，还是第二次世界大战的鏖战之地。到了 21 世纪，它以通往莱茵河中部城堡林立的门户而闻名，但同时也是一个重要的商业中心；这里是航运公司大本营，汽车零部件、纸张、啤酒和汽油沿着莱茵河上上下下，沿着摩泽尔河进入卢森堡和比利时。我最近一次来这里是在 2016 年，当时，由于主办了一场极右翼民族主义者的会议[1]，这座城市一度成为头条新闻，极右翼势力本以为赢得选举胜券在握。玛丽娜·勒庞（Marine Le Pen）曾承诺"将自己从欧盟的枷锁中解放出来"，而来自荷兰的

---

[1] 这场会议实际发生在 2017 年 1 月 21 日，欧洲主要极右翼政党的领袖在科布伦茨集会。——译者注

免签旅行者基尔特·威尔德斯则用流利的德语宣称，"欧洲需要一个强大的德国，一个自信的德国，一个自豪的德国"。

对于非种族主义者的游客来说，科布伦茨最吸引人的地方就在德意志之角和威廉一世雕像对面的埃伦布赖特施泰因要塞（Ehrenbreitstein fortress），这是一座巨大的石堆，形状可怕，耸立在莱茵河上方的悬崖顶上。它并不是该地区最吸引人的建筑，但却相当令人生畏，有时被称为"莱茵河的直布罗陀"。几年前，我曾去过一次，那是在一个寒冷的 11 月早晨，当时这座城市一片荒芜。然后，我从一个无聊的工作会议上溜了出来，花了一个下午来来回回，寻找通往要塞的道路，一边骂骂咧咧诅咒它的坚不可摧，一边发誓下次出差一定要去气候宜人的意大利或葡萄牙，而非严寒的德国。今天，我决定不再犯类似的错误，而是用最简单的方法：乘坐缆车。

我抱着布兰奇坐上了缆车，缆车很快就以可怕的高度和速度滑过莱茵河。在威廉一世雕像的对面，一个大型的河岸公园里有几十辆砖块一样的白色度假房车——毫无疑问，车上坐着一户户荷兰家庭，他们开心地烧烤着自带的荷兰食品，尽可能地少花钱。我们在风中摇晃了一会儿，但布兰奇又被这个小插曲弄得完全不知所措了；她并不比上缆车前几分钟看到的垃圾箱更害怕摇晃的玻璃柜。几个月前，我在马拉维（Malawi）的海滩上发现了一只像狐狸一样的小流浪狗，并把她带回了荷兰。我本以为她会对在鹿特丹寒冷公寓里的生活感到绝望，结果她喜欢那里：她高兴地在鹿特河上追逐鸭子，晚餐吃绿色的豌豆汤，然后睡在一个热水瓶上度过荷兰寒冷的夜晚。唯一的问题是，她很容易把清洁窗户的水管误认为蛇，然后站在街上对着水管狂吠。现在，她可能成为第一个乘坐德国缆车的马拉维流浪狗。她很快反应过来了：从巨大的弧形窗户快速地看了一眼窗外的景色后，蜷缩在地板上睡着了。

乘了几分钟后，我们到达了岩石的顶部，然后下了缆车，跟着一大群法国小学生，还有一个打扮得像狄更斯，戴着礼帽、穿着燕尾服的导游。在那厚得惊人的城墙里面，要塞内部出奇地空荡，呈开放的几何形状，看上去更像是东非的星形葡萄牙和阿曼要塞，而非欧洲北部常见的摇摇欲坠的灰色要塞。一个巨大的沙质地面阅兵场被涂成毛茛黄的新古典主义建筑包围着，可惜一个卖啤酒的小木屋关着门。我在厚厚的城墙上停了下来，孩子气地瞄准一门想象中的大炮，把一艘驶过的驳船撞沉在一股巨大的水流中，然后船就拐进了摩泽尔河。布兰奇也许觉察到我心不在焉，便趁机逃过碎石，冲进一家小咖啡馆。我发现她正高兴地盯着烤架上的一排德国香肠。

和这一地区的很多要塞一样，埃伦布赖特施泰因要塞有一段非常传奇的过往。科布伦茨周边地区的历史迂回曲折得足以让杂技演员头晕目眩，但要说在罗马统治时期，科布伦茨还是莱茵河一个伟大的军事和贸易中心，这也就足够了——科布伦茨的现代名字可能来自拉丁语"confluentes"，即河流汇合处之意。恺撒利用周围森林的巨大木材建造了第一座桥过了河，并在城外修筑了一个墨丘利（Mercury）的神坛，这一罗马神祇用以代表在该地区的命运中发挥了关键作用的人：商贾和市贩，旅行者和送货人。后来，罗马人收拾行囊离开后，科布伦茨仍然很重要；在公元6世纪，它是法兰克王室的一个驻地，在1018年被赐予特里尔（Trier）大主教。后来，莱茵兰的这部分地区成为法国和普鲁士[1]军队长期拉锯战的焦点，双方都决心掌握这条大河的控制权。1814—1815年，在拿破仑战争之后，列强聚集在维也纳会议上，同意欧洲的重组。结果包括在摩德纳（Modena）和劳恩堡（Lauenberg）等地进行了一系列极其复杂的土地交换，但其中最重要的一项是，莱茵兰的大部分地区落入了普鲁士的掌控之中。科布伦茨周围的地区成为一个主要的战略问题——这里是河流交通的瓶颈，几座关键桥梁的所在地，以及距离现在的法国、比利时和卢森堡大约100英里的天然防御屏障。埃伦布赖特施泰因的要塞被普鲁士人扩大和加强，形成了科布伦茨周围防御圈的基石。要塞成了坚韧的代名词，甚至在赫尔曼·梅尔维尔（Herman Melville）的《白鲸》（*Moby Dick*）中也有提及，在这本书中，父亲梅普尔（Mapple）的布道坛被比作"一个自我克制的要塞——一个高大的埃伦布赖特施泰因"。然而，讽刺的是，这个要塞所有的建筑工程都是徒劳的；要塞后方的长坡道，加上武器技术的改进，意味着它建成后不久就该被淘汰了，就像iPhone世界里一个过时的迷你光碟播放器。

---

[1]　普鲁士是一个幅员辽阔的强大王国，横跨了欧洲北部和东欧的大部分地区，统治着该地区的政治，最终成为现代德国的很大一部分。

★ ★ ★

　　我和布兰奇绕着要塞厚厚的城墙稍稍走了会儿。在西面，这条直通河流的陡峭坡道被一道栏杆挡住了，栏杆上装饰着情侣必备的"爱情锁"，他们认为象征永恒爱情的完美标志是生锈的防盗装置。从前面的护墙望去，这无疑是自柯尼西斯温特以来我见过的最美景色：莱茵河和摩泽尔河像地图上的线条一样排列着；埃非尔山（Eifel）、陶努斯山（Taunus）、韦斯特瓦尔德山（Westerwald）和亨斯鲁克山（Hunsrück）像凹凸不平的马刺；而科布伦茨城，看上去就像一个孩子的玩具城倒在一张皱巴巴的绿色床单上。

　　我买了个德式扭结面包与布兰奇分享。不远处，一群学生正在用真弓和箭练习打靶，目标是一头真人大小的鹿模型。很难想象别的国家的学校郊游会做同样的事情，但他们似乎玩得非常开心，下一代猎人看起来箭无虚发。"试着击中心脏！"他们的女老师叫道。布兰奇叫了一声，我在孩子们瞄准前扭头就跑了。

　　德国人的目标并不总是那么一致。在19世纪的大部分时间里，德国就像一个掉在地上的盘子一样支离破碎，划分为数百个不同的领土和封地。这个国家并没有完全分裂，人们确实感到彼此之间有某种亲缘关系，但如果一个巴伐利亚天主教农民不知道自己与波恩的路德教牧师、科隆的新教商人或曼海姆的犹太船夫有什么共同之处，完全是可以原谅的。"什么是德国人？"民族主义者弗里德里希·卡尔·冯·莫泽（Friedrich Karl von Moser）在1766年提出了一个著名的问题。"我们……是政治组成中的一块拼图，是我们邻居的猎物，是他们嘲笑的对象……我们在分裂中虚弱，虽然仍强大到足以伤害自己，（却）无力拯救自己。"

随着19世纪的到来，不同的州和地区开始了缓慢的一体化进程，莱茵河起到了推波助澜的作用，商人和船运人成立了关税联盟，减少了河流贸易的壁垒。然而，随着一体化进程的继续，很快就可以清楚地看到，法律和外交条约本身并不足以建立一个国家。为了真正团结起来，人们不仅需要一个民族国家的有形标志——边界、旗帜和货币——而且还需要一些不那么有形的东西：一种独特的民族文化，包括文学、音乐、神话和传说，它们概括了这个国家是什么、代表着什么。1808年，约翰·戈特利布·费希特（Johann Gottlieb Fichte）发表了著名的《对德意志民族的演讲》（*Reden an die deutsche Nation*），这是一篇夸夸其谈的演说，其中充满了如何加强民族认同的建议。费希特认为，德国不仅是不同实体的集合，而且是一种独特的文化，其根源可以追溯到条顿堡战胜罗马人时期。"德国人"，他指出，"是一个通过许多无形的纽带彼此联系在一起的民族……本质上是一个不可分割的整体"。后来，这一切都被看作为纳粹主义奠定了一些基础，但在当时，它确实很振奋人心。为了寻找民族文化的新象征，费希特的追随者转向过去寻求灵感。他们认为，德国不是一个人造的构想，而是一种永恒而宏伟的东西；一种塑造了欧洲历史，并对抗罗马人的文化源泉。

　　大自然，特别是在新兴的国家认同中，发挥了核心作用。当然，这一原则并非德国独有的：美国人常常把自己的国家视为西部牛仔聚居的开阔平原的化身，而荷兰人的身份则与从水里开垦出来的大片平坦土地深深交织在一起。与此同时，对许多德国人来说，他们逐渐形成的民族认同感集中体现在荒野中：森林、湖泊、山脉和河流。理想的德国公民不会是一个老练的都市花花公子，而是一个粗犷的伐木工、猎人或船夫。

　　森林被视为尤其重要之物。早期的日耳曼部落将这片野生林地视为崇拜的对象，当他们在条顿堡森林击败了温文尔雅的罗马人时，林地作为日耳曼无敌象征的地位便被确认。后来，林地成为德国文学中反复出现的主题。歌德的《浮士德》讲述了"一种纯粹的、无法描述的渴望／驱使我在树林和野地里漫步"，而赖内·马利亚·里尔克（Rainer Maria Rilke）则说，真正的美不是在美术中，而是在森林中，有着"用树皮做成的颜色"。对许多德国人来说，森林过去（现在）与他们的身份紧密相连，就像任何旗帜或歌曲一样。

　　随着民族主义言论的盛行，莱茵河也开始在德国民族主义者的心目中占据了重要地位。长久以来，河流一直被视为充满了象征意义：富饶，创造力，逝者如斯、不舍昼夜；从《黑暗之心》（*Heart of Darkness*）到《哈克贝利·费恩历险记》（*Huckleberry Finn*），一切文学作品核心的玫瑰花蕾。对早期的德国民族主义者来说，莱茵河是一种醉人的酒，是在快速工业化的时代里既纯净又能净化万物的琼浆；是连接不同州和城市的统一纽带；是英雄主义、荣誉和忠诚盛行的理想化过去的象征。"人们对德国人过去和未来的记忆，在莱茵河上表现得最为清晰。"弗里德里希·施莱格尔（Friedrich Schlegel）在 1803 年这样写道。因为靠近德国及其劲敌法国的边界，莱茵河也因其地理位置而成为一个强大的象征。恩斯特·莫里茨·阿恩特（Ernst Moritz Arndt），一位激进的早期爱国主义者，将他那篇灵感来自河边被毁城堡的颇具影响力的论辩，命名为《莱茵河——德国的河流，但不是德国的边境》。

1840 年，莱茵河危机对德国民族主义者的爱国情绪起到了重要的推动作用。法国总理坚持认为，法国应当拥有莱茵河的左岸，由此引发了一场外交争端。针对这一令人发指的主张，德国律师尼古拉·贝克尔（Nikolaus Becker）写了一首名为《莱茵歌》（Rheinlied）的诗，直接驳斥了法国人试图对这条河提出主权要求的观点：

> 他们不能拥有他，
>
> 自由的德国莱茵河，
>
> 只要心还在跳动，
>
> 以他的热血。

这首诗被改编成音乐数十次，并启发了无数的模仿者和改编者。迄今为止，其中最著名的是马克斯·施内肯布格尔（Max Schneckenburger）的《守望莱茵河》（Die Wacht am Rhein），这首鼓舞人心的"战斗号令"印在发给士兵的明信片上，几乎成为德国国歌：

> 莱茵河，莱茵河，德国的莱茵河，

　　我们坚定不移地守住阵线！

　　到 19 世纪中叶，这条河流不仅仅是繁荣之源，同时也是身份之根。在那些致力于构建一个统一国家身份的人心中，莱茵河合宜地既野生又干净，既现代又历史悠久，既富神话色彩又具工业气息。情人眼里出西施，人们总能在其中看到他们想看到的一切。

　　离开要塞，我回到缆车里，飞速滑回了德意志之角。布兰奇在尝试偷香肠时遭到了残酷的阻挠，于是变得焦躁不安，所以我们沿着摩泽尔河走了一小段路，（我）停下来给桥拍照，（她）对着土色的鹅吠叫。我发现荷兰人通常不太喜欢狗：对这样一个整洁的国家来说，狗太脏了，而且很难养在小公寓里。不过，和英国人一样，德国人对所有的狗都充满热情。我们走了很短的一段路，经常被一些人打断，他们完全无视我的存在，蹲下身子把注意力集中在我的猎犬身上，抚弄着她的耳朵，告诉她，她是多么漂亮（schön）。最后，我把她拖走了，在皇帝的雕像后面，我们发现了德国团结的另一个伟大象征——三大块被拆除的柏林墙的石板，它们像墓碑一样立在草地上。这只狗再一次不为所动，她可能是历史上第一只在"冷战"历史上撒尿的非洲流浪狗。

　　我制订的旅行计划，就像大多数来这个地区的游客曾经做过、现在仍会做的那样：乘船沿河而行。和我在波恩乘坐渡船的经历一样，这次乘坐的往南的渡船也并不怎么平静。露天的甲板上摆满了柳条扶手椅，一个侍者端着一盘盘饮料冲来冲去，还有一个用三种语言播放的欧洲历史介绍的扩音器。令我惊讶的是，船上竟然还有一家赛百味三明治店，出售传统的德国美食，包括 1 英尺长的"金枪鱼三明治"法棍面包。

不过，尽管这样抱怨，整个体验还是很美好的。天气温暖，微风习习，当我们向南行进时，景色变得越发优美。岸边一排巧克力盒子一样的小镇列队欢迎我们，每个小镇都有粉刷成白色的漂亮房子，灰色的教堂尖塔，后面拔地而起的危峰，以及站哨一般高高耸立的城堡。河岸上长满了茂密的树林，看上去就像是用翠绿的羊毛织出来的一样。森林、城堡、教堂、山脉，这就是游客幻想中的欧洲。

过去，我曾多次沿着这条河散步和骑车，但惊讶地发现大多数城镇背对着周围的山脉，这意味着它们从水面上看起来要比从后面的道路上看漂亮得多。船在一阵强风中颠簸着，但水是完全平静的，我们的速度——大约是一个轻快的骑行者的速度——看来慢得足够让人放松，但也快得足够让人感到有趣。我给布兰奇买了一个金枪鱼三明治，她高兴地把它撕得满地都是，然后又睡着了。

就在科布伦茨以南，我们经过了东岸的另一个小汇流处，那里有另一条小河从东面流入莱茵河。看了下地图，我意识到这里就是我一直在计划寻找的地方：莱恩河（Lahn）的尽头。沿着它向东几英里，坐落着拿骚（Nassau）镇。就像我上次参观时看到的那样，这是一个相当不起眼的地方，但对一个生活在荷兰的人来说，它意义非凡：12 世纪，一位名叫瓦尔拉姆（Walram）的当地伯爵就是在这里自封为拿骚伯爵（Count of Nassau）。他的后代控制了莱茵河以北的大片荷兰领土，这些领土最终传给了一位年轻的贵族，即后来的"沉默者威廉"（William the Silent），他还控制了法国境内一块名为奥兰治（Orange）的土地。在接下来的几个世纪里，荷兰皇室将以距离阿姆斯特丹或海牙数百英里的两个无名小镇的名字为人所知：奥伦治－拿骚家族（House of Orange-Nassau）。

船继续向南行进，经过一排排整齐的葡萄树，它们的藤蔓像楼梯一样从河岸"升起"。沿着船首的栏杆，法国乘客仔细地打量着葡萄园，德国人谈论着行程安排，英国人抱怨酒店早餐的培根供应有限。"我们为什么走得这么慢？"一个快活的曼彻斯特人喊道："我真想出去推一把！""我觉得有点晕船。"另一个说。除了沿岸风景，最具吸引力的还是布兰奇，她仰面躺着，陶醉于数十名德国游客的关注。我放下笔记本，回答了关于她的许多问题，包括她的出生地、她的饮食和她最喜欢的玩具，而她则在甲板上快乐地扭动着。

经过两个小时的航行，船抵达了我的下一个目的地，博帕德（Boppard）。拉着不肯下船的布兰奇，我走下了船板，来到一个格外迷人的小镇，河边有一排漂亮的小餐厅，地图上显示了穿过周围山丘的步行路线，还有一队小船在水面上来来往往。我在一家房地产中介的窗口停了下来，看到在这里花 5.9 万欧元就可以买到一套漂亮的联排别墅。我摆弄着口袋里的信用卡，心想：将来有一天……

我在这里停下来，部分原因是看到地图上显示这里也有个缆车，我觉得这可能又会是一个俯瞰莱茵河的好机会。绕了几圈后，我找到了：不是科布伦茨那种时髦的现代化缆车，而是一个破旧过时的东西——只有几张公园里的木凳，它们被吊在一条长长的缆绳下。我们坐上缆车，晃晃悠悠地从高处掠过树梢，很难不感到紧张，布兰奇坐在我的腿上，紧张地从我的肩膀上窥视着下方的河水。长凳在风中剧烈地摇晃着，我身下薄薄的木板嘎吱作响。真希望我带了顶降落伞！最后，让狗狗松了一口气的是，我们到了山顶，一起冲到全景平台上，谢天谢地我俩还活着。不出所料，景色蔚为壮观，向下望去，有连绵起伏的翡翠色小山，看起来像瑞士的城镇，几乎每座山顶上都有一个正在优雅地坍圮的城堡，河流蜿蜒流过，灰绿色泽，永不止息。远处，一架直升机在葡萄园上方嗡嗡作响，表演着芭蕾舞般的反重力旋转，给下面的葡萄藤喷洒着白色的农药云。

　　早上一直待在船上以及缆车里，我很想让布兰奇活动活动，于是决定徒步下山，去河畔小镇莱恩斯（Rhens），大概两个小时的路程。一开始坡度很缓，沿着一条铺满碎石的小路，我们穿过一片浓密的松树林。隔着树丛，我瞥见了河流以及汽车大小的棕色小土丘——后来我才知道，这些遗迹是铁器时代的墓葬，可以追溯到两千多年前。再往下走，山坡变得陡峭起来，我们从树林里出来，来到了一个葡萄园里。我品尝着刚摘的酸葡萄，布兰奇高兴地在一排排葡萄树间跑来跑去。远处，莱茵河闪闪发光，像一条镶嵌着珠宝的高速公路。我不止一次地好奇，当欧洲北部的人在自家后院看到这样的景色时，他们为何还能如此痴迷于飞往亚洲和美洲的偏远角落，寻找森林、废墟和瀑布。

我并不是唯一陶醉于该地区风景的人。19世纪，当莱茵河开始成为德国力量和团结的象征时，诗人、作家、艺术家和音乐家纷纷涌向莱茵河，用各自的创作使其永垂不朽。特别是浪漫主义运动，它把莱茵河作为其反复出现的一大重要主题。浪漫主义就像谈恋爱或喜欢足球一样，是出了名的难以解释，但它本质上是19世纪的一场文化运动，崇尚想象力、自发性和情感。莱茵河，永恒而富有戏剧性，成为一个完美的主体。

19世纪初，阿希姆·冯·阿尔尼姆（Achim von Arnim）和克莱门斯·布伦塔诺（Clemens Brentano）共同出版了《男孩的魔号》（*Des Knaben Wunderhorn*），这是第一部赢得广泛关注的关于莱茵河的浪漫主义作品。布伦塔诺是一位抒情诗人，出生在莱茵河畔的埃伦布赖特施泰因。《男孩的魔号》——一本配有精美插图的老德国情歌和民歌集——把德国描绘成一个拥有独特民族文化的国家，深受读者欢迎。无论布伦塔诺去到哪里，其他人也跟着去那里。约翰·沃尔夫冈·冯·歌德（Johann Wolfgang von Goethe）在斯特拉斯堡附近攻读博士学位，曾多次在莱茵河上旅行。18世纪70年代，有一段时间因为爱上了一个女孩，他住在当地一个农场里，过着乡村生活。歌德后来把莱茵河描述为"那条美丽的河流，蜿蜒曲折，多姿多彩"。塞缪尔·泰勒·柯勒律治曾来过科隆，而约翰·拉斯金（John Ruskin）也旅行过几次，并写道："我看到野性的莱茵河／仍然是一个骄傲的山区孩子。"威廉·华兹华斯（William Wordsworth）在德国游历了很多地方，在"明亮的河边"写下了"时间的庄严壮丽"。"我身下流淌着莱茵河"，亨利·沃兹沃斯·朗费罗（Henry Wadsworth Longfellow）在 1839 年写道，"就像时间的洪流，流淌于过去的废墟中"。还有许多人也在兜售类似的陈词滥调——翱翔的雄鹰、轰鸣的大炮、闪烁的河流——他们热情高涨，以至于（至少在现代人看来）愚蠢地头脑发热："噢！对我来说，这是尘世的幸福。"詹姆斯·布雷克（James Blake）在 1840 年写道。"我的天性就是干这个的！"

当然，莱茵河不只在文学中被赞颂，也出现在其他艺术表现形式里，包括音乐。从莱茵河获取灵感的最著名的作曲家是贝多芬与（更晚的）瓦格纳，但也有很多其他音乐家。例如，罗伯特·舒曼（Robert Schumann），受一次顺流而下的旅程的启发，他创作了后来被称为《莱茵交响曲》（*Rhenish Symphony*）的作品，这是一支气势磅礴的作品，描绘了这条河的宏伟形象。

画家也在向莱茵河中部聚集。在更北的地方，荷兰艺术家长期以来一直以默兹河、莱茵河和其他河流为题材。约翰内斯·维米尔《代尔夫特一景》的河畔，雅各布·凡·雷斯达尔（画作中）湿润的荷兰景观，萨洛蒙·凡·雷斯达尔（作品中）镜面一般的河景，阿尔伯特·库普关于多德雷赫特附近驳船的画作，以及亨利克·阿维坎普所绘低地民众在冰冻的河流上嬉戏的多彩画作，都非常著名，它们给渴望清洁空气和开放空间的城市荷兰商人带来了极大满足。再往南，英国画家 J. M. W. 透纳（J. M. W. Turner）沿着这条河进行了几次长途旅行，描绘了数百幅田园风光。和许多艺术家一样，透纳有个习惯，就是把莱茵河描绘得完美无缺——阳光穿过斑驳的云层、崎岖的城堡和快乐的农民，眼前没有乞丐或钢铁厂。有些人可能会说，这种习惯从未真正消失——2011 年，安德烈亚斯·古尔斯基（Andreas Gursky）为莱茵河拍摄的《莱茵河Ⅱ》（*Rhine Ⅱ*）照片，通过数码修正，移走了一座丑陋的工厂建筑，在纽约拍卖会上以 430 万美元的价格售出，成为有史以来最贵的照片。

穿过森林和葡萄园，走了两个小时的路下山，我又回到了河岸边。布兰奇畅饮了一番碧绿的河水，然后我们又登上另一艘载满观光客的船，朝宾根（Bingen）和吕德斯海姆（Rüdesheim）的方向继续向南。这里以整条莱茵河风景最美的河段而闻名，事实上也并未让人失望：在大约半个小时内，我们经过了数不胜数的城堡。其中最好看的一座是圣戈阿（Sankt Goar）的莱茵岩城堡（Rheinfels castle），它傲然屹立于小镇之上，遥望着河对岸的两座小城堡。我记得一两年前我就在其中一座小城堡的城墙下住过几日，有一天早上遇见一个同酒店的房客，他告诉我 2016 年美国总统大选的结果。"Alles wird jetzt anders sein"——现在一切都将变得不一样了，他担心地蹙着眉头这样说。

经过圣戈阿后，河流向右急转直下，河道变窄，水下的岩石使水面扬起了白色的泡沫尾流。船也慢了下来。一段自动录音用英语、荷兰语和德语播报道："在您的左边是著名的罗蕾莱岩（Lorelei Rock）。"很多乘客都是专程来看这个的，于是又发生了一场短暂的骚动，大家纷纷放下手中的啤酒，从包里拿出相机，争先恐后地挤到舷窗的栏杆旁。岩石很是醒目：陡峭的灰色悬崖垂直地从水面上升到森林覆盖的山坡，像一个伸展的金字塔。在其基底附近，一条长长的人造岩石小径伸入河道，尽头有一座高大丰满的人形雕像——我猜是罗蕾莱夫人。

　　如同其他广为流传的神话故事一样，罗蕾莱的故事有无数的版本和变体，但最著名的是罗蕾莱[1]这位美丽的少女因为对欺骗她的恋人感到绝望，所以从悬崖纵身跳入河里。她不满于水中的墓穴，便回到岩石上，像幽灵塞壬（Siren）一样诱惑无数的渔民在满是岩石的河岸触礁而死。这个故事被改编成无数的歌曲、戏剧、歌剧和诗歌，其中包括肖斯塔科维奇（Shostakovich）与门德尔松（Mendelssohn）的音乐，西尔维娅·普拉斯（Sylvia Plath）的一首诗，以及洛克西音乐团（Roxy Music）的一首歌。

　　毫无疑问，罗蕾莱的浪漫主义改编者中，高贵的王子是海因里希·海涅。1797年，海涅出生在离莱茵河不远的杜塞尔多夫。作为一名作家，海涅发现自己生活在像歌德这样的巨人的阴影下，但最终他还是开辟了属于自己的领地，写一些奇思异想的浪漫主义诗歌，但同时也嘲笑其他浪漫主义者痴迷于过去的荣耀。他还习惯于批评德国压抑的政治氛围，称德国是一个"满是橡树、麻木冷漠的国家"，嘲笑部落战胜罗马人的荣耀，并赞扬法国大革

---

[1]　同样，根据不同人的喜好以及国籍，这个词的拼法也千差万别，但通常英语会拼为"Lorelei"而德语则拼为"Loreley"。据说这个名字来自古高地德语中的"lauern"，意为潜伏，以及"lai"，意为岩石。

命的理想。"巴黎是新的耶路撒冷"，他写道，"莱茵河就是把自由圣地和庸人之地隔开的约旦河"。不出所料，海涅这样的言论在德国并不能得到什么认同。民族主义者海因里希·冯·特赖奇克（Heinrich von Treitschke）抱怨道："在我们所有的抒情诗人中，他是唯一一个从未写过饮酒歌的人。"因为犹太人的身份，海涅的许多作品被审查或禁止。但是后来，他的一篇作品被认为是莱茵浪漫主义的典范，并在接下来的几个世纪中广为流传：

> 一位少女坐在岩顶，
>
> 美貌绝伦，魅力无双。
>
> 她梳着金色秀发。
>
> 金首饰闪闪发光。

我以前在罗蕾莱岩附近的山上走过，从上面看到了那块岩石，但很难看出这里为什么值得人们大惊小怪。从上面看，灰白色的泥泞峭壁更像是建筑商的瓦砾堆，而非多佛的白崖。而在船上从下方向上看，我觉得它更引人瞩目。陡峭的正面像潮汐一般突然从水中升起，附近的雕像以一种软性色情的方式暧昧地撩拨，令人愉悦。然而，在这条满是壮观的城堡和山峰的河流上，我仍然很难理解是什么让这块岩石如此特别。在我周围，照相机咔嚓咔嚓地响着，人们都倒抽了一口气，但我不由自主地想到大多数人都觉得罗蕾莱岩很棒，主要是因为他们事先就被告知，他们会觉得它很棒——就像哈瓦那（Havana）城和《教父》（Godfather）一样。正如我在笔记本上不耐烦地乱写的那样，它是"足够漂亮，但也许是当天第十二块最漂亮的大石头"。

　　船继续庄严地向南驶去。随着罗蕾莱岩逐渐被甩在身后，每个人的相机都重新收起来了，但景色依然壮观。林木葱茂的小山被岩石峭壁和美丽的小镇打断，每个小镇都有一座城堡从山上俯视着自己。布兰奇在阳光下打了个盹儿，而我看着从甲板的两张桌子间冲过来的热情的侍者，忍不住点了一杯球形玻璃杯的葡萄酒。酒几乎立刻就到了；一种甜腻的红酒，据侍者说，"不是来自这里，而是来自另一个地区"。我还没来得及问更多细节，他就跑开了，但从味道判断，"其他地区"可能指的是利德尔[1]。

　　这里的河水相较于北部要平静得多，但交通流量仍然很稳定，平均每分钟就有一艘驳船或集装箱船经过。几分钟后，我们到达了下一个风景优美的景点：考布岛（Kaub），一个坐落于莱茵河中央的小岛，比我们的船大不了多少，但点缀着一座美丽的白色城堡。曾经，这段河流上拦满了铁链，过往的船只被迫停下来支付过路费，任何拒绝支付的人都会被关在地牢里。今天，它看起来就像一座漂流的童话城堡。船上的乘客不约而同地站了起来，再次冲过去拿开手机套，打开相机和三脚架。"它看起来比去年还要漂亮！"一个快乐的英国女人对她丈夫说。

　　兴奋的外国人出现在这里一点也不新鲜。大批游客开始沿着莱茵河旅行始于18世纪末。在最早的那批访客中，有托马斯·杰斐逊（Thomas Jefferson），1788年，担任美国驻巴黎大使职务的他休了个假，买了十张莱茵河的地图，坐着马车沿着莱茵河进

---

[1]　利德尔（Lidl）是德国大型平价连锁超市。——译者注

行了为期两周的旅行。这位未来的总统对该地区"毁灭性"的哥特式建筑颇有微词，但他很喜欢亲眼看到许多移民同胞的故土：（"正是……莱茵河的这一部分，那一大群德国人曾经去过……他们是我们的人民的最大组成部分。"）他在给一位朋友的信中写道。对于一个自豪的美国人来说，杰斐逊写道，莱茵兰是"第二个祖国"。

19世纪来旅行的很多英国人也相当沉醉。那些敏感的灵魂感到自己国家的大自然已经被蒸汽机和珍妮纺纱机的到来破坏了，和很多德国人一样，他们认为莱茵河中部的风景能让人回想起一个更纯真的时代。例如，威廉·贝克福德（William Beckford）曾在1783年向上游旅行，然后满载着关于莱茵河作为"灵魂之梦的风景"的故事回家。

早期很著名的一位旅行者是一个17岁的女孩，她在1814年的夏天同大她几岁的恋人私奔。这个女孩是玛丽·葛德文（Mary Godwin），英国小说家玛丽·沃斯通克拉夫特（Mary Wollstonecraft）的女儿，她的恋人是珀西·比希·雪莱（Percy Bysshe Shelley）——伦敦文坛上不可一世的少年天才。他们一起在欧洲远游，游览阿尔卑斯山，而后从瑞士沿着莱茵河往荷兰的方向返回。因为正好遇到了由印度尼西亚的一场火山爆发引发的寒冷如严冬的异常天气，所以他们在莱茵兰的旅程并不愉快。[1]尤其是玛丽，虽然热爱壮观的风景，但却被那些整日酗酒、粗鄙

---

[1] 关于这座火山及其对莱茵河的影响的更多内容，见第9章。

庸俗的同船游客惊骇到。"这些怪物。"她在日记中写道。9 月，船只停靠在一个名叫格尔斯海姆（Gernsheim）的小镇，大约在科布伦茨东南方向 70 英里，在这里玛丽和珀西很喜欢沿着莱茵河岸或是镇里的鹅卵石小路散步。他们可以望见远处一座名叫弗兰肯斯坦（Frankenstein）的城堡的塔楼，周围松树环绕。与一个本地人聊天后，玛丽了解到关于这座城堡的一个传说：一位名叫康拉德·迪佩尔（Konrad Dippel）的炼金术师在 17 世纪 70 年代出生在那里，后来因为做一系列实验而变得臭名昭著，据说他尝试寻找长生不老药，从当地公墓中挖掘尸块，和着血液把骨头磨碎，然后把这令人毛骨悚然的混合物注射进尸体里，妄图使之起死回生。这个实验当然没有成功，但玛丽很喜欢这个故事，并以此为蓝本写了一个离奇的故事。

几年后（回到英国，嫁给了珀西，并更名为玛丽·雪莱），她先是出版了一本详细记叙自己莱茵河之旅的旅行日记，而后出版了灵感来自城堡的科学怪人的恐怖小说——《弗兰肯斯坦——现代的普罗米修斯》（*Frankenstein, or, The Modern Prometheus*）。这部小说一开始并不受评论家们待见 ["一套恐怖而恶心的荒谬故事"，《评论季刊》（*Quarterly Review*）这样称之]，很多厌女者武断揣度这是玛丽的丈夫雪莱所作。今天，这本书绝大多数情况下因其粗笨的电影改编，以及脖子上有螺栓的蹒跚怪物形象而被人们记住。但是事实上，这是一部层次丰富、结构复杂的作品，包括那些令人难以置信的情节，例如，医生不但没有对自己创造的生物感到自豪，反而被吓坏了。在小说中，玛丽描写的景色反映了她在莱茵兰见到的世界末日般的天气："不会有比这更荒凉的景色了……"更值得高兴的是，这本书也因为大段关于弗兰肯斯坦（那个医生，不是那个怪物）沿着莱茵河旅行的描写而知名。在一部充满了恐怖和强烈冲突的小说中，主角的莱茵河之旅如同一片珍贵的安宁绿洲分外突出，莱茵河是为数不多的能令医生感到身心宽慰的地方。"我躺在船中央，然后，当我凝视着一碧万顷的天空时，似乎获得了从未有过的平静。"医生说道。

感谢玛丽·雪莱这样的作家，德国河流旅行迅速成为维多利亚时期文学的老生常谈。英国议员亨利·布鲁尔—利顿（Henry Bulwer-Lytton），19 世纪 30 年代初曾在莱茵河中部航行，在他的畅销书《莱茵河朝圣者》（*The Pilgrims of the Rhine*）中写道："对德国天才的最好注解就是游览德国的风景。"[1]威廉·梅克皮斯·萨克雷（William Makepeace Thackeray）的小说《名利场》（*Vanity Fair*）讲述了乔治·奥斯本（George Osborne）———一位"狼吞虎咽地吃着饼干的霸道年轻绅士"———沿着莱茵河旅行，穿过"祥和宁静、阳光灿烂的美妙的景致，（经过）高贵的紫色群山，羽毛饰品倒映在壮丽的河流中"的故事。最终，莱茵河闻名遐迩，甚至连从未到过那里的作家都对它赞不绝口。例如，费利西亚·赫曼斯（Felicia Hemans）是一个利物浦人，写了许多关于国王和骑士以及莱茵岩废墟上常青藤叶子的优美诗篇，尽管这些她都从未亲眼见过。

然而，最有影响力的旅行者确实都来过莱茵河。乔治·戈

---

[1] 布鲁尔—利顿后来以其华丽的辞藻而闻名，人们普遍认为他是第一个使用"那是一个漆黑的暴风雨之夜"和"笔比剑更强大"这类后来被恶搞的短语的作家。

登·拜伦勋爵（Lord Byron George Gordon）是一位典型的浮华、自由奔放的浪漫主义诗人——一个跛足的暴饮暴食者，兰姆夫人（Lady Lamb）对拜伦的一句评价广为人知："疯狂、邪恶、危险"。拜伦在 1809—1810 年的大部分时间里，都在豪华地游历欧洲，游览特洛伊和君士坦丁堡，还游泳横渡赫勒斯滂海峡（Hellespont）。有时，他看起来更像是一个猖獗的性游客——"不要女性，也不要十岁以下的或者土耳其人"是他的主要原则——而不是一个深思熟虑的诗人。然而，他确实以自己在欧洲的经历为灵感，创作了一首名为《恰尔德·哈洛尔德游记》（*Childe Harold's Pilgrimage*）的长诗。[1] 拜伦的作品带有强烈的自传色彩，由喜爱莱茵河的出版商约翰·默里出版。它描述了一个年轻人在异国他乡寻求消遣和冒险的梦幻奇遇经历。在富裕的伦敦，《恰尔德·哈洛尔德》引起了轰动。拜伦"一觉醒来后发现自己出名了"，在伦敦社交圈受到追捧，并与上流社会的女性发生了一系列充满激情的恋情，（据几位传记作家说）其中还包括他同父异母的妹妹。为了逃避这种灾难性的私人生活，他于 1816 年逃离英国，沿着莱茵河一路航行到日内瓦，在那里他写下了《恰尔德·哈洛尔德》的第三章（节），跟着英雄哈洛尔德从比利时沿着莱茵河逆流而上到了瑞士。这引起了另一场轰动。就像如今的粉丝带着地图去"明星之家"一样，游客们开始带着拜伦的《恰尔德·哈洛尔德》在河上来来回回。

---

[1] 恰尔德是中世纪的一个术语，指尚未被封为爵士的年轻贵族。

尤其是对英国人来说，莱茵河中部即使不是当时的太阳海岸（Costa del Sol），至少也是卢克索（Luxor）或马拉喀什（Marrakesh）——富有冒险精神的旅行者们可以在这里寻找他们自己的故事来与他人分享。一些人不可避免失望地发现，这条"未受污染"的河流几乎和他们离开的家乡一样繁忙。然而，其他人则完全被迷住了。"我们在地球上吗？"19世纪80年代，一位英国女性旅行者问道，"我仿佛在仙境中醒来了"。无论是对德国人还是外国人来说，莱茵河都已经不仅仅是一条河，而是一个神话了。

船到了巴哈拉赫（Bacharach），又一座夹在河与山之间的小城。昏昏欲睡的布兰奇跟我下了船，走进了一长串德国游经典的景色中：鹅卵石铺就的街道，半木结构的餐馆，啤酒花园，爬满藤蔓的小路，教堂和喷泉，一座高耸入云的城堡，远处在群山上绵延的葡萄园。多年来，我在欧洲的各个旅游热门地区漫游，却从未见过比这里更美丽的地方。

我在一家简陋的小旅馆订了一间房间，这里看上去像是自拜伦时代以来就再也没有被打扫过。然后我瘫倒在河边第一家咖啡馆里的椅子上，点了一杯冷饮。一位蓝眼睛、黑头发的罗马尼亚女服务员，停下来抚摸着布兰奇，跟我聊了一会儿天。"这里的生活更好"，她说。"虽然语言不通，但薪水不错，我们一直在工作。在这里对我来说好多了，但是当我看到像你这样的人到处旅游，玩得很开心的时候，我想：天哪！我太嫉妒了。我想念我的狗。"我点了晚餐，把微薄的预算分摊到菜单上最便宜的一餐和最昂贵的一餐上，然后坐在那里不开心地啃着干奶酪三明治，而布兰奇则狼吞虎咽地吃着肋眼牛排。

第二天，早早醒来后，我搭乘了一艘游船，继续向南游历，不出意外的话，这将是我在浪漫莱茵河这段行程中搭乘的最后一趟游船。这是一个灰蒙蒙的工作日清晨，船有一半空着，但这仍是一趟愉快的旅程；我们在阴沉的天空下巡航，密布的乌云隐隐地给头顶上的城堡和森林带来一丝威胁。我的狗，对要在船上再待一天的前景无动于衷，悲伤地盯着水面。

我们在宾根下船，又乘坐一艘小渡船快速穿过河面，来到吕德斯海姆。虽然有玻璃缆车可以载着人们掠过河岸来到山顶，但我再次选择了步行，准备沿着一条弯弯曲曲的小道穿过葡萄园上山。布兰奇快乐地跑在前面，不时嗅嗅未成熟的葡萄，或当我落在后头的时候朝我叫几声。我约了一个朋友今晚接走她，捎她回鹿特丹的家，所以这是我们在河上共同度过的最后一天了，至少在近期是这样。

从一小片森林中走出来，我到达了山顶，看到了另一幅令人惊叹的全景图：倾斜的翡翠色葡萄园，宽阔的河流上点缀着碎片般的岛屿，驳船在河道中央留下长长的白色羽毛。然而，真正吸引我的地方并不在山谷里，而是在我身后从山顶的树梢中隐约可见的尼德瓦尔德纪念碑（Niederwalddenkmal），它也许是德国莱茵河爱国主义的终极表现。该纪念碑在19世纪七八十年代为庆祝德国统一而建立，由一系列40米高、装饰着绿色的青铜徽章和雕像的石基组成，其中包括一个真人大小、带着翅膀的天使吹着一个大大的喇叭，还有一名袒胸的妇女喝着大胡子尼普顿（Neptune）给的酒。厚重的金属字母拼出了歌曲《守望莱茵河》的几段歌词。在石基上方矗立着一尊 12 米高的日耳曼尼亚雕像。日耳曼尼亚是一位身披长袍、手持长剑和盾牌的健壮女子，在 19 世纪晚期，她逐渐被视为德意志民族的化身。这座纪念碑的整体效果非常好；看起来就好像兴奋的孩子们在玩腻了装饰圣诞树之后得到了休息，取而代之的是让他们选择自己喜欢的雕像和牌匾，然后把它们压缩到一个纪念碑上。

早在成为不值一提的政治家之前，阿道夫·希特勒曾与一群士兵一起经过这里，后来他写道："当清晨第一束柔和的光线穿透轻雾，照亮尼德瓦尔德雕像时，整个部队突然不约而同地开始唱起《守望莱茵河》。那时，我觉得我的心似乎都要跳出来了。"如今，在德国，任何此类公开展示民族主义的行为都将被视为严重禁忌。当荷兰人找借口穿着橙色的衣服一起庆祝，英国人最喜欢的就是皇室婚礼或缅怀伦敦奥运会的华丽场面时，大多数现代德国人却没有把他们对国家的热爱表露出来。在其他国家很常见的事情（阅兵式、战斗机表演队）在德国更是简直不敢想象。像默克尔这样的领导人绝不会使用美国、英国或法国领导人常用的那种自豪的爱国语言（"全球力量""从善的力量""天生的领导力"）。然而，正如成群结队的德国游客在纪念碑前摆好姿势拍照所表明的那样，纪念碑和河流仍然发挥着强大的影响力。莱茵河可能流经六个国家，源头在瑞士，入海口在荷兰，但对大多数德国人来说，莱茵河永远是典型的德国河流。

我买了两个冰淇淋——一个给自己，另一个给布兰奇——

然后我们挨着坐在纪念碑前，一边开心地舔着冰淇淋，一边俯瞰着河流。我正准备拍张照，就被一个雀跃的年轻美国姑娘打断了，她用多莉·帕顿[1] 的语调问我："这是哦萨兹—洛林（All-saze Lorraine）[2] 吗？"不，我回答道，用尽可能礼貌的语气，我们不是在法国。

----

[1] 多莉·帕顿（Dolly Parton）出生于 1946 年，是一位著名的美国乡村音乐歌手，曾演绎无数经典名曲。——译者注
[2] 阿尔萨斯—洛林是法国东部大区，正确拼法为"Alsace-Lorraine"，这里作者用以表示美国姑娘的口音不准。——译者注

第 9 章

赌徒与创造者：威斯巴登到美因茨与曼海姆

我通常有个原则，早餐前不在公共场合光膀子，但在威斯巴登我破例了。经过漫长的几天沿着莱茵河中部徒步、骑行和慢跑，我在一个深夜抵达这里，到了早上我的肌肉已经酸痛到无法拿起第六个羊角面包当早餐了。德国之旅已然接近尾声，而威斯巴登似乎是一个能让我缓几天的完美之地：一个坐落于莱茵河大湾附近、陶努斯山脚下的疗养小镇，以其有治愈疗效的温泉以及世外桃源般的氛围而闻名。它也成为我的莱茵河之旅中德国阶段最后一个中转站，将带我穿越一个融合了工业和发明的悠闲放纵的地区。我十分期待更多地了解这里的德国人，那些帮助塑造该地区的历史并将其铭刻在全球观念中的人，包括那些在河岸上创造出改变世界的发明的人。

威斯巴登的温泉浴场看起来更像是一座希腊神庙，而非一个市内游泳池。它的中央是一个网球场大小的冰冷的蓝色池子，被马赛克装饰和小天使雕塑环绕着。在两侧，较小的房间提供了各种低强度的"酷刑"选择：难以忍受的热水浴缸、闷热的蒸汽房和强度各异的桑拿房。据报道，威斯巴登周围喷出的地下温泉水含有丰富的盐和其他化学物质，天然温度达100多华氏度[1]，洗澡时要稍微冷却一下。后来回到鹿特丹的图书馆，我读过老旅行家的描述，抱怨它像"淡鸡汤"，但对我来说，它看上去干净得像玻璃，尽管有一股十几岁男孩卧室里的轻微硫黄味。

在荷兰生活的几年时光削减了我英国式的天然拘谨感，但我仍会对在公共场合赤身裸体这件事感到焦虑，这是典型的英国人特征。我畏畏缩缩地走在更衣室和汤池之间，花了极其痛苦的10分钟思考到底应该穿着我的泳裤还是冒险把它脱了。脱了泳裤的话其他顾客会不会尖叫着跑开啊？又或者他们会不会因为我没脱泳裤而尖叫着跑开呢？最后我决定尽我所能地去融入，像上帝创造我时那样赤条条地走向池边，无忧无虑地放任自我，把毛巾扔到了一边。没有人尖叫着跑开，尽管我确实得到了一个年纪大我一倍、看起来像俄罗斯人的大胡子大叔的微笑与眨眼，我小小地怀疑了一下自己是不是走错澡堂了。

最令人惊讶的是这里不仅池子是男女混浴的，连淋浴间和更衣室都是男女共用的，所有人都像刚出生时那样快乐地赤裸着。一群老人坐在热水浴桶里讨论足球，两位中年女士正在中央冰池里一边游泳一边讨论别人的婚礼。不过尽管不同性别的人混同一室，这里的气氛却十分纯洁，令人安心。我几乎是唯一一个没有

---

[1] 华氏度（℉）是温度的一种度量单位，由德国人华伦海特（Gabriel D Fahrenheit）选取人体温度为100华氏度。与摄氏度（℃）的换算公式如下：℉=32+1.8×℃。——译者注

退休的人，这里（礼貌地说）展出的更多是葡萄干而非鲜葡萄。我实在不知道该看哪里，于是只能一直假装对天花板兴趣浓厚。

相较于北方更工业化的城市，威斯巴登长期以来一直是两大追求的休闲胜地——赌博以及泡澡——也恰好是我的两大爱好。与莱茵地区的很多其他事物一样，泡澡的爱好是被罗马人率先带起来的。普林尼就曾写过他很享受"莱茵河对岸的……温泉"。著名的罗马边墙紧挨着威斯巴登，于是这里很快成为士兵在部落小规模冲突中受伤后疗伤与休闲的流行静养地。

在罗马人离开后，这些温泉浴场很快就没落了，不过随着莱茵河贸易的兴起，威斯巴登逐渐复苏，成为疲乏的商人与政治家放松身心之地。1800—1820年，威斯巴登的游客数量就翻了一倍。在德国破碎的政治体系下，温泉浴场成为当地统治者税收的重要来源，他们通过投资温泉浴场来增加收入，就像现代的市长们建设主题公园或购物商场一样。拿骚的公爵还曾在威斯巴登边缘建了一处住所，就在河岸上。和所有的旅游业推动者一样，他们小心地渲染威斯巴登给人的安全宁静印象，将之呈现为有钱人可以自由闲逛的安全天堂。慢慢地，德国人创造出了一个关于到那里旅行的感受的词汇："badefreiheit"——自由泡澡。一开始，他们的焦点在于吸引贵族，但随着德国人的收入不断增加，交通渐趋便捷，这些温泉浴场开始毫无顾忌地走向商业化。到19世纪60年代时，威斯巴登有几十家澡堂，大张旗鼓地进行激烈营销，还自吹自擂地宣告每天都有哪些名人来过本店：某某公爵和拿破仑的一个亲戚昨天来过！

这些温泉浴场也为许多大旅行的旅行者游览浪漫莱茵河时提供了愉快的歇脚地。感谢汽船和火车，（到 19 世纪晚期）不过 24 小时就能从伦敦抵达威斯巴登。"每一个灵魂必须拥有他的……秋天之旅。"《绅士杂志》（*The Gentleman's Magazine*）在 1843 年如是说。"他必须去那些有水之地，喝酒和泡澡——他必须穿过莱茵河……巴登，巴登巴登，威斯巴登，永远是巴登。"其他人则被泡温泉的健康功效吸引了。早在烟草公司资助"科学"研究来"提升"吸烟的益处的几十年前，那些莱茵兰的温泉经营者就会付钱给医生，让他们写下泡澡可治万病，从痛风到肾病、风湿病、梅毒、关节炎、便秘以及"旧枪伤"。一个德国医生的报告甚至宣称在水里泡澡可以治愈疑病症[1]。

经过三个小时的在各种热水浴桶和冰池间辗转循环，我开始觉得自己像一只被反复煮沸、烘烤再冷冻的鸡。离开池子后，我最后又去蒸了次桑拿，坐在桑拿房里一边汗如雨下一边用蹩脚的德语同一个胖大叔聊着天，他则用长柄瓢舀了勺水浇到一盘烧得嗞嗞响的石头上。"我每天都来这里"，他告诉我，"我的妻子拒绝了，但这让我变强壮"。

我没觉得变强壮，只觉得热，几分钟后我同赤裸的同伴说了句"guten Tag"——早安，支付了"刺骨冷"的账单就离开了。

---

[1] 疑病症（hypochondria）主要指患者担心或相信患有一种或多种严重躯体疾病，反复就医，尽管经反复医学检查显示阴性以及医生给予没有相应疾病的医学解释也不能打消病人的顾虑，常伴有焦虑或抑郁。——译者注

在室外，天亮了起来，空气拂过肌肤时，我感受到难以置信的清新。我想，以后我会更经常地破我不在早餐前赤膊的戒的。

除了温泉浴场之外，威斯巴登总体上是一个紧凑、繁荣的地方，主要有一座红色的新哥特式教堂，以及出售羊绒毛衣、大钢琴、邦·奥陆芬（Bang and Olufsen）扬声器的商店。德国金融城法兰克福离威斯巴登只有大约 20 英里，从这里你可以闻到钱的味道。这里的气氛与我到目前为止参观过的大多数其他德国城市都不同：更时髦、更平静，游客也更少。整个地方给人一种庄严肃穆的感觉，就像一座银行。

和温泉一样，威斯巴登的赌场也是一个很容易浪费钱的地方。第一家赌场于 18 世纪 70 年代开业，当时的想法是，它的收入可能有助于支付浴室的维护费用。后来，沿莱茵河而下的汽船为许多顾客提供了便利。"学生、诗人、对自然和艺术坚定不移的热爱者不会关心威斯巴登"，一本早期的旅游指南说，"但寻欢作乐的人会"。

在很大程度上，赌场提升了威斯巴登作为休闲和奢华之地的声誉。但对个人而言，沿着莱茵河旅行的后果可能是毁灭性的。例如，当地人讲过一个故事，在 19 世纪末，一个年轻女子从巴黎来到威斯巴登，带着自己的全部家底：一共 100 法郎。经过好运爆棚的几天，她竟然赢了 20 多万法郎，摆脱了贫困束缚的她便兴奋地动身回家。然而在火车站，她发现火车晚点了，就又回到一个赌场，很快便输了大把的钱。一个善良的赌场老板帮她支付了回巴黎的火车票，但这并不足以让她打起精神来，第二天她的尸体就被发现漂浮在塞纳河上。

另一位倒霉的豪掷者是《罪与罚》（Crime and Punishment）的作者、俄罗斯小说家费奥多尔·陀思妥耶夫斯基（Fyodor Dostoyevsky）。陀思妥耶夫斯基40多岁时的大部分时间都在欧洲漫游，早在1865年到达威斯巴登时，他已染上了致命的赌博瘾。在威斯巴登，他运气比往常要好，在赌场中赢了10400法郎，但不可避免的事情很快就发生了。"然后我就回家了"，他后来给嫂子写信说，"把它们装在一个袋子里，打算第二天离开威斯巴登……但我有点忘乎所以了"。没过几天，他就把所有的钱都赌光了，包括从伊凡·屠格涅夫（Ivan Turgenev）那里讨来的一笔额外的紧急借款。"所有的仆人都用难以言表的、典型的德国人的蔑视来对待我。"他抱怨道。"在德国人看来，最大的罪恶莫过于身无分文而又不及时支付账单。"

从好的方面来说，这次逗留确实激发了陀思妥耶夫斯基的创造力。他穷得买不起饭，甚至连支蜡烛都买不起，于是回到旅馆的房间里，开始写作——"内心有一种狂热在燃烧"。他文思泉涌，文字倾泻而出——其中就包括了《罪与罚》。他还口述了另一部小说——《赌徒》（The Gambler）——故事背景是一个几乎不加掩饰版的威斯巴登；卢列腾堡（Roulettenburg）——一个"阴郁的小镇"，充斥着"轮盘赌"的迷人魅力，这是一款专为俄罗斯人设计的游戏。"我听到赌场总管的叫喊时，是多么心惊，多么胆战！"小说的主人公惊呼道。"我一听到钱被倒出来的叮当声，就几乎要抽搐了。"不出意料的是，陀思妥耶夫斯基从《赌徒》中赚到的大部分钱都输光了。

在温泉浴场度过的早晨给我留下了不同寻常的焕然一新的感觉，我决定通过跑步更深入地探索这个区域。在酒店换完装后，我从向西出发往河流的方向慢跑。一开始，沿途非常萧条，到处都是市郊的购物中心以及出售用一次性饭盒包装的垃圾食品的免下车"餐馆"。然而，在远离市中心的地方，威斯巴登变得安静而美妙：狭窄弯曲的街道两旁排列着庄严的老褐石建筑和漂亮的公园。与莱茵河上的许多城市不同，威斯巴登在第二次世界大战中相对毫发无损地存活了下来。一位观察人士写道："（盟国）想要拯救威斯巴登，因为它们想住在那里。"在河边，我经过了一个可爱的绿色公园，公园的主体是巨大的比布里希宫（Schloss Biebrich），拿骚公爵的故居。这座建筑矮而宽，在阳光下格外引人注目，白色的墙搭配橘红色的圆屋顶和雕像。它看起来像英国乡村的房子，又着一根条纹拐杖糖。

公园的后面就是莱茵河，绿树成荫，微风习习。向南望去，我可以看见美因茨的港口，河岸边一大堆集装箱船几乎把大教堂的尖顶都遮住了。在比布里希宫外，河岸上排列着一排排修剪整齐的树木和大大的盆栽棕榈树。前门台阶附近的一家咖啡馆里挤满了将冰淇淋当作早餐的人。河水在阳光下闪闪发光。我停了下来，在河岸上休息了一会儿，旁边有一块牌子，上面写着，这个地方深受德国莎士比亚——歌德的喜爱，他于1814年到访此地，把它念作"sehr schön"——非常美丽，他是对的。

　　第二天我便出发去美因茨，沿着河向南骑了几英里，然后穿过一座高桥，最后到达了美因茨的尖塔。美因茨是另一个受益于主要河流汇合处的城市，靠近美因河从东部流入莱茵河的汇合点。摩古恩提亚库姆（Mogontiacum）也是罗马的一个重要的军事基地，那里驻扎着一支小型木船舰队，这里的士兵被派往河的上游或下游，与反叛的当地人作战。随着罗马人的撤退，这座城市突然被遗弃，但随后又作为重要的教会中心和莱茵河贸易中心而重新崛起。自 1992 年以来，它还通过多瑙河干线与多瑙河相连——这是查理大帝首先构想出来的一项宏伟工程——使中型船能够从荷兰角港到达 2000 英里外的黑海。美因茨港口虽小，但似乎欣欣向荣；这对于那些认为河流贸易已经走了传真与渡渡鸟之路的人来说是一个明确的还击。

　　1944 年和 1945 年，美因茨遭到 2 万多枚英美炸弹和 100 多万根燃烧棒的袭击，市中心的大部分地区被摧毁。然而，它现在看起来保护得很好，到处都是宏伟的老建筑和缓坡的砖地街道，人们在绿荫森森的广场吃着冰淇淋。市中心是大教堂，一座令人惊叹的粉红色建筑，看起来就像是用三文鱼砖砌成的。"它看起来就像我家乡的办公室。"一位路过的加拿大游客说道。

　　天气太好了，很适合去教堂，但我选择了沿着中心广场的边缘绕着建筑走。靠近教堂墙壁的是一尊令人印象深刻的圣卜尼法斯（St Boniface）雕像，他穿着飘逸的长袍，蓄着胡须，看上去有点仙风道骨。据我所知，卜尼法斯是一位逆莱茵河而上的英国旅行家——一位生于公元 675 年的本笃会修道士，带着向莱茵兰的异教徒传教的任务进行远途旅行。他显然做得很好，吸引了教皇的注意，于是被任命为美因茨大主教。然而，卜尼法斯的福音努力最终并没有完全成功。当他在今天的荷兰开始向弗里斯兰人传教，在周日的圣灵降临节上阅读经文时被刺伤或殴打致死——这也许证明了荷兰人并不总是像他们看起来的那样热情好客。仔细研究这座雕像，我很高兴地注意到卜尼法斯（Boniface）确实有一张瘦骨嶙峋的脸（bony face）。我环顾四周，想找个人给他讲这个滑稽的笑话，可惜身边没有人。

今天，卜尼法斯也许被美因茨的绝大部分人遗忘了，但是另一个古老的人物却赫然出现在人们的视野中，像一个选秀歌手一样贪婪地占据着人们的注意力。古腾堡（Gutenberg）在去世五百多年后，受到了美因茨民众的热烈欢迎，这种热情能让斯特拉特福（Stratford）的民众因对莎士比亚的不够重视而感到相当羞愧，而阿姆斯特丹的居民则会因与伦勃朗有联系而感到尴尬。"欢迎来到印刷机之父——古腾堡的城市！"当我走进古腾堡广场，经过古腾堡雕像，走进一家摆满古腾堡纪念品的商店时，一位导游大声喊道。[1]

约翰·古腾堡于14世纪晚期出生在美因茨。关于这个男孩命运的早期线索可能就在他的全名中：他有一个像"约翰·根斯弗莱施·祖·拉登·祖·古腾堡"这样的名字，难免地会对手写

---

[1]　多年来，荷兰哈勒姆市（Haarlem）一直持反对意见，声称古腾堡的想法是从一家名为劳伦斯·科斯特（Laurens Coster）的荷兰印刷商那里窃取的。如今，这一理论已被大多数学者彻底推翻，甚至荷兰的学者也不相信。

感到厌倦。对于一个现代读者来说，因为受过关于发现和改变世界的创新方面的良好教育，也许很难理解古腾堡的印刷机意味着多大的突破。在古腾堡之前，绝大多数书籍本质上都是宗教书籍。书通常是用拉丁文写的，必须用手工费力地抄写出来。错误是家常便饭，一个抄写员会发现很难实现每周抄写超过两页高质量的文章。一些印刷工人使用木雕版来印刷整页的文字，但他们仍然不得不为每一页雕刻一块全新的木雕版。对于一个 15 世纪的德国人来说，一个普通的工人可能拥有一整个书架的书籍几乎和拥有笔记本电脑的想法一样异想天开。

1450 年左右，古腾堡通过制作代表单个字母的金属字模取得了突破。这些字母可以像墙壁上的砖块一样排列在一个木框里，涂上油墨，然后用类似于附近葡萄园能找到的压榨机器的印刷机在纸上盖章。使用这种"活字"，可以一次印刷一整页，而不必为每一页都制作全新的雕版。突然之间，图书制作从一项艰苦的工作变成了一项相对简单快捷的工作。一个原本需要一个月才能完成的文本，现在可以在一周内印刷数百次。

古腾堡很快就利用这一发明，印刷了从《圣经》到印有"警告基督教反对土耳其人"字样、敦促"高贵的德国民族"团结起来以对抗伊斯兰构成的威胁的日历等一切东西。早期的书通常没有颜色或插图——大多数顾客会雇个私人艺术家来填补空白，这意味着没有两本书是完全一样的。一个富人的《圣经》可能会以金箔和彩色的手绘花朵为装饰，而他的穷邻居的《圣经》则可能是用廉价的印度墨水草草涂写的简单图画。

莱茵兰拥有良好的交通网络、金属矿山、熟练的工人和富裕的投资者，事实证明，这里是新技术的沃土。不久，印刷工厂就在美因茨、斯特拉斯堡和科隆开业。印刷地图、图表和旅行者游记有助于贸易的传播和帝国的建立，而印刷宗教文献则以催化宗教改革而闻名。古腾堡曾希望他的发明能帮助基督教重新统一，并为天主教会带来收入，但具有讽刺意味的是，他的发明却适得其反。没过多久，马丁·路德关于抗议教会过分行为的著作，被频繁印刷，以至于1518—1525年出版的所有书籍中，据说有三分之一都冠有他的名字。"路德是那种能让两个印刷工人忙个不停、每个人同时操控两台印刷机的人。"他的一位朋友如是说。

毋庸置疑，古腾堡印刷机还印刷了许多其他著作，包括亚里士多德和奥维德（Ovid）的经典著作、德国冒险故事，甚至还有令人困惑的用于解释如何阅读的书籍。错误依然存在：鹿特丹的哲学家伊拉斯谟（Erasmus）抱怨说，"在早期，一个写作错误只会影响一份文稿，但现在，它出现在数千份文稿中"。但新方法意味着学生和信徒不再依赖他人来为他们传授知识；他们可以自己学习。几个世纪以来，大多数信息都是本地的，现在不同地方的人也更容易分享信息。1492年冬天，一块陨石坠落在恩西赫姆（Ensishem）附近的麦田里，当地一位教授用一页纸的篇幅解释了几十英里外的人是如何听到陨石撞击的声音的。它是有记录的世界上最早的报纸之一。

与海因里希·海涅和李小龙一样，古腾堡在他有生之年也没有得到太多赏识，但随着法国大革命的爆发，他获得了第二次成名的机会。当时，他被誉为"我们用以重塑未来的工具"的发明者。法国人在1792年夺取了美因茨的控制权，他们花了数百万法郎拆除了古老的日耳曼建筑，并在市中心修建了一座崭新的古腾堡广场。后来，当德国人试图推选一个统一国家的标志时，他们从古腾堡身上看到了德国创新和工业的完美象征。他因此而名声大噪。2000年，在一组投票评选活动中，古腾堡以微弱优势击败了莎士比亚、达·芬奇、斯大林和查克·贝里（Chuck Berry），成为"千年伟人"之一。

好多人向我推荐过古腾堡博物馆，说这是一个非去不可的景点，所以我一到美因茨就去了那里。博物馆几乎没有游客，但对于爱书者来说这个博物馆非常有魅力：锁在桌子上的印本，看起来很紧的巨大印刷机，装满了蜡板的书，人们曾经用这种蜡板来雕刻中世纪的"蚀刻素描"[1]。最贵重的文献被储存在一个巨大的地下室里，那里有像潜水艇一样厚的门。我花了一个小时左右浏览了一些早期的文本，它们讲述的是中世纪读者迫切想知道的事情：如何种植好葡萄；如何酿酒；如何在北海航行；如何修复一条治愈后非常弯曲的腿。根据1497年出版的《外科医学手册》（*Manual of Surgical Medicine*），最后一个问题的答案是躺在两个滚轮上，让两个朋友踩在有毛病的骨头上。

离开美因茨，我继续向南前往沃尔姆斯，想在那里了解一下

---

[1] 蚀刻素描（Eth-a-Skrtch）是一款在20世纪60年代风靡美国的绘画玩具，画板背面覆盖有铝粉和苯乙烯珠，面板框架底部有两个小旋钮控制触控笔，一个控制垂直移动，另一个控制水平移动。——译者注

作曲家理查德·瓦格纳，他是继古腾堡之后又一个将莱茵河地区转变为财富的德国人。由于位于浪漫莱茵河沿岸，这两座城市之间的景色并不突出，但依然很漂亮——宽阔的河流蜿蜿蜒蜒，浓密的森林状如一块巨大的绿色围毯一般从河岸向高处蔓延。

在美因茨以南 30 英里左右，我来到一个名叫伊博赛姆（Ibersheim）的小村子并在那儿待了两个小时。伊博塞姆并没有太多可看的东西，但周围的乡村很有田园牧歌的情调：一个看起来仿佛亘古不变的农业地区。在村庄和河流之间，大片平坦的甜菜和洋葱田被梨树形成的树篱隔开。天气很好——明亮、温暖、蔚蓝——河水很平静，但看上去又很犷野。一个告示牌警告过路人不要打扰野鹿。我爬上一棵树，吃了一个梨，立刻觉得这是我到目前为止去过的最漂亮的地方之一。只有一件事稍微破坏了这种错觉——核反应堆的持续轰鸣。

比布利斯（Biblis）就在伊博赛姆的河对岸，紧挨着河岸，由四个巨大的鼓形灰色冷却塔和两个球状反应堆组成。沿着河边长满草的小道，毕翠克丝·波特漫画中的景色被一块标牌给毁了。[1]标牌上写着，如果发生毁灭性灾难，这里是紧急服务的集合点。一艘巨大的化学运输船以飞快的速度驶过，我不禁想知道如果它撞上了一个反应堆会发生什么，估计西欧的一半地区将变得无法居住。

虽然北海海底曾经蕴藏着丰富的石油和天然气，北部的一些

---

[1]　毕翠克丝·波特（Beatrix Potter）是英国著名的儿童读物作家，创造了欧美国家家喻户晓的兔子形象——彼得兔。——译者注

地区也有煤炭，但莱茵河地区长期以来缺乏易开采的能源。在动荡不安的 20 世纪 70 年代，油价飙升，许多核电站随之建成。到2015 年，德国约六分之一的电力来自核能，瑞士三分之一，法国则高达四分之三。由于需要大量的冷却水，莱茵河沿岸有几座大型核电站，包括比布利斯核电站、法国费桑海姆（Fessenheim）核电站以及瑞士的几个核电站。荷兰在莱茵—斯凯尔特三角洲南部边缘的博尔瑟勒（Borssele）也有一个反应堆。

很多莱茵兰人最初觉得核电站是干净环保的，至少比冒着烟的烟囱或巨大的水坝要好得多。然而，也有一些人因担心切尔诺贝利事件再次上演而忧心忡忡。随着绿色运动的影响力越来越大，比布利斯等核电站引发的不安情绪也在加剧。一个更突然的转变随着 2011 年日本福岛核事故的发生而来临，该事件重新唤起了人们对人口稠密地区的核电安全的固有担忧。法国宣布了从根本上减少对核电能源依赖的计划，甚至提议将费桑海姆改造成特斯拉工厂。但做出最大胆的反应的是德国。2011 年，德国总理安格拉·默克尔突然决定在 2022 年前关闭所有核电站（这预示着她随后在同性恋婚姻问题上的态度发生的 180 度大转弯），包括莱茵河沿岸或附近的几座核电站。默克尔的决定受到了公众的欢迎，但在实践中，关停核电站的落实显然充满坎坷。及至我本次旅行时，莱茵河上游和下游的电力公司都在艰难地支付停工账单，并提起了巨额诉讼，要求收回成本。随着核电站停运，当局还在努力解决一个显而易见的问题：如果德国四分之一的发电量关闭，他们将如何弥补缺口？水力发电厂也帮不了什么忙，因为需要保持航运通道畅通，很难在莱茵河上修建更多的水电站。比布利斯这样的一座核电站的发电量，大致相当于莱茵河上所有水电站的发电量总和。由于莱茵河中部森林密布，许多人对建造新的风力涡轮机、水坝或输电电缆的想法也持反对态度。目前，比布利斯的核电站仍处于一种奇怪的休眠状态，被关闭的命运无法改变，但目前仍在发电。从河岸上看，这里似乎空无一人，但栅栏很高，大门紧闭，我只好在河岸上的长椅上坐了一会儿，看看有没有受辐射影响而长了三只眼的鱼。

比布利斯以南10英里就是沃尔姆斯。这个城市的名字可能会让说英语的人觉得它是一个青蛙比王子还多的脏兮兮的地方[1]，但实际上它却是一个漂亮的典型德国大教堂小城。它的地理布局遵循着现在人们熟悉的形式：一条宽阔的河流上横跨着几座跨越式的桥梁；从莱茵河西岸延伸出来的迷宫般的老城；中心耸立着一座壮观的大教堂。莱茵河沿岸城市的历史大同小异，我甚至不用查资料就能背出这座城市的历史：一个小型的农业和渔业定居点，后来发展成为一个坚固的罗马中转站，然后成为一个宗教和贸易中心；在第二次世界大战中遭到严重轰炸后，它又重新成为一个不起眼的内陆港口，游客们可以在这里乘坐游轮游览大教堂。

我离开河流后，步行进入市中心，朝着圣彼得大教堂走去。这座有一千多年历史的罗马式大教堂，据说是整个莱茵河上最好

---

[1] 沃尔姆斯（Worms）在英语中表示复数的蠕虫。——译者注

的罗马式大教堂，但遗憾的是，它就像欧洲几乎所有的教堂一样，覆盖着脚手架和绿色网格，看上去就像被渔网缠住的婚礼蛋糕。最终，在绕着圈子走了 10 分钟后，我终于找到尼伯龙根博物馆（Nibelungen Museum）。这个博物馆是因《尼伯龙根之歌》（*Nibelungenlied*）而建造，这是一首以莱茵河为主要背景的史诗，是莱茵河一大伟大的文化输出。在伦敦和阿姆斯特丹的图书馆里，我已经对《尼伯龙根之歌》有了一些了解，并读过其中大段的文字。故事很复杂，甚至连荷兰的政治相较之下都显得很直白，但就我所知，这基本上是《权力的游戏》（*Game of Thrones*）的标准剧情。它讲述了莱茵河上一位名叫齐格弗里德（Siegfried）的英勇王子的故事。为了赢得勃艮第公主克里姆希尔特（Kriemhild）的芳心，齐格弗里德踏上了一段史诗般的征战之旅。最后，大部分的主要角色都相爱了，然后大部分人都死了。

　　《尼伯龙根之歌》的作者是谁至今仍有争议，但在 18、19 世纪，这个故事变得广为流传。在当时，绝大多数德国文学都是浪漫主义改编作品，聚焦于血的背叛与复仇的《尼伯龙根之歌》的流行很是出人意料；就像梅尔·吉布森（Mel Gibson）的电影向简·奥斯汀（Jane Austen）的读者放映 [1]。后来，据说《尼伯龙根之歌》还影响了 J. R. R. 托尔金的创作，他写下了关于一枚万能的

---

[1] 梅尔·吉布森是美国男演员、导演及制片人，代表作品有《勇敢的心》《爱国者》《耶稣受难记》《启示录》《敢死队 3》《血战钢锯岭》等。简·奥斯汀是英国女小说家，主要作品有《傲慢与偏见》《理智与情感》等。——译者注

稀世魔戒的故事。[1]

遗憾的是，沃尔姆斯博物馆（委婉地说）并不是我去过的最好的博物馆。后来我查看笔记本，想看看自己在上面记录了什么有趣的发现，结果发现只有四个词："就像看着颜料变干。"[2] 这实属不幸，不仅是因为《尼伯龙根之歌》是如此丰富多彩和富有戏剧性，还因为它如何在莱茵文化中发挥核心作用的故事实际上相当有趣。《尼伯龙根之歌》的现代意义主要体现在一个人身上。与海涅、贝多芬或古腾堡不同，理查德·瓦格纳并非天生的莱茵兰人。1813 年瓦格纳出生于莱比锡，在很小的时候他就决定成为一名作曲家。就像任何一个感觉良好的年轻人一样，20 岁出头的瓦格纳表现得仿佛没有明天；酗酒、通宵跳舞、逃课、参与学生闹事。有一次，他试图驯服一只狼来当作宠物，把他的朋友和家人吓坏了。实际上，瓦格纳并没有读完大学，他的第一次作曲尝试也没有大获成功。他似乎也不是一个特别迷人的人。弗朗茨·李斯特把他描述为"一种维苏威火山"，画家弗里德里希·佩克特（Friedrich Pecht）也认为，尽管瓦格纳"身长腿短"，但他"就像一座喷出火焰的火山"。瓦格纳本人毫不意外地持更为温和的观点。他曾说，"我是活力的化身"。

和很多同代的人一样，随着 19 世纪的发展，瓦格纳开始沉醉于德国具有神话的历史和辉煌的未来这一观点。事实上，他热爱

---

[1]　事实证明，托尔金（Tolkien）在写奇幻小说之前就对瓦格纳的《尼伯龙根的指环》非常感兴趣，但托尔金本人坚决否认自己受到了该歌剧的启发。"两枚戒指都是圆的，除此之外就没有相像的地方了。"他这样表示。

[2]　Like watching paint dry.

理想中的德国胜于现实中的德国。"每每我想到德国，以及在此处的未来的事业，我就感到恐惧"，他在给李斯特的信中这样写道，"除了悲惨的偏狭，一场毫无任何现实根基、仅仅是自我吹嘘的作秀，在这里我看不到任何其他东西"。他决心纠正错误，逐渐发展出一种真正意义上的新的音乐风格；为宏大史诗谱曲，使之具有一种纯洁而统一的力量。

当然，其中最著名的曲子是基于斯堪的纳维亚萨迦[1]和像《尼伯龙根之歌》这样的德国古老民间故事的熔铸融合。在快速起了个头之后，瓦格纳花了数十年的时间来完成，就像其他作品一样，期间因为金钱问题和"吃了太多冰淇淋"导致的胃病而中断。不过，历经近 26 年，瓦格纳终于完成了这项工程，创作了一部名为《尼伯龙根的指环》（Der Ring des Nibelungen）的巨作，它更广为人知的名字是《指环》（Ring Cycle），由四部大型歌剧组成。这个故事——就像最初的传说一样——是一个关于龙和矮人、英雄和恶棍、少女和诸神的极其复杂的故事。然而，主题却简单而永恒：败坏的权力，荣光的勇气，拯救一切的爱。《指环》宏大的首次演出在 1876 年，在拜罗伊特（Bayreuth）一个特别建造的剧院里，充满了巨大的布景和特效；编织彩虹，飞龙和莱茵河少女。但反响并不完全是积极的。有些人认为瓦格纳的音乐不健康，其他人则单纯的觉得很糟糕。《泰晤士报》曾说："我们对理查德·瓦

---

[1]　萨迦（Saga）指的是 13 世纪前后被冰岛和挪威人用文字记载的古代民间口传故事，包括神话和历史传奇，主要反映了古代斯堪的纳维亚人战天斗地的事迹。——译者注

格纳先生的了解越多，就越相信……音乐并不是他与生俱来的特殊权利。"但是总的来说，这部作品是成功的。巴伐利亚国王路德维希二世是少数几个和瓦格纳本人一样喜欢瓦格纳音乐的人之一。"你是个神人，"路德维希后来写信给瓦格纳说："一个真正不会失败、不会犯错的神人！"

不幸的是，瓦格纳并没有保住自己的名誉。这位作曲家是一个臭名昭著的反犹主义者，纳粹难免将他的作品视为一个充满了纯洁和骄傲的"古老日耳曼尼亚"的浪漫象征。瓦格纳的意象成为德国战时历史中一个反复出现的主题——例如，在斯大林格勒围城期间，赫尔曼·戈林（Hermann Göring）故意唤起《尼伯龙根之歌》的记忆，呼吁人们记住神话中的勇士们是如何"战斗到最后"的。德国西部边境的防线以齐格弗里德的名字命名，当一群叛变的纳粹军官试图用公文包炸弹暗杀希特勒时，他们将这场暗杀阴谋命名为"女武神"（Die Walküre），以纪念赎罪牺牲的主题。《指环》的部分选段曾在纳粹国家场合上演，并出现在新闻短片以及莱妮·里芬斯塔尔（Leni Riefenstahl）的著名电影《意志的胜利》（*Triumph of the Will*）中。当希特勒在地堡中自杀时，齐格弗里德的葬礼音乐随着他的死讯响起。七十多年后，这一污点并没有褪色。这并不是说瓦格纳不受欢迎：他的音乐受到了很多人的喜爱，《指环》的演出票往往提前几个月甚至几年就售罄了，尽管演出时间通常比从波恩到曼谷的平均飞行时间还要长[1]。很多

---

[1]《指环》全本歌剧演出通常超过 15 小时，分 4 晚演完。——译者注

人为他辩护道："瓦格纳在希特勒出生之前就去世了！"一位德国音乐爱好者这样告诉我。另一些人则指出，很多纳粹分子并不是瓦格纳歌剧的狂热粉丝——希特勒为瓦格纳的歌剧预订了大量的票，而大多数奉命观看演出的党员都睡着了。然而，在许多人眼里，瓦格纳及其作品仍有很深的污点。1981 年，以色列爱乐乐团（Israel Philharmonic）演奏了一小段他的音乐作为安可曲目，一位大屠杀幸存者走到舞台前，展露伤痕累累的肚子，大喊道，乐队应该"在我的身体上演奏瓦格纳的作品"！在德国，选择记住什么和忘记什么仍然是一件棘手的事情。

从沃尔姆斯沿着河流继续向南，主色调很快回到绿色。离法国边界越来越近，景色（在我英国人的眼里）已经模模糊糊地像法国了，比德国北部和荷兰光洁的工农业平原略显粗糙和多尘。连绵起伏的草色原野一直延伸到远处，向后延伸到布满现代风车的绵亘不绝的山丘上。靠近河边，地势比较平坦，但仍有很多葡萄园；长长的藤蔓像犁沟一样伸展到远方。有的地方，一长排年轻的工人（可能是移民）弯着腰，采摘甜菜、卷心菜和洋葱。

沿着河流的风景并不总是这样温和而富饶。在 19 世纪中叶以前，这附近的河道荒寂而破碎，仅在斯特拉斯堡以北 70 英里就有近 1600 座小岛。像荷兰一样，可怕的洪灾是家常便饭，大量渔村在 17、18 世纪完全被淹没了。斑疹伤寒、痢疾和疟疾这样的疫情在河岸蔓延。据环境学者大卫·布莱克伯恩（David Blackbourn）说，在 18 世纪的莱茵兰，疟疾杀死的人比战争杀死的人还要多。

在 19 世纪初，伟大的工程师约翰·戈特弗里德·图拉开始了他的一系列大工程来"修正"巴塞尔到美因茨之间的莱茵河河道，移除岛屿，河道裁弯取直，这样沿着河道流动的水流速度快得多，不仅能加快运输速度，还能减少洪水的风险。"任何河流，包括莱茵河，只要一个河床就够了。"图拉这样说。数百英里的堤坝建成，成千上万吨的岩石和泥土被人们用镐和铲子铲走。无数蜿蜒的河床被合并成一个单一的、更像运河的河道。图拉的这项工程花了几十年时间才完成，但却是巨大的胜利。一位曾经被洪水淹没的城镇的居民感激地给他写信说："赞颂和感谢这个人，他通过智慧的计划……把我们从莱茵河上解放出来。"凭借自己的远见卓识，图拉把这片荒芜的河流平原变成了"一座鲜花盛开的花园"。

然而，再往前走一点，这条河又经历了一次突然的性格变化。靠近路德维希港时，田园式的洋葱田和小村庄让位于鹿特丹式的杂乱无章的管道和烟囱、巨大的化学裂解炉和肺状的贮藏仓。三艘大型油轮像花样游泳选手一样在水面上相互擦身而过，一群穿着工作服的工人在工厂关门时涌出。上述景象与北边的景色形成了鲜明对比：更像 L.S. 洛瑞而非透纳。[1] 许多迹象表明，这里最大的幕后黑手是巴斯夫（BASF），世界上最大的化学公司之一，它依赖莱茵河作为其炼油厂的水源和航运的高速公路。当地旅游委员会称路德维希港是"一个引人入胜的旅游目的地，有着城市的

---

[1] L.S. 洛瑞（L. S. Lowry）是英国画家，因一生画了大量 20 世纪英国西北部工业区景观而闻名。透纳是英国学院派画家的代表，是西方艺术史上最杰出的风景画家之一。——译者注

面貌和绿色的肺”，这段公关用语如此厚颜无耻，以致人们不得不佩服它的虚张声势。

河对岸，是更有意思的曼海姆，一个位于莱茵河和内卡河（Neckar）交汇处的中等规模城市。曼海姆是莱茵河上为数不多的几个我从未去过的城市之一，我的第一印象是，我并没有错过太多东西：它似乎是一个没有中心，基本上没什么魅力的地方；明显不如威斯巴登这样的城市繁荣。甚至我那本决心让每个地方听起来都妙不可言的现代旅行指南也承认，曼海姆“不是德国最美的地方”。然而，当我从河岸往市中心走时，开始觉得自己最初的评估可能过于苛刻了。曼海姆并不是威尼斯，但它很吸引人，有一座大大的红色城堡，一些漂亮的老教堂，还有不同寻常的棋盘式城市布局，横平竖直的街道用字母和数字命名，如 Q6、D2、G7。核心旅游景点是一个美丽的石头水塔，看起来像一颗巨大的棋子。

在很多方面，曼海姆给我的印象是一座典型的中等规模的德国城市。在国外几乎不为人知的曼海姆，却有其他国家的大都市所拥有的财富、自信和地位。这在很大程度上是德国政治权力分散的结果。中央银行和宪法法院等全国性机构并没有聚集在柏林，而是分散在全国各地。对于柏林政府提出的新法案，各州（通过联邦参议院）有很大的发言权，而在默克尔之前的大多数总理都是在地方而非国家政治中开始自己的职业生涯并赢得声誉。[1] 直到 1934 年，还没有"德国"护照这种东西——护照持有者仍然被认为是巴伐利亚人或普鲁士人，等等。所有这一切的结果是，德国——尤其是莱茵河地区——似乎到处都是规模不大的城市，但却有与之并不相称、更为宏伟的装饰。曼海姆、科布伦茨和科隆等莱茵河沿岸城市所拥有的银行、繁荣的工业、报纸和电视台，与古老的汉萨诸城邦 [2] 更有共同点，而不像格洛斯特（Gloucester）、兰斯（Reims）或蒂尔堡（Tilburg）等温顺的郊区城镇。

　　我很快意识到与我最近去过的其他城市相比，曼海姆拥有更大的移民吸引力，大概是因为这里的化工厂与港口提供了大量的就业机会。临近午餐时间，我绕了整整 15 分钟才找到一家隐藏在数不清的土耳其餐厅和烤肉店之间的德国餐厅。很多商店都是土耳其人开的，报摊卖土耳其报纸，还有很多戴着头巾的妇女。我发现这一切相当迷人，但也不难想象有一定年龄和背景的德国人面对他们的文化受到的威胁——如果他们的多数邻居都不说德语，且找一块中东的巴克拉瓦甜点比德式脆皮奶酥蛋糕还容易——会作何感想。不过，总的来说，工业区粗犷的世界主义为这个原本可能是一潭死水的沉闷之地增添了一抹亮色。当我停下来喝咖啡时，排在我前面的男人是一位身穿油腻工作服的利物浦工程师，

---

[1]　德国莱茵河的大部分大城市都位于两个州内，这两个州都是以莱茵河命名的：北莱茵—威斯特法伦州和莱茵兰—普法尔茨州。这条河也流经或接壤黑森州（Hesse）和巴登—符腾堡州（Baden-Württemberg）。

[2]　即指汉萨同盟的诸城，汉萨同盟是德意志北部城市之间形成的商业、政治联盟，13 世纪逐渐形成，14 世纪达到兴盛。——译者注

我后面的女士则是一位身着昂贵西装的挪威律师。没过多久，我意外发现了一个闪闪发亮的现代化购物中心，坐落在一条开满了设计师店铺和美食咖啡馆的安静街道上。一般来说，我十分讨厌毫无特色而又循规蹈矩、唯利是图的现代化购物中心，但对一个疲惫的旅行者来说，它的出现确实是非常令人愉快的。我在外面坐了一会儿，喝着冰茶，偷听隔壁桌子上那对吃着午饭的年轻瑞士裔美国夫妇说话。"在柏林出名之前我就很喜欢它了。"这位女士说道。

随着法国边境逐渐出现在视野范围内，我决定沿着德国境内的莱茵河进行最后一次跑步，一路上留意着最后两位莱茵河上的德国英雄的踪迹——伯莎·本茨（Bertha Benz）和卡尔·德莱斯（Karl Drais）。顺着 L12 和 L15 路离开棋盘城市中心，我沿着河岸向东慢跑，穿过了一个漂亮的公园。这条路一开始是一条沿河的小草带，但很快就越变越宽，最后呈现在眼前的是一片森林，郁郁葱葱，给人一种野生的感觉，到处都是毒菌和背阴的幽谷。某一时刻，我还看见了一位老人在用斧头砍树，活像格林童话里的猎人。很难相信欧洲最大的化工厂之一就在几百米开外的河对岸。再往前一点，一个路标指向产酒的卡尔施塔特（Kallstadt）镇，1885 年，一个名叫弗雷德里克·特朗普（Frederick Trump）的年轻难民为了寻求更好的生活，从这里出发前往美国。而今天，他的孙子唐纳德显然继续做着伟大的事情。

在一个漂亮的小河滩上休息了一阵后，我按原路往回跑。临近市区时，我发现草地上有一件奇怪的公共艺术品：一个圆形金属管围成的栅栏，上面装饰着彩色条纹，从远处看去，是一个骑自行车的人的形象。我看了看地图，意识到这就是我几天前读到过并且想要参观的地方：世界上第一条自行车道，由世界上第一辆自行车骑过。

19 世纪初，曼海姆人（和欧洲其他地方的人一样）基本上被限制在三种不同的出行方式上：步行、乘船或骑马。对于长途旅行来说，马匹尤其重要：它们不仅能在崎岖不平的地形上驮着骑手长途跋涉，还能拖着载满乘客或货物的马车和手推车，或沿莱茵河逆流而上的拖船。然而，大约在 1815 年，由于马食的突然短缺，骑马四处游荡变得不太可能。马食短缺的部分原因是地缘政治因素，包括法英封锁和拿破仑军队的可笑行为——他们在穿越莱茵兰的途中摧毁或消耗了数英亩的农作物。曼海姆周围河流的周期性洪涝也影响了农作物的收成。然而，最主要的原因更为奇特：印度尼西亚的一座火山喷发了。

1815 年 8 月，坦博拉（Tambora）——一座在今天的印度尼西亚松巴哇（Sumbawa）岛上的火山——突然喷发，喷出了 27 英里高的火山灰。在坦博拉周围，成千上万的人被熔岩浆流烧死，或者被压在堆积如山的火山灰下窒息而死。在亚洲以外，此次火山爆发影响最大的是气候。坦博拉火山灰云破坏了全球气候模式，导致全球气温骤降。粮食产量大幅下降，从波士顿到莫斯科，人人都在挨饿。火山灰变成了褐色的雪从匈牙利上空落下，新英格兰地区在 7 月也下了雪。在荷兰，一家英国报纸报道说，"在几个省份……肥沃的草地都被淹没了"。莱茵河下游的部分地区被洪水淹没了整整五个月，玛丽·雪莱的游船度假因为阴郁的天气而黯然失色，这激发了她（见第 8 章）写一本阴郁的小说的灵感。在德国，莱茵兰陷入了长时间的严寒和黑暗之中，大雨、夏雪和被毁的庄稼成为这里的典型景象。成千上万的莱茵兰人移民到美国，其中很多人乘船顺流而下，然后经由鹿特丹出海。对于住在河边的人来说，他们不知道是什么原因导致了这一突如其来的变化，其影响就如同其毁灭性一般令人困惑不已。军事战略家卡尔·冯·克劳塞维茨（Carl von Clausewitz）在他关于战争的书中，将德国西南部描述为"完全歉收"，到处都是"被击垮的不人不鬼的身影，他们在未收割、已经腐烂一半的生土豆中徘徊，寻找食物"。在慕尼黑，一位观察人士指出，"乞丐从四面八方出现，好像他们是从地下爬出来的一样"。"莱茵河会随着尸体腐烂。"冯·克鲁德纳男爵夫人（Baroness von Krüdener）写道。

与火山爆发息息相关的是，恶劣的天气也意味着曼海姆周围的农作物产量骤降，燕麦价格进一步飙升。成千上万的马饿死了，还有很多马被挨饿的家庭宰了果腹。即使对那些有食物的人来说，坐马车旅行也不再是一种日常必需品，而更像是一种负担不起的奢侈品。一个出生在卡尔斯鲁厄河上游、富有创新精神的曼海姆人——卡尔·德莱斯，来到绘图板边，并开始设计一种能完全取代饥饿的马的新发明："Laufsmachine"，也就是"跑步机器"［其他名称包括"德莱斯式"（draisienne）、"脚踏车"（velocipede）和"德莱斯的马"（dandy-horse）］。

　　德莱斯于 1817 年推出了一款奇妙的自行车，它由木头制成，但看上去与现代自行车并没有什么不同，它有两个辐条轮子，弯曲的车把后面有一个柔软的皮革座椅。不过，和现代自行车相比，它仍有局限：这辆车没有链条或踏板，乘客需要用脚蹬地来推动自己前进，就像一条狗在河里游泳一样。这些轮子如同四轮马车的轮子，由木头制成，上面覆盖着金属片，而尺寸像衣柜一样的木框架，意味着整个车身重约 22 公斤——几乎是一辆现代公路自行车的三倍。在曼海姆崎岖不平、车辙纵横的道路上，这种自行车骑起来并不轻松，更无法攀越从河岸上隆起的小山。

　　考虑到这些局限性，德莱斯的新发明一开始难免会遭到嘲笑和怀疑。几乎所有见过"跑步机器"的人都不相信它能比双腿或马匹更有优势。然而，德莱斯坚信它的潜力，他指出，在平地上，"即使是在一场大雨之后"，它都可以以两倍于步行的速度行进，而下山时，它的速度"比一匹疾驰的马还快"。1817 年夏初，他完善了自己的"跑步机器"模型，开始了第一次试驾的历史性时刻，从曼海姆沿着莱茵河向南行驶，大致沿着我慢跑的路线。在大约一个小时的疾驰之后，他到达了莱瑙（Rheinau）的一家驿马旅馆，在那里休息了一会儿后，他转身往回骑，一共走了大约 9 英里的路。这段路不算长，但它证明了自行车可能并不是一个坏主意。德莱斯发明"跑步机器"的消息传开了，数千辆"跑步机器"被伦敦乐于尝试新鲜事物的通勤族抢购一空。在几十年的时间里，其他发明家已经适应了这种设计，并用更轻的钢管取代了笨重的木板，开发了减震橡胶轮胎，增加了踏板，这意味着骑车者不用踏破鞋子就可以骑得更远更快了。然而，作为世界上第一辆"两轮、由骑者推进的交通工具"也就是后来广为人知的"自行车"的发明者，德莱斯名留青史。

奇怪的是，卡尔·德莱斯的自行车骑行并不是唯一一次发生在曼海姆河周围的开创性旅程。另一个卡尔——卡尔·本茨（Karl Benz）——也出生在卡尔斯鲁厄河上游，20 多岁时搬到曼海姆当工程师。1883 年，他成立了一家新公司来开发自己的一项发明：世界上第一辆由内燃机驱动的实用汽车——或者，像现代俚语爱好者所说的"小轿车"。起初，卡尔的奔驰一号汽车（Benz Patent-Motorwagen）看起来并不是那么引人注目：它是一个很薄的机器，看起来像一辆把割草机的引擎藏在扶手椅式座椅后面的三轮自行车。它装备了一个二冲程引擎，差不多以慢跑的速度前进，很多人对它的安全性和可靠性表示怀疑。甚至本茨的早期商业伙伴埃米尔·比勒（Emil Bühler）也不认同，并退出了这个项目，坚持认为这款汽车到哪儿都跑不快。最开始，每次车子开出去几乎都会抛锚。另一个问题是，因为这个装置会吸引大量的观众，试驾不得不常常在晚上进行。但是本茨坚持了下来，技术也慢慢地进步了。转折点出现在 1888 年，当时卡尔·本茨了不起的妻子伯莎·本茨（Bertha Benz）开车出去兜了次风。

伯莎可能是个凤毛麟角的创新者。她于 1849 年出生在曼海姆以南约 50 英里的普福尔茨海姆（Pforzheim），在她成长的年代，德国及其他国家普遍认为女性天生就不如男性聪明，因此根本不值得受教育。根据后来由梅赛德斯—奔驰公司编写的一段历史所说，伯莎的父亲在她出生时写道："太不幸了，又是一个女孩。"尽管面临着种种成见，年轻的伯莎却对所有技术性的东西都很着迷。随着年龄的增长，她经常缠着她的父亲——一个富有的木匠——解释蒸汽火车等新奇的技术是如何工作的。在她十几岁时，大家都说伯莎已经成长为一个有魅力、有智慧的女人，她完全可以选择一个成功有为的年轻单身汉结婚。但是她有自己的想法，在1869年的一次长途旅行中，她遇到了一个身无分文的年轻工程师——卡尔·本茨。他衣冠不整，一塌糊涂，伯莎的父亲警告说，卡尔不可能以她习惯的生活方式养活她。然而，当卡尔解释他正在改进的各种技术项目，包括无马的"马车"时，技术狂伯莎被深深迷住了。最终她不仅嫁给了卡尔，还同意在他开发自己的设计时给予经济上的支持。

1888年，卡尔的汽车设计已经有了极大的改进，但仍然在可靠性方面存在严重的问题。刹车系统很糟糕，而且因为没有齿轮，它没法上山。此外，卡尔个人似乎不具备进一步发展所需的技能：他开发的技术很有前途，但他缺乏营销常识，无法吸引投资或招徕客户。这时伯莎出手相助了。一个初夏的日子，她叫醒了两个儿子，趁卡尔还在睡觉时偷偷溜了出去。她启动了他的一辆原型车，开始向南驶向她出生的村庄。这次驾驶并不容易。那时的道路只供马匹和马车使用，坑坑洼洼、车辙纵横。在她开车经过的一些村庄里，人们被迷住了，但在另一些村庄里，人们被出现在他们面前叮当作响的怪物吓坏了。梅赛德斯—奔驰公司记载说："一些旁观者会在路上匍匐祈祷，担心这个'冒烟的怪物'是最后的审判的预兆。"汽车一次又一次地出故障，但伯莎毫不气馁，她雇了一个铁匠修理坏了的链条，并用自己的帽针和布片修理那脆弱的发动机。当这辆车在威斯洛赫（Wiesloch）镇附近耗尽燃油时，她招募了一些路人帮她把车推到附近的一家药店，并购买了一升清洗液作燃料——这让那个吃惊的当地药剂师成为世界上第一个加油站的拥有者。那天晚上，伯莎完好无损地抵达了她在南方的家乡普福尔茨海姆，并给惊讶万分的卡尔发了一个消息，然后便再次驾车返回曼海姆。100多英里的往返旅行引起了轰动，伯莎因此成了一个小名人，更重要的是，这趟旅行证明了，只要多一点独创性，汽车即使在长途旅行中也能可靠行驶。其余的，正如俗话所说，都是历史。

　　回到曼海姆市中心，我迅速换下跑步服，然后出门吃最后一顿德餐——不是传统德餐（肉和土豆），而是现代德餐（羊肉柯夫塔）。法国边界几乎就在眼前了，对于即将离开德国这个我热爱并且喜欢深入了解的国度，我不免感到有些遗憾。

　　我尤其遗憾的是将要离开德国的莱茵河上游。作为一个外国人，我有时发现很难追踪德国城市和地区之间的所有差异，但很明显，当地的身份和文化是强大的，因为它们彼此截然不同。波恩、科隆和曼海姆，几乎就像伦敦、爱丁堡和加的夫（Cardiff）一样以微妙的方式相为迥异。当我沿着河流前往阿尔卑斯山的时候，在我看来，在科布伦茨和卡尔斯鲁厄之间的南方城市，人们的观点相比他们北边的邻居可能更像地中海。"我们这里对美，对生活中美好的东西更有品位"，一艘船上的威斯巴登人告诉我。"在波恩及其附近的人，把事情看得太严重了。"然而，在其他方面，我所经过的莱茵河上的所有城镇和村庄，在特征上似乎都大同小异：世故且外向，繁荣且勤奋。

和大多数地方一样，莱茵兰地区的文化也充满了矛盾。在某些方面，我去过的地方相当保守：通常绝大部分人是天主教徒，他们的勤勉也常常略显严厉。另一方面，莱茵兰却是一个引人注目的国际化之地。正如我在曼海姆看到的，这条河带来了投资者、外来工人和游客，他们改变了这个国家原本平静的角落。罗马人和邻近的法国人给这个地区注入了一种拉丁人对美食、美酒、公共澡堂和社交活动的热爱。尽管莱茵兰人很敏感，但他们最喜欢的还是在酒屋里或游行队伍中放声高歌，在公共澡堂里毫无顾虑地脱光衣服，并觉得以每小时 160 公里的速度开车是相当慢的。当我为这样或那样的事情烦恼时，不止一个人对我说——"Et kütt wie et kütt"——不要担心未来，顺其自然。

这样想着，我骑上自行车穿过小镇，朝着河流，准备继续向南的旅程。在我右边是一大片烟囱，它们致力于让德国西部已然灰暗的天空变得更灰暗。在我的左边，不到 50 英里的河流上游，是法国。

| 第三部分 |

法国

第 10 章

边境线：斯特拉斯堡与阿尔萨斯

在斯特拉斯堡市中心，法国士兵正在相互亲吻，与此同时德国士兵在一旁静静围观。现在正在举行定期纪念阵亡将士的仪式之一，共和国广场上挤满了人，士兵们相互拥抱，一排排的人静静地站着。我来晚了，因为快速骑行跨河而大汗淋漓。我挤在几名上了年纪的法国士兵后面，他们戴着红色贝雷帽，穿着熨得整整齐齐的制服，蓄着浓密的小胡子，手里拿着拐杖，带着丝毫不减的军人威严。在我们身后，几十面法国国旗在沙色的莱茵宫的阳台上方飘扬，宫殿圆顶指向天空，好似一枚准备发射的石头火箭。

我在人群中蹒跚前行，看到纪念会的焦点是一尊巨大的雕像——一位痛苦的妇女将两名受伤的士兵搂在怀里。底座上刻着"1914—1918 年、1939—1945 年、1945—1954 年、1952—1962 年"等字样。一个老兵注意到我正把这些短语抄在笔记本上，便低声解释了几句。"那个雕像，那个女人，她代表着斯特拉斯堡。她抱着的垂死之人是她的孩子——一个来自德国，一个来自法国，他们是兄弟。今天我们在一起。"

环顾四周，我发现他是对的。在场有很多法国士兵，但也有很多德国士兵，还有很多德国国旗和法国国旗。令我吃惊的是，当一个法国号手吹奏完法国《马赛曲》后，紧接着又迅速地演奏了《德意志高于一切》；聚集于此的法国士兵正在纪念被德国人杀害的法国人，德国国歌飘荡在他们耳边。昔日的敌人正在一同悼念他们的逝者。

我对来到法国感到很是兴奋，但读了历史书，以及与快乐的船夫和渔民聊天后，我很快意识到，夸大莱茵河对法国的影响是不明智的。法国在欧洲的陆地边界总长约1500英里，其中只有120英里是莱茵河。也许正因如此，这条河对法国而言远不如对于德国或荷兰那样有象征意义。我认识的法国人没有在阿尔萨斯东部边境地区进行浪漫的假日巡航的习惯，伟大的法国艺术家和诗人的心更可能被塞纳河而非莱茵河点燃。在经济上，法国人本能地将目光投向大西洋、英吉利海峡和地中海沿岸的港口，而不是下游的杜伊斯堡或鹿特丹。总的来说，我所认识的法国人对这条河的热情似乎不比对德国葡萄酒或荷兰菜的热情高多少。

尽管如此，这条河对法国仍然非常重要。从法国的角度来看，它长期以来一直是抵御德国扩张的天然堡垒；是人们所说的法国"六边形"大陆中坚固的一条边，这个六边形大致由英吉利海峡、大西洋、比利牛斯山、地中海、阿登高地和莱茵河的自然边界组成。然而，德国人可不同意。从他们的角度看，孚日山脉（Vosges）——法国一侧与河流平行的西边低矮山脊——往往似乎是更合理的边界，确保了莱茵河被牢牢地掌握在德国人手中。这两个大国一次又一次地在一个简单的问题上产生分歧：莱茵河及阿尔萨斯周边地区是德国的还是法国的，或者两者都是，或者两者都不是？1870—1945 年，阿尔萨斯的控制权易手的次数比一只章鱼灵巧的手还多。

如今，两国共享莱茵河的管理权。从曼海姆和路德维希港上溯，这条河流几乎一直朝着正南方向，然而却突然在卡尔斯鲁厄东南约 15 英里处折向法国。从那里，莱茵河本身形成了法国和德国之间的边界，绵延 120 英里，直到巴塞尔，河流开始进入瑞士。从曼海姆向南旅行到斯特拉斯堡，我进入了一个众所周知的文化大熔炉。标牌和报纸都是用两种语言写的，河边小酒馆的菜单上提供了法式和德式代表美食的任性混合，还有当地的特色菜，比如酸菜炖肉（choucroute）和白葡萄酒三肉什锦锅（baeckeoffe）。有些人说法语，有些人说德语，还有一些人说阿尔萨斯的阿勒曼尼方言，这种方言与德语相似，但又有足以让人糊涂的区别。在河上纵横穿梭，如果不去看水路的流向的话，我常常记不住自己身在哪个国家。然而尽管如此，法德关系仍然略显紧张，阿尔萨斯地区在本质上仍然是分裂的。在莱茵明斯特（Rheinmünster），一个德国人告诉我莱茵河是"德国最伟大的河流"。20 分钟后，在河对岸的法国德吕瑟内姆（Drusenheim），一位女士自信地宣称：莱茵河是"我们国家灵魂的一部分"。尽管大家都在谈论统一，但和罗马时代一样，莱茵河仍然是高卢人和日耳曼人的分界线、法国和未开化的咖喱香肠之乡的分界线。

回到斯特拉斯堡的莱茵宫，纪念活动已接近尾声。一位法国官员把勋章别到几名年轻士兵的胸前，而播报员则报出他们曾出色服役的地区：科索沃、乍得和阿富汗。别完了所有的勋章后，一名号手吹奏起欢快的乐段，指挥官紧紧抓住士兵们的肩膀，伴着音乐用力地亲吻他们的双颊。一位棕褐色头发的年轻女子——我想她是一名阵亡士兵的女儿——随后走上前来，向法国和德国军队致敬。她说，是他们的"勇气和牺牲"帮助建立了"欧洲共同体"。

加入了一小群人的队伍中，我随他们一起慢悠悠地穿过沙砾，朝市中心走去。我已经有两年没来过这里了，但很高兴地发现它与我记忆中的斯特拉斯堡并无两样；古老的半木结构房屋和鹅卵石街道构成了一个迷宫。严格说来，这座城市并没有直接坐落在莱茵河岸边，而是被它的水域所包围，拥有几乎和阿姆斯特丹一样多的运河和拱形桥。一个相当大的莱茵河港口坐落在城市的边缘，而斯特拉斯堡几乎每一个地方都离伊尔河（Ill）不远，这是莱茵河的一条支流，名字听起来就好像是野蛮的男孩给起的，像一针缝衣线从空中掉了下来一样环绕着市中心。

我在一个沙地小广场上的咖啡馆里吃午饭，周围是高大的联排别墅和枝叶繁茂的葡萄藤。在沉睡的德国南部待了几周后，我被这里的游客数量震惊了。斯特拉斯堡狭窄的街道上挤满了吃东西、拍照和接吻的人。我记得以前在一个阴沉的冬日里，我曾经是某家咖啡馆里唯一的顾客，现在那里却要等20分钟才能有座位。在河边，一家"传统阿尔萨斯餐厅"外的招牌上写着"今天供应新鲜的生鱼片"。

就像宗教和甜甜圈一样，阿尔萨斯经常被争来抢去。我们现在所说的"法国"和"德国"之间的分裂，基本上可以追溯到公元9世纪，当时查理大帝的庞大帝国被他的三个幸运的孙子瓜分。为了确保每个人都得到公平的份额，帝国被分割成三大块领土，大致相当于我们现在所知的法国、低地国家和德国。莱茵河的大部分流域形成了中部和东部地区之间的一个明确的边界。在它的西部，大多数人说法语（一种罗曼语，与西班牙语和意大利语有关），而在东部，则流行日耳曼方言（与英语和荷兰语关系不大）。很久以后，在"七十年战争"[1]结束时，《威斯特伐利亚和约》把阿尔萨斯给了法国，但这一结果未能让所有人感到满意。甚至连"Alsace"这个名字的起源也有争议——有人说它来自日耳曼语的"Alis-lauti-sat"（那边的人）或"Ell-sass"（住在伊尔河边的人），而另一些人坚持认为它来自凯尔特语的"Alis-atin"（山脚下的人）。

对法国人来说，莱茵河是值得骄傲的，这一观念在法国大革命前后首次生根（或者至少被很好地定义了）。例如，法国革命家乔治·丹东（Georges Danton）就向欣喜若狂的观众宣称，法国的界线是"由大自然显示出来的"。他说，"我们将在地平线的四角到达莱茵河、海洋和阿尔卑斯山"。与此同时，作家阿尔芒·卡雷尔（Armand Carrel）说，法国受益于"两海之间无与伦比的安全

---

[1]　应为"三十年战争"，这里可能是作者笔误。——译者注

局势"和"坚不可摧的天然屏障",当然,其中一个天然屏障就是
"莱茵河的屏障"。1792 年,斯特拉斯堡市长呼吁创作一首新的进
行曲来鼓舞法国军队,一个名叫克劳德-约瑟夫·鲁热·德·利
尔(Claude-Joseph Rouget de Lisle)的小士兵响应号召写了一首
小曲,赞美"那些勇猛士兵的咆哮",他们用外国人的"不洁血液"
浸湿了土地。这首歌最终被定为法国国歌,被称为《马赛曲》。后
来,很少有人记得它最初的名字:"Chant de guerre de l'armée du
Rhin"——莱茵军战歌。

　　当然,德国人不会放任这种法国必胜的信念横行。奥
托·范·俾斯麦等领导人痴迷于密谋孤立与破坏法国,而德国历
史学家和政治家则认为,法国宣称拥有莱茵河主权的这一行为
是可笑的。与此同时,在法国,地图也鼓励了民族主义者,这
出乎所有人的意料。1874 年,一位名叫埃米尔·勒瓦瑟(Émile
Levasseur)的地理学教授出版了一本《法国小小地图集》(*Petit
Atlas de la France*),地图集将一个六边形的轮廓叠加在法国的轮
廓上。这一巧妙的技巧很快被无数的法国课堂教学地图和地理教
科书采用,这表明法国——正如制图师凯瑟琳·邓洛普(Catherine
Dunlop)所写的那样——"数学上的完美是注定的,几乎是上天
赐予的"。在这种情况下,到 19 世纪末,莱茵河已经成为一个潜
在的危险引爆点。一位英国记者警告说:"在莱茵河岸边,日耳曼
人的强大力量即将被调动起来,而被削弱的(法国)军队……可
能是第一个受害者。"

　　午饭后,我走了大约半英里来到了克勒贝尔广场(Place

Kléber），一个灰色瓷砖铺就的大广场，还有冒着泡的喷泉。广场上有个书市，我便愉快地花了半小时随意翻阅从勃罗亚（Bloy）到左拉（Zola）的书。一个上了年纪的书商坐在他蒙着灰尘的大部头书堆中，饱餐一顿阿尔萨斯火腿和硬皮面包，偶尔停下来把一卷售出的卢梭文集交给经过的快递员。

很久没来法国了，我对重回这里感觉良好。语言帮了大忙。我的法语几乎和德语一样糟糕，但（和许多英国人一样）觉得自己在这方面有一种鲁莽的天赋，这是多年来听傻朋克（Daft Punk）和看《大侦探波洛》（Poirot）磨炼出来的。有疑问时，我总是可以求助于许多英语语言学家的老把戏——在一个英语单词上多加几个元音，然后把音量放大一倍："JE VOUDRAIS LA FISHA AND CHIPSA！"[1]（我想要炸鱼薯条！）

斯特拉斯堡一直自诩为"欧洲的家乐福""欧洲的十字路口"，因为距离国界线只有一两英里，这里明显带有德国的痕迹。在我那未经训练的眼睛看来，斯特拉斯堡的很多建筑似乎显示出一种吸引人但奇怪的混合，我注意到，虽然大多数房子的窗户外面都有法式木制百叶窗，但很多房子都有德国风格的防飓风金属滚轴。我听到很多人说德语，而非法语，书市上只出售少量的英语书籍，却有大量的德语书籍。甚至街道的名字也是大杂烩：牛街（Rue des Veaux）和火绳枪手街（Rue des Arquebusiers），古怪地挨着文

---

[1] "la fisha and chipsa"（炸鱼薯条）这个说法是作者根据英语单词和法语语法生造的。——译者注

克街（Rue Wencker）和埃尔曼街（Rue Ehrmann）。[1]

关于阿尔萨斯—莱茵河的历史战役不胜枚举，但其中最重要的一场发生在 1870 年，被称为普法战争。这场战争是由一份美差的职位空缺引发的：西班牙国王。普鲁士宰相俾斯麦决定推选年轻的普鲁士亲王利奥波德（Leopold）为自己的接班人。从俾斯麦的角度来看，这是一个明智的举动，但法国人却为普鲁士人在比利牛斯山脉和莱茵河上的王位而大吃一惊。法国人大吵大闹，于是普鲁士人被说服撤回了利奥波德的工作申请，危机似乎结束了。然而，俾斯麦随后通过编辑一份官方电报进一步煽动了紧张局势，使之听起来像是普鲁士和法国领导人故意互相侮辱。俾斯麦就像一个戏弄通俗小报的舆论导向专家，把那封可疑的信件泄露给了媒体，激起了沙文主义者的愤怒。这两个国家很快就为冲突做好了准备，俾斯麦冠冕堂皇地宣称："德国想要和平，并将发动战争，直到她得到和平。"

如今，1870 年战争的细节往往会被历史书中百般纷争的迷雾所掩盖，但在当时，这是一件残酷而激昂的事情。例如，俾斯麦的妻子建议所有的法国人都应该"被枪杀、被刺死，连小婴儿也不能放过"。上述建议并没有被采纳，但数千名士兵涌入阿尔萨斯和斯特拉斯堡，普鲁士指挥官称这里"长期威胁德国南部"。与克虏伯的重型钢炮相比，法国火炮已毫无胜算地过时了。普鲁士人渡过莱茵河，包围了斯特拉斯堡，用炮火摧毁了房屋，留下了布

---

[1] 这四条街道的名称，前两者为法语，后两者从构词法来看应为德语词汇。——译者注

满弹痕的大教堂。最终，斯特拉斯堡别无选择，只能投降。普鲁士将军赫尔穆特·冯·毛奇（Helmuth von Moltke）愉快地写道，这座城市"现在被德国人的英勇所征服，回到了德国的怀抱"。

普鲁士军队继续往北向巴黎进军，并包围了这座城市。围城内的条件很恶劣，巴黎人命运的结局似乎早已被写好了。重要人物乘热气球逃离巴黎，鸽子给法国其他地方的支持者送去了求救信件。然而随着食物逐渐耗尽，巴黎人被迫放弃了他们通常所享用的美食。就连拉丁区的餐馆也被迫降低了一些标准：其中一份菜单上的美食广告包括"狗肉串"和"蛋黄酱猫"。巴黎动物园里最受欢迎的大象卡斯托耳（Castor）与波鲁克斯（Pollux）被射杀，并被卖给了各种各样的餐馆，据说这些餐馆的顾客在不知道是什么肉的情况下吃了它们。

最后，在 1871 年初，法国投降。根据结束战争的和约条款，法国同意支付数十亿法郎的赔偿款，普鲁士人赢得了对阿尔萨斯以及洛林附近大部分地区的控制权。对法国人来说更糟的是，普鲁士人威廉被宣布成为新统一的德国的皇帝。

公告仪式的举行地点是对法国人尊严的蓄意侮辱——凡尔赛，法国皇权的历史所在地。战败的拿破仑三世住进了位于肯特郡奇斯尔赫斯特（Chislehurst）的一座仿法国城堡，在那里他向来访者抱怨英国糟糕的天气。法国人一直认为莱茵河是法德之间的合法边界，而当时莱茵河几乎完全处于德国人的控制之下。法国人曾希望获得这条河的唯一管理权，但最终连探视权都失去了。

离开克勒贝尔广场，我折回到斯特拉斯堡的著名景点——大教堂，它像轮盘赌的中心轴一样高高地耸立在老城区上空。即使对于那些会花几个星期的时间从一个大教堂城市到另一个大教堂城市旅行的人来说，这都是一幅令人难以置信的景象：一座巨大的铁锈色建筑，挤在自古就有的联排别墅之间，彼此之间只有几英尺的间隔，大教堂正面立面雕刻得十分精致，看上去就好像是蕾丝做成的。对此留下深刻印象的游客不止我一个：雨果说大教堂是一个"巨大而精致的奇迹"，而歌德看到"高耸入云的两座塔楼"时"顿悟了天启"。

就在大教堂的南边，斯特拉斯堡每周的跳蚤市场正在进行中，我浏览了一会儿漂亮的旧物，在生锈的溜冰鞋和发霉的毛皮大衣之间、凹下去的大提琴和坏掉的钟之间徘徊。这里的河比街道低几米，我沿着水边一条像阳台一样迷人的石头走道散步。唯一有点令人沮丧的是巡逻的士兵数量。在法国，由圣战引发的紧急状态仍然存在，到处都是全副武装的士兵。我拍了一张两名身穿迷彩服的士兵的照片，他们站在一张褪色的新闻海报前，海报的标题是"Comment La France a Changé"——法国是如何变化的。

我快速地在城市里转了半圈，路过几对喝着葡萄酒、进行野餐的年轻夫妇，看起来很有诗意的年轻男子阅读着厚厚的小说，还有蹒跚学步的孩童摇摇晃晃着危险地靠近水边。我在河边转了一个弯，看到一艘灰色的水上游艇，上面印着"船上的家"（Boathome）。它看起来相当丑，但当我透过窗户往里看时，我意识到这是一场向潜在买家推广游艇生活的展览，承诺"une nouvelle vision de la vie sur l'eau!"———一种水上生活的新视野！我不忍心告诉他们，荷兰人已经这样生活了几个世纪。

1870—1871 年战争胜利后，德国人自然对他们的新河滨领土感到十分高兴，并决心永不放弃。在陆地上，法国和德国之间的新边界被精心地用 5000 多根小石柱标出，这些石柱的一边标着"D"，另一边标着"F"。一些不幸的村庄发现自己被分割了：孚日的一个教堂分属于两个国家，会众却分享着银盘子和烛台。

作为阿尔萨斯的新业主，德国人很快就开始了所谓的国家建设：修建铁路和河港。阿尔萨斯莱茵河畔的精美城堡霍赫—柯尼斯堡（Hoch-Königsburg）在威廉二世的命令下被小心地修复了；它的山顶防御工事是德国政权的新象征。德国官员在管理该地区时，几乎把它当成了世界某个遥远角落的未开发殖民地。"我们德国人"，民族主义者海因里希·冯·特莱切克（Heinrich von Treitschke）在 1871 年的一本小册子中写道，"比那些不幸福的人更清楚什么对阿尔萨斯有利……我们会违背他们的意愿，把他们自己的身份还给他们"。他们限制法语的使用，还办起了德语学校和报纸。战争结束几年后，一名英国访客报告说，斯特拉斯堡"实际上已经是一个德国城镇"，"人们说的语言听起来更像德语，而不是法语"。

然而对法国人来说，失去这一地区着实痛苦不堪。在接下来的几年里，法国精英们执着于重新夺回"丢失的省份"。像斯特拉斯堡这样的城市，德国人推行德语的努力显然是格外不受欢迎的：一个阿尔萨斯学生愤怒地抱怨说，他的法语课程是由出生在柯尼斯堡和科隆的老师教的。

简言之，虽然欧洲地图上标明阿尔萨斯人是德国人，但从骨子里看，他们大多数还是法国人。正如一位亲法作家所说，在斯特拉斯堡"《尼伯龙根之歌》……留给她的是寒冷，但《马赛曲》则带让她伴随着痛苦的狂喜感到刺痛和震颤。"英国《旁观者》（ Spectator ）杂志羡慕地指出，"法国既忠诚又顺从"。由于不愿在德国的统治下生活，许多法国阿尔萨斯人收拾行囊离开了。20世纪初，阿尔萨斯—莱茵河上的两个大国表面上处于和平状态，但就像一只熊住在一只老虎隔壁一样，不太可能长期保持友好关系。

到第一次世界大战爆发前夕，阿尔萨斯已经在德国的控制下度过了四十多年。然而，大多数阿尔萨斯人从未完全接受所有权的变化，许多人对被迫讲德语表示强烈抗议。一家德国报纸直言："必须坦率地承认……德国化彻底失败了。"在法国地图上，阿尔萨斯常被描绘成紫色，这是哀悼的颜色。一位到访的英国作家曾怀疑是否应该举行公投来决定该地区的命运，然后自问自答道："没有人会想到要进行全民投票！"

1914年，当战争再次爆发时，最激烈的战斗主要发生在欧洲北部泥泞的平原上，远离莱茵河两岸。然而，法德边境地区同样也是一片混乱。法国报纸刊登的漫画把德国描绘成一只饥饿的章鱼，它的触手贪婪地伸向河对岸，想要抓住阿尔萨斯。成千上万的阿尔萨斯士兵应召进入德国军队，但很快擅离职守。"我们的心为法国而跳动。"一个被迫在科隆为德国人作战的年轻人说道。

战争结束后，《凡尔赛和约》最终将阿尔萨斯—洛林和莱茵河大部分地区割让给了法国。突然之间，300 多万说德语的人失去了德国国籍。莱茵河上的桥梁变成了法国的财产，斯特拉斯堡对面的德国城镇凯尔（Kehl）被法国人统治了七年，法国人当然很高兴。首相乔治·克里孟梭（Georges Clemenceau）对一位顾问说："十五年后我可能就死了，但如果你能赏驾到我的坟前来看望我，我相信你会告诉我：我们在莱茵河上，我们将留在那里。"然而，对德国人来说，这是一大耻辱。

我很喜欢斯特拉斯堡再加上身体有些疲惫，于是决定在这里多待一段时间。我取消了预定的旅馆，在网上浏览了五分钟后，在城南租了一间公寓——一个充满学生气的小地方，摆满了蒙灰的《丁丁历险记》纪念品。我在斯特拉斯堡的老城区和桥上兜兜转转了好几天，慢悠悠地闲逛，每隔 15 分钟左右就停下来吃点东西。我最喜欢的食物是古格霍夫（keugelhof）——一种用洋葱和猪油做的奇怪的蛋糕，尝起来也像一种用洋葱和猪油做的奇怪的蛋糕。有几天，我出城长途旅行，慢跑或坐火车去阿尔萨斯的其他城镇和村庄，这些地方的文化让我感到愉快。和德国一样，很多外国人倾向于认为法国是一个拥有单一文化的地方，而实际上，它是一个充满地方亚文化和地区特色的国度。（众所周知，戴高乐曾宣称："没有人能把一个拥有 265 种奶酪的国家团结起来。"）在阿尔萨斯，建筑、食物和方言都明显不同于仅仅几个小时车程远的香槟地区和勃艮第地区，我喜欢在奥贝奈（Obernai）和埃吉桑（Eguisheim）这样的小城镇闲逛，这里到处都是手工家具、精致的蕾丝头饰和看上去像是从代尔夫特进口的青花陶瓷。在孚日山脉的高处，我徒步走到美丽的圣奥黛尔（Saint Odile）修道院，这是一座建在林木环绕的罗马堡垒废墟之上的修道院。在距斯特拉斯堡以南的莱茵河10英里的科尔马（Colmar），我惊讶地发现了一座著名雕像的四分之一大小的复制品，即当地居民弗雷德里克—奥古斯特·巴托尔迪（Frédéric-Auguste Bartholdi）在世界的另一端建造的自由女神像。

不去周边城镇、村庄游览的日子，我迅速养成了一些日常例行的习惯：早晨起床后沿着莱茵河港区跑步；之后参观一个博物馆或者四处闲逛拍照；然后在余下的下午及夜晚时光，吃蛋糕、读小说。这一切有种难以言喻的颓废：一个英国人对法国生活的幻想。

但最终，我不得不停止大吃大喝，找点事做。肚子里塞满了古格霍夫蛋糕的我开始进一步探索，骑着自行车向东穿过斯特拉斯堡，前往莱茵河。清晨，街上一片寂静。浓雾笼罩着这座城市，能见度大约在100米。在斯特拉斯堡港的边缘，我能辨认出一些起重机和仓库。和莱茵河上的许多城市一样，斯特拉斯堡虽然离海有数百英里远，但这并不影响它建设一个相当大的港口，这里每年有40多万个集装箱的吞吐量以及70多万名游船乘客。

历史上，阿尔萨斯河流域也是重要的采矿中心，这里富含大量铁矿石和铝土矿，也盛产石英岩状晶体的闪亮卵石。这些玻璃状的石头与钻石有几分相似，但非常便宜，因此作为珠宝和舞者服装的点缀品而大受欢迎。不过，18世纪70年代，法国人乔治·弗里德里希·斯特拉斯（Georg Friedrich Strass）在离斯特拉斯堡莱茵河不远的地方工作时发明了一种方法，将这些宝石与软金属混合，在背面加上反光箔，这样能让它们更闪亮。随着时间的推移，技术进步到了可以完全人工制造石头的地步，河边的岩石采集生意也随之消失。与此同时，这些假水晶在全球大量生产，受到猫王（Elvis）和多莉·帕顿等低调服装师的喜爱。莱茵河的纽带消失了，但闪闪发光的河石的最初名称却保留了下来：莱茵石[1]。

我继续往东走，穿过一缕晨雾，朝边界走去。和很多边境地区一样，在法国境内的最后一个定居点也有点虎头蛇尾：廉价的旅馆、加油站和咖啡馆，试图吸引路过的卡车司机吃最后一顿法国餐。这里几乎没有什么痕迹能显示此地曾长期存在紧张局势，除了一块纪念最近一次战争的纪念碑外，就只有一辆修复后的法国坦克，不协调地停放在雷诺和雪铁龙之间。

然而，河上的那座悬挂在两座钢拱下，长长的白色拱形桥却给人留下了深刻的印象。我骑着自行车来到桥中央，停了一分钟，享受着处在法国莱茵河和德国莱茵河中央的感觉。往东100米左右，德国城镇凯尔完全被雾笼罩。一位上了年纪的妇女带着买的东西大步走过，我礼貌地用法语祝她"早上好"。她简短地用德语回答道："早上好。"

我记得就在这里附近，一个名叫玛丽亚·安东尼亚（Maria

---

[1] 莱茵石又名水钻。——译者注

Antonia）的十几岁哈布斯堡皇室公主在 1770 年象征性地换上盛装，过河进入法国，准备嫁给法国国王路易十五的孙子，这是奥地利和法国王室之间的一场伟大联姻。年轻的玛丽亚把她心爱的哈巴狗莫普斯留在了河的东岸，但却在历史书中赢得了一席之地，还获得了一个新名字：玛丽·安托瓦内特（Marie Antoinette）。

这座桥最近一次吸引全世界的注意是在 2009 年。当时，作为北约峰会行程的一部分，安格拉·默克尔带领世界各国领导人步行穿过这座桥，其中包括美国总统巴拉克·奥巴马、英国首相戈登·布朗（Gordon Brown）和荷兰首相扬·彼得·巴尔克嫩德（Jan Peter Balkenende）。半路上，法国总统尼古拉·萨科齐（Nicolas Sarkozy）与这群形形色色的人进行了一次尴尬的合影，然后他们继续步行进入法国。在威斯敏斯特的竞选总部看电视时，我本以为这是一个了不起的标志性时刻，可却被西尔维奥·贝卢斯科尼（Silvio Berlusconi）打破了，他让安格拉·默克尔一个人在铺着红地毯的河岸上等着，而自己去打了一个长长的电话。贝卢斯科尼因缺乏礼貌而受到舆论严厉批评，但这与他之前在类似场合的表现相比已经有所改善了，他曾经当面称赞奥巴马的皮肤美黑得不错。

穿过桥来到德国，我骑了一小圈穿过凯尔。小镇在晨雾中出奇地寂静。这里的建筑看起来比对面的法国更时尚、更现代，但除此之外，几乎没有什么迹象表明我已经进入了另一个国家。就如同在阿纳姆附近的荷德边境一样，这里根本没有海关柜台或是国旗；只有一个小标志解释了德国的速度限制，再一次印证了这里是德国。在我打算再次开始吃香肠之前，我很快又回到了法国。

斯特拉斯堡周围的边境地区并不总是那么和平。第一次世界大战后，该地区（现在又回到法国控制之下）仍然是一个热点。20 世纪 20 年代末，当法国人沿派遣来自法属非洲殖民地的黑人士兵驻扎莱茵河，以强烈抗议德国右翼民族主义者所谓的"莱茵河上的黑人恐怖"时，德国人吓坏了。在《我的奋斗》一书中，希特勒写到"莱茵河上黑人的血液流入所造成的污染"，并荒谬地声称这是"用劣等血统的血液感染白人"的阴谋的一部分。在英国，反德情绪迫使德国牧羊犬改名为阿尔萨斯狼狗。[1] 与此同时，法国对该地区严加控制，驱逐德国移民，关停德语报纸，开办法语学校。

1936 年，由于渴望占领更多领土，并急于分散国内对其他危机的注意力，希特勒突然将莱茵兰地区重新军事化，派遣军队和武器进入一个仍被认为是中立缓冲区的地带。当第二次世界大战真正开始时，阿尔萨斯遭到纳粹的入侵，并为一位名叫瓦格纳的德国军官所控制。1940 年夏天，斯特拉斯堡被德国占领，遭到了严重的烧杀抢掠，并被重新命名为一个日耳曼化的名字——斯特拉斯堡（Strassburg）。犹太人被围捕和驱逐出境，4.6 万人被带到孚日的集中营。一小队希特勒青年团烧毁了斯特拉斯堡的犹太教堂，其他人则将德国犹太人的名字从旧的战争纪念碑上抹去。在整个斯特拉斯堡地区，一些当地人勇敢地抵抗，违法收听 BBC 广

---

[1]　2010 年，养犬俱乐部投票废除了"阿尔萨斯"这个名字，这意味着这个品种唯一的官方名字再次变成了"德国牧羊犬"。

播，策划对纳粹巡逻队的手榴弹袭击，但占领者是残酷和偏执的。正如历史学家约翰·斯威茨（John Sweets）后来所写的那样，纳粹"认为法国人可能会把善良误解为软弱"，因此"野蛮而残忍，成功地使民众陷入巨大的恐惧中"。1941 年，斯特拉斯堡大学重开，教职人员包括奥古斯特·赫特[1]教授，他对囚犯进行芥子气实验，还收藏了向奥斯维辛预定的 86 具人体骨骼。

1941 年，在利比亚的战斗中，法国将军菲利普·勒克莱尔（Philippe Leclerc）承诺，在法国三色旗飞过斯特拉斯堡大教堂上空之前，他的士兵不会放下武器。四年后，在 1945 年 11 月，由勒克莱尔指挥的法国坦克和吉普车冲过斯特拉斯堡的街道，向纳粹士兵扫射，夺取了莱茵河上重要桥梁的控制权。法国国旗在大教堂上空冉冉升起。古代建筑上挂起了横幅，上面写着"Il y a deux choses éternelles: la France et notre fidélité"——有两样永恒的东西：法国和我们的忠诚。当地的孩子们跑到街上欢迎到来的法国和英国士兵，比起和平的前景，他们更喜欢解放者递给他们的激动人心的外国糖果。"我们从来没见过这样的糖果。"一个人后来这样说。

于法国人而言，斯特拉斯堡的解放是多年屈辱之后的一个自豪而盛大的时刻。然而，重建阿尔萨斯的挑战却非常艰巨。战胜国再次为如何分配战利品而争吵不休，这不可避免地令人回想起

---

[1]　奥古斯特·赫特（August Hirt）是德国的解剖学家，发明了落射荧光显微镜。为了"在科学意义上"证明雅利安是更高等的人种，他曾收藏一百余具犹太人尸体，移除血肉，留下躯干。——译者注

以往战争结束后发生的事件。第二次世界大战后法国领导人戴高乐决心规避任何可能被视为削弱法国实力的结果，无论是在实际规模上还是在地缘政治实力上。他提议将莱茵河左岸从德国分离出去，不仅让法国人（或他们的客户）控制阿尔萨斯，还包括部分黑森州和萨尔州。"正因为我们不再是大国，我们才必须有大政策"，戴高乐说，"因为如果我们没有大政策……我们将什么也不是"。

戴高乐没有得到他想要的所有东西，但最终阿尔萨斯还是再次回到了法国手中。莱茵河东岸的凯尔，在法国的统治下度过了几年，但绝大部分时候，战后欧洲的国界已成定论：阿尔萨斯属于法国，而阿尔萨斯—莱茵河则是法国与德国的国界——一条既将两个国家分隔又将它们永远维系在一起的流动边界。

回到斯特拉斯堡，我又一次丢下自行车，步行到城市里最古老的地方——小法兰西。蜿蜒的街道就像情人节时的埃菲尔铁塔一样拥挤，但小法兰西无疑是壮观的，是那种被妥善保护、不可能拍出难看照片的地方。最精彩之处在于一个令人惊叹的宽阔盆地：那是河流的一个汇合处，巨大的石坝平行于一座古老的桥，桥上有三座雄伟的塔。我爬上了石坝的顶端，一对新人正在这里被婚礼摄影师指挥着拍照。这是我离开海岸以来看到的最美的景色之一：一池碧水，石桥和石塔，在这后面是地平线上大教堂的红色塔尖。我尚在路德维希港以南不到 100 英里处，但斯特拉斯堡给人的感觉不只是另一个国家，而是另一个大陆。

越过屋顶向南望去，我惊奇地看到一只白色的大鸟飞过。那是一只鹳。鹳一直是阿尔萨斯的重要象征，在斯特拉斯堡随处可见：钥匙扣、T恤、路标和餐馆菜单上都能看见它的形象。1888年，《科学美国人》（*Scientific American*）杂志报道称，有人在斯特拉斯堡及其周围看到了数十只鹳，称这种鸟"几乎与朱鹮在古埃及的地位一样，受到阿尔萨斯人的崇敬"。然而到了20世纪70年代，因为受猎人、农药、电线的威胁，这种鸟在莱茵河沿岸已经变得很罕见了。人们一度认为在阿尔萨斯只有不到10对鹳了。不过，一项育种计划和筑巢倡议取得了巨大的成功。到2015年，据估计约有600对鹳在该地区栖息，白鹳再次成为莱茵河沿岸的一处风景。就像阿尔萨斯回到法国一样，鹳鸟也回到了阿尔萨斯。

鹳并不是唯一有时身份似乎不确定的事物。尽管法国当局提出了让阿尔萨斯深深融入法国民族文化的宏伟计划，但对阿尔萨斯人而言，这种与世隔绝的感觉从未真正消失。虽然大多数阿尔萨斯人坚称自己是法国人，但也有少数人认为自己是德国人。也有一部分人则坚持认为他们是完全不同的人：骄傲、独立的阿尔萨斯人，理应属于一个"自由的阿尔萨斯"。

多年来，由于经济繁荣，分离主义逐渐减弱：阿尔萨斯稳固地归属于被法国人称为"蓝香蕉"的沿莱茵河向北延伸至北海的繁荣地带。然而，在20世纪80年代，阿尔萨斯的经济衰退导致分离主义死灰复燃。20世纪90年代和21世纪初的调查显示，当被问及身份时，约四分之一的阿尔萨斯人回答的是"阿尔萨斯"，而非"法国"。分离主义政党变得越来越受欢迎，包括从让－玛丽·勒庞（Jean-Marie Le Pen）的国民阵线（National Front）分裂出来的右翼分子创建的阿尔萨斯第一党（Alsace d'Abord）。

与巴斯克人或北爱尔兰人相比，阿尔萨斯人的民族主义相当温和——汽车炸弹或汽油炸弹没有在这里的河岸上留下疤痕。阿尔萨斯第一党未能在国民议会赢得席位，阿尔萨斯也不太可能很快获得独立。然而，法国当局努力在不助长分离派的气焰的同时，寻找支持阿尔萨斯的发展和文化之间正确的平衡。和许多处于民粹主义边缘的人一样，第一党人善于抢占头条新闻，并经常在地方和地区选举中出色表现。他们也受益于有关精英阶层对该地区态度的定期争议，比如 2011 年，法国总统尼古拉·萨科齐在阿尔萨斯发表演讲时，说出了一句不可原谅的话"我在德国"。

其他民粹主义者也发现，在边境地区，指责欧洲一体化和德国统治往往很管用。在 2017 年的总统选举中，玛丽娜·勒庞（Marine Le Pen）迅速成为阿尔萨斯的骄傲，宣称新行政区大东区[1] 是一个"没有历史、没有灵魂、没有意义"的"乳齿象"。"我要把阿尔萨斯还给你们！"她承诺道。在第一轮选举中，她轻松地在下莱茵省和上莱茵省的民意调查中名列前茅。然而，总体而言，阿尔萨斯的分离主义正在减弱，即使苏格兰和加泰罗尼亚的分离主义正在蓬勃发展。当我四处旅行时，与我交谈的人都为自己的阿尔萨斯身份感到骄傲，但同时也强烈认同自己是法国

---

[1] 2016 年，法国本土的 22 个大区合并为 13 个。其中大东区（Grand Est）由原有的香槟—阿登、洛林、阿尔萨斯三区合并而成。——译者注

人，对破坏现状没什么兴趣。"我来自阿尔萨斯，但我也来自法国。"我在科尔马附近遇到的一位中年自行车手解释道。"至于德国人……好吧，我们现在都是欧洲人。除了你们英国人！"

在斯特拉斯堡的最后一天，我又一次离开了小城，沿着河流奔向欧盟地区。和布鲁塞尔一样，在斯特拉斯堡随处可见欧盟机构及其附属机构。有轨电车停靠站叫"人权"之类的名字，每座建筑都有一个名称缩写的组织，旨在敦促欧盟在乳制品、痴呆症或数字化方面出台更好的政策。在小城周围，标语牌用令人费解的蹩脚英语解释斯特拉斯堡作为文化十字路口的持续作用：一块写着"常规夫妇，不寻常的故事：法国和德国"；还有"放眼望万物，脚跨莱茵河：一项国际事业"。

慢跑了半小时左右，我到达了目的地，一个巨大的水上十字路口，伊尔河在这里分成四路。在我的左边是一个巨大的玻璃和金属建筑，大小和形状都像一个足球场：欧洲议会。它在阳光下闪闪发光，仿佛一堆等待清洗的银盘子。我走近大门，想从外面往里看，但被制止了，一名女警卫解释说，尽管写着德法双语的"欢迎"的巨大标志，但在这个时候我肯定是不受欢迎的。回想起来，我也许应该隐藏我的英国口音。

欧盟在斯特拉斯堡设立总部并非偶然。欧盟计划是在第二次世界大战的废墟中诞生的，很明显（正如温斯顿·丘吉尔所言）"重建欧洲大家庭的第一步一定是建立法国和德国之间的伙伴关系"。幸福的婚姻最初看起来毫无可能。法国外交官弗朗索瓦·赛杜（Francois Seydoux）将新西德描述为一个"未知的国家……我们不知道它是昨天的敌人，还是明天的朋友。"欧盟的设计师之一罗伯特·舒曼（Robert Schuman）在访问波恩时检阅一个荣誉卫队，据说他注意到德国士兵穿着厚橡胶底的新靴子。"天哪！"据说他喊道："下次我们就听不到他们来了！"

　　然而，向心力将两国推到了一起。1950年，虽已下台，但仍受到法国人尊敬的戴高乐，曾大声质疑莱茵河是否可能"成为欧洲人联合起来的道路，而不再是他们继续相互战斗的壕沟"。外交上的关键突破出现在1950年的春天，让·莫内（Jean Monnet）撰写的一份备忘录提出了一个逐步取消贸易壁垒和降低关税的宏伟计划。在现代人听来，该计划的官方名称——欧洲煤钢共同体——听起来像是一场特别乏味的贸易晚宴的主题。但在当时，这个想法是革命性的：五年前处于战争状态的两个国家如今将创建一个统一的煤炭和钢铁市场——正是这些产品助长了此前几次灾难性的冲突。这标志着一个漫长的一体化进程的开始，通过这一进程，欧洲政治将不再是一场零和游戏。布鲁塞尔将成为新联盟的中心之一，而另一个中心则自然而然会是斯特拉斯堡，一座法德融合的城市，就像羊角面包配德式土豆沙拉一样。

　　我继续小跑，所沿的路线标有"欧洲之路"的名称，与各个机构之间的河流纵横交错。慢跑的路上，我看到了欧洲议会、欧洲法院、欧洲人权利法院、欧洲学院。在议会大厦附近，起重机正忙着啄食一片荒地，河岸上堆满了石头、沙子和瓷砖。尽管英国脱欧，但欧洲官僚机构显然仍然在增加。在人权法院外，我停下来阅读由抗议者钉在河边围栏上的各种标语。有些非常感人

（"我的签证真的需要帮助"），另一些，礼貌地说，完全是疯了（"托尼·布莱尔割了我的喉咙，并把我伪装成自杀"）。

钉标语牌的疯子并不是唯一被斯特拉斯堡的情况惹恼的人。在我的家乡英国，这个城市的名字已经成为官僚主义和无能的代名词。"要是我们能摆脱斯特拉斯堡就好了。"《每日邮报》哀叹道。特别值得一提的是，这座城市因所谓的"斯特拉斯堡大穿梭"（Strasbourg Shuffle）而在疑欧派[1]圈子里声名狼藉——每月有数百名欧洲议会议员和他们的工作人员乘坐私人包车从布鲁塞尔前往斯特拉斯堡，在那里工作四天，然后再返回北方。这很容易成为疑欧派的攻击目标，每年要花费（取决于你相信哪一份报纸）9300万英镑、1.3亿英镑、1.5亿英镑、3亿英镑、9.28亿英镑、13亿英镑或20亿英镑。"英国工人每天都在为这个荒谬的虚荣心工程花大把大把的钱，而这个工程的设立只是为了安抚法国受伤的自尊心"，《每日快报》义愤填膺道。与此同时，其他记者则对"欧共体快车"（Eurocrat Express）向敢于在火车上睡觉的旅客提供"眼罩和毯子"感到愤怒。

毫无疑问，这么大费周章确实有些滑稽可笑，但在斯特拉斯堡和凯尔周围旅行时，很难不对过去的敌对状态深受震动。每天都有成千上万的人过河去工作和娱乐，其中包括去经济状况更健康的德国寻找工作的法国人，还有被更美味的食物和更便宜的房子吸引到西岸的德国人。一家法德电视台用两种语言在斯特拉

---

[1] 疑欧派是反对欧洲一体化的派系称号。——译者注

斯堡播出，有轨电车在河上来回穿梭。在莱茵河熊熊战火燃起的七十年后，法国和德国之间发生战争的可能性就像只吃一片品客薯片一样：理论上是可能的，但几乎可以肯定永远不会发生。

在政治上，这两个昔日的敌人如今已然深度融合，而共同的货币和央行，使两国经济也像河上拴在一起的驳船一样，一前一后地运行。一个法德旅联合了来自两国的陆军部队，而被蹩脚地命名为"欧洲军团"（Eurocorps）的联合军事部队则在波斯尼亚和阿富汗等热点地区部署了法德士兵。

然而，细心的观察者会发现，法德之间的紧张关系显然没有完全消失。这种紧张关系的部分根源在于经济。德国人口仅比法国多20%，但其经济规模却比法国大45%左右。这两个邻国之间的经济纽带错综复杂，但并不平衡：2016年，法国出口产品中有16%销往德国，但德国向法国出口的产品仅占其总出口产品的8%。简言之，相较于德国对法国的依赖，有更多法国人的生计依赖于德国人。

法国和德国的经济运行方式也截然不同。这个问题早已被反复讨论得支离破碎，但公平地说，尽管德国的亲商政策令达沃斯（Davos）[1] 与会者欢欣鼓舞，但法国政策制定者的行为方式，往往可能让亚当·斯密（Adam Smith）在坟墓里气得辗转反侧。20世纪末，法国的政府支出水平与德国大致相当，但十五年后 [正如乔纳森·芬比（Jonathan Fenby）所言]，"莱茵河以西比东部高出

---

[1]　指世界经济论坛，由于首次在瑞士小镇达沃斯举办，所以日后也称其为"达沃斯论坛"。——译者注

10个百分点"。法国总统不时承诺要对养老金和工作时间进行大胆改革，但面对工会的动荡局面，他们几乎总是犹豫不决，认为不值得为此费脑筋。对德国人来说，（《明镜》周刊抱怨道）"自由贸易、市场经济和自由主义在法国似乎常常是骂人的话"。

与此同时，法国对德国崛起并主导欧洲大陆政治舞台的方式感到有些不安。欧盟基本上是在一项重大交易的基础上建立起来的：法国将承认德国的经济霸权，以换取继续享有政治超级大国的地位。但随着法国的衰落和德国的繁荣，事情并没有朝着这个方向发展。一个旨在让德国人安分守己的体系最终却让他们坐上了驾驶座。法国极左和极右势力在很多事情上意见不一，但反德情绪是双方难得达成一致的共识。2017年，社会党总统候选人让-吕克·梅朗雄（Jean-Luc Mélenchon）认为，德国"再次成为（一个）危险（的国家）"，因为它的"帝国主义"；而玛丽娜·勒庞称，法国总统已被降职，只相当于德国欧洲的"副总理"，"(德国)法兰西省省长"。在去巴黎和斯特拉斯堡的旅途中，经常听到关于"franc fort"（坚挺的法郎）如何被"Frankfurt"（法兰克福，制定欧洲货币政策的德国城市）取代的尖刻笑话。

在我本次莱茵河旅行的几年前，也就是欧元危机期间，紧张局势达到了巅峰。法国人通常对那些陷入困境的国家表示同情，而对那些可能破坏福利国家的紧缩政策持怀疑态度。然而许多德国人并不这么认为。在叙利亚难民危机问题上，默克尔似乎与主流舆论严重脱节，但在此之前，在希腊债务问题上，她与公众舆论完全一致。对很多德国人来说，通货膨胀是一种诅咒，债务是不惜一切代价都要避免的。股市被视为一个不守规矩的赌场，为未来储蓄不仅在财务上是明智的，而且是表明一个人拥有良好的道德指南针的明确象征。在东德、西德重新统一之后，许多人也产生了一种根深蒂固的信念，即各国在道义上有义务做出经济牺牲，以换取政治利益。政客们赢得选票，不是靠承诺更自由的支出，而是承诺追求传说中的"黑零"（schwarze null）——即预算支出与收入完全匹配的点。长期以来，强劲的德国经济一直是民族自豪感的源泉，紧缩政策通常被视为一种自然状态，而非紧急措施。"不是所有德国人都相信上帝"，雅克·德洛尔（Jacques Delors）曾说，"但他们都相信德国央行"。在这种情况下，很多德国人和荷兰人一样，将救助希腊等国视为一个道德问题。默克尔说，全球经济衰退，"是因为其他国家并没有效法德国"。救助只会让事情变得更糟。"我们不会用再给酒鬼一瓶杜松子酒的方式来帮助他。"她的一位盟友如是说。

在一系列疯狂的欧洲峰会之后，遭受重创的国家最终得到了救助，但代价是沉重的：它们必须重塑自己的形象，更加努力地工作，增加产出，减少支出。随着来自柏林和法兰克福的身着深色西装的审计师被派往雅典和都柏林，"德国人来了"在一个世纪里第二次成为令许多欧洲人感到恐惧的短语。在希腊，抗议者挥舞着纳粹党徽，还通过修图软件制作了默克尔身穿纳粹制服的照片。德国人孜孜不倦地努力让古老的幽灵安息，自然对旧时偏见的重现感到震惊。与此同时，许多法国人对德国与希腊的态度感到失望。据报道，一名年轻的法国部长因抗议德国强加的等同于另一份《凡尔赛条约》的条件而被默克尔阻止参加希腊救助谈判。他的名字叫埃马纽埃尔·马克龙（Emmanuel Macron）。

我在斯特拉斯堡小住期间，感谢这位法国人埃马纽埃尔·马克龙，法德关系处于高潮。作为法国总统，马克龙很快就把默克尔称为他最强大的外国盟友，并为法国经济自由化和加强欧盟的力量制定了大胆的改革议程。在他就任总统初期的一次德国之行中，他宣布他的主要目标之一是"恢复法国在德国人眼中的信誉"。对一些人来说，马克龙的自信和雄心暗示了一个耐人寻味的逆转——多年来第一次，最重要的欧洲人可能不是德国人，而是法国人。然而，法国的改革仍然是承诺比实现更容易，一些旧的跨境紧张关系仍然存在。德国《时代周报》（*Die Zeit*）在报道马克龙在大选中获胜时，其标题只有一个问题："我们应该为法国买单吗？"去柏林时，经常能听到德国政策制定者支持大西洋主义者的观点，即马克龙的大胆计划注定要失败，而法国是一个终将走向衰落的国家。"法国人正走向失败"，德国联邦议院的一位政治顾问曾对我说，"他们需要控制经济，但没有人能进行艰难的改革"。另一位则直言不讳："他们的国家象征是公鸡，这很恰当。它叫声响亮，但从不下蛋。"

法国人自然对这种言论感到不快，他们觉得自己哪怕只是对彼尔德伯格正统观念表达温和的异议，也会被不公平地单拎出来。一项调查发现，只有5%的德国人表示不信任法国人，而有14%的法国人表示不信任德国人。与此同时，德国人对法国的态度少了一点苦恼，多了一点傲慢。与英国人一样，德国人倾向于将法国人视为出色的主人、厨师和晚餐客人，但却不认为他们是出色的商业伙伴。近四分之三的德国人认为，法国人不应该因为他们是邻居而得到特殊照顾。

作为一名英国人，我发现一些事实是显而易见的，如法国比莱茵河对岸的邻国德国更麻烦，历任法国总统的卖弄和不幸与德国总理钢铁般的效率形成了鲜明对比；又如一些奇怪的法国政治文化——带刺的民族自豪感，对非洲法语区的着迷——作为一个小弟而决心去证明，不管任何人说什么，他们都和德国人一样强大而重要。和英国人一样，法国人失去了一个帝国，但仍未找到新的角色。

离开光线变暗的议会，我沿着河慢跑回斯特拉斯堡。日落时分，老城区已经华灯齐放；古老的联排别墅倒映在河上，就像镜子上的娃娃屋。这是我在法国的最后一晚，我打算去小法兰西的一家高级餐厅吃一顿美味的阿尔萨斯晚餐。然而，在去那里的路上，我遇到了一位70岁左右的老人，他正要在寒冷的街道上过夜，一边小心翼翼地铺开他的泡沫垫子，一边拍着他当枕头用的报纸。这是一幅令人绝望和悲伤的景象，所有关于欧洲进步、统一以及莱茵河带来的繁荣的谈论突然显得相当空洞。我把原本打算花在三肉什锦锅上的大部分钱都给了他，然后去吃了个披萨。

第四部分

瑞士、奥地利和列支敦士登

第 11 章

要塞国度：瑞士与阿尔卑斯边缘

清晨 6 点，河水冰冷刺骨。瑞士城市巴塞尔以允许人们在莱茵河游泳而闻名，我一直很期待到这里畅游一番，但很快发现这个念头似乎很糟糕。前一天晚上从法国抵达这里，我看到几个人在河里游泳，抓着像气球一样的特制防水包，里面装着自己的衣物，快乐地顺着水流漂流。然而，当我去买包的时候，发现它们（就像在瑞士的其他东西一样）非常昂贵。因此，我想出了一个低成本的替代方案，用三个遛狗时用来捡宠物粪便的黄色塑料袋来代替。我把 T 恤、鞋子和袜子塞了进去，紧紧地打了个结，用一条旧鞋带将它们绑在一条胳膊上。然后，在石阶上犹豫了一会儿，颤抖着，跳进了水里。

我的"防水"遛狗袋很快就装满了水，而且河水的温度更接近波罗的海，而非地中海。不一会儿，我的手指就冷得动不了了，我只能像狗挖洞一样，虚弱地划着水。幸运的是，景色弥补了寒冷。这条河弯弯曲曲地穿过巴塞尔的中心，就像一道峡谷将这个城市一分为二。在我的右边，一排宽阔的石阶通向一条宽绰的林荫大道。在我的左边，古老的联排别墅像海崖一样耸立在水面上。尽管是在市区，河水却是青绿色的，清澈美丽。当我将头浸入水中时，即使不戴护目镜，也能看到几十条小鱼。城市寂静无声，水流湍急——即使我麻木的手臂可怜地拍打着河水，也能轻松地超过一个沿着河岸快速奔跑的跑步者。我一度担心，如果我不集中注意力，我可能会在阿纳姆吃早餐。

在我所经过的一些莱茵河城镇里，这条河似乎无人问津。例如，在沃尔姆斯，莱茵河曾经可能是一条重要的商业动脉，但现在却沦为城市边缘的一个次要消遣地，就像一片池塘潜伏在杂草丛生的花园尽头。然而在巴塞尔，情况恰恰相反。在这里，莱茵河是城市的命脉；它是城市居民休闲、往来的主要通道，给城市带来了繁荣。

巴塞尔[1]坐落在所谓的莱茵河膝头；这条河沿着南北向的纵轴线穿过法国和德国，至此急转并向东上溯，沿着瑞士和德国的边境线向博登湖延伸大约 100 英里。从这里逆流而上，莱茵河迅速变窄，波涛汹涌，更清新，更寒冷；最终被瀑布打断，被融雪淹没。结果，巴塞尔成了莱茵河河岸上最后一个真正的大城市，在一个大多数货船掉头返回鹿特丹的地方，像我这样鲁莽的游泳者基本上是独来独往的。我迅速向下游划去，避开几只鸭子，警惕地盯着岸边，尽量不去想我在河上看到的那些大标语："在莱茵河洗澡

---

[1]　即使按照莱茵河多国语言混合的标准，这个城市的名字也会让人感到困惑。居住在那里的大多数人使用德语 "Basel"（读作 "Ba-zul"），但其他人使用意大利语 / 罗曼斯语 "Basilea" 或法语 "Bâle"。我一直坚持使用英国化的 "Basle"（读作 "Baal"）。

会有生命危险！"我游过的时候，一个流浪汉兴高采烈地举起一罐啤酒，朝我打招呼："早上好！"

　　和法国一样，瑞士的文化也没怎么受莱茵河的影响。瑞士人的生活方式不像荷兰那样受到无处不在的洪水灾害的影响，也不像德国人那样参照莱茵河上的神话和传说来定义自己的民族身份。与法国人不同的是，瑞士人近代以来没有在莱茵河上作战的历史，（据我所知）也没有特别著名的受莱茵河启发的诗歌或歌曲。

　　但是公平地说，几乎没有什么国家比瑞士更受地理环境的限制，这里有几十座海拔超过 4000 米的山峰，地形轮廓看起来就像一个赌徒的心率。瑞士更出名的可能是它的山脉，而非它的河流，但看看地图，很明显，作为一个内陆国家，这个国家数量惊人的边界是流动的——不仅指莱茵河，还有博登湖和日内瓦湖。作为莱茵河的源头，瑞士在河流污染等问题的辩论中发出了强有力的声音，而巴塞尔港帮助瑞士在经济上与法国、德国和荷兰建立了联系。作为瑞士北部的边界，这条河流也有助于加强瑞士作为一个坚不可摧的国家的形象。19 世纪的历史学家海因里希·乔克（Heinrich Zschokke）曾写道："莱茵河滚滚向前……（就像）城墙脚下的护城河，上帝就这样包围着我们的祖国，如同一座巨大的堡垒。"在所处的地理环境及其形成的孤立感和国际主义的共同作用下，瑞士人自身也深受影响：他们讲究实际，不胡言乱语，孤僻而世故，热情好客，却总是对世界上其他地方那些鲁莽的滑稽行为嗤之以鼻。

随着我向下游游去，巴塞尔很快变得不那么漂亮了。从水上看去，老城美得令人心碎，但大约 1 英里后，等我从一座现代高速公路桥下经过，情况开始变得非常不同了。古老的联排别墅被现代化的办公大楼、仓库和沉闷的企业园区所取代。起重机和筒仓像阅兵的士兵一样排列在水面上。再也看不到传统想象中的瑞士了。

单调的景色也反映了另一个重要事实：莱茵河主要影响了瑞士的经济而非文化。除了瑞士人自己，人们普遍认为，许多瑞士人成天数金条，纵容独裁者，而且通常以税务稽查员不会批准的方式赚钱。然而事实上，现代瑞士是一个高度工业化的社会。按附加值计算，瑞士目前的钢铁产量比荷兰或比利时高出 50% 以上，尽管其人口远少于它们，而且生产的产品从钢材到医疗设备无所不包。在一定程度上，其结果是，这个拥有四种官方语言、自然资源稀少的小国，变得富裕得惊人。2017 年，瑞士人均 GDP 约为每年 6 万美元，比英国或法国高出近 50%。正如一位导游所说："物理学定律告诉我们，大黄蜂是不会飞的。同样，根据经济规律，瑞士也不应该表现得如此优秀。"

当然，瑞士的经济奇迹并不完全归功于莱茵河。但正如巴塞尔周围脏兮兮的风景所展示的那样，这条河在帮助瑞士大黄蜂飞行上发挥了至关重要的作用。在城市周围，莱茵河为制造业和工厂提供了大量的水。在全国范围内，瑞士约三分之二的电力来自所谓的"白煤"，即水力发电。当然，这条河也是一条重要的"高速公路"，货物可以在这条河上进出口，在向北流去的强大水流运送下，从巴塞尔到荷兰角港只需四天的时间。在我访问瑞士期间，超过10%的瑞士进口商品是通过莱茵河运达的。"莱茵河"，就像巴塞尔港口当局喜欢说的，是瑞士"通向世界的大门"。

沿河而游，我轻快地经过了诺华（Novartis）的一幢大型办公大楼。诺华是瑞士一家大型制药公司，[和它的竞争对手罗氏（Roche）一样]在国外可能不是一个家喻户晓的名字，但它对瑞士的重要性几乎与大众和奥迪对德国的重要性不相上下。一些生产已经外包给了海外成本更低的地方：根据作家、化学家马丁·福特的说法，类似于山德士的泄漏将莱茵河变成红色的事情不会发生在今天的巴塞尔，因为"危险的生产已经外包给了印度和中国，而这些国家就是今天的（泄漏）可能会发生的地方"。然而，即使是在一个并不贫穷的国家，这个行业也是一个引人注目的成功故事。瑞士制药和化学公司每年总共出口价值约900亿美元的产品——相当于瑞士所有出口产品的三分之一以上——其中许多是用邮轮沿莱茵河运往鹿特丹的。瑞士科学家经常在巴塞尔工作，他们在研发抗艾滋病和抗癌药物、玻璃纸、维可牢（Velcro）尼龙搭扣和铝箔方面一直处于领先地位。最伟大的发明有时是偶然发现的，比如在1846年，一位名叫克里斯蒂安·舍恩拜因（Christian Schönbein）的瑞士化学教授在家里的厨房里做实验时，把硝酸和硫酸的混合物洒在了台面上。舍恩拜因用妻子的围裙擦去污渍，然后漂洗干净，挂在炉边晾干。当围裙突然起火时，他惊讶极了，而后他便意识到自己无意中发现了如何制造硝基纤维素，而硝基纤维素很快就成了世界上最受欢迎的炸药之一。（遗憾的是，后来有人尝试使用一种形式的硝基纤维素来制作台球，但由于台球在比赛中不断爆炸，不得不放弃。）一个世纪后，也就是20世纪30年代末，在巴塞尔的山德士实验室，一位名叫阿尔伯特·霍夫曼（Albert Hofmann）的年轻科学家有了一个更令人兴奋的发现。霍夫曼当时正从事一个合成药用植物中发现的化合物的项目，他无意中把手放在脸上，不小心吞下了少量的这种化学物质。"我躺下了，"他后来写道，"然后……能看到一连串不间断的奇异图画，形状奇特，色彩千变万化，变化万千。"他发现了迷幻药。

在莱茵河，游泳依然很美好，但我的四肢却越来越冷，冷得好像我永远都不可能有孩子了。我看到了一些禁止继续游泳的巨大标志牌，同时工业建筑不断增加，我的体温也直线下降，我想可能是时候上岸了。我爬上台阶，撕开沉重的塑料袋，穿上了湿透的衣服。

顺着一条沿河的生锈旧铁路线继续往北，我朝法国方向往回走去，身后留下了一串湿漉漉的脚印。几乎是在同时，我发现了在巴塞尔永远不会缺席的潮人区，河岸上到处是用乱涂乱画过的集装箱经营的酒吧和咖啡馆。我拿出湿漉漉的笔记本，以画在河滨集装箱墙上的涂鸦为素材收集一份时髦的英文涂鸦清单：停止对移民的战争；问题在于边界；做真实的自己——结婚吧。河流的北面看起来就像是杰里米·科尔宾（Jeremy Corbyn）的学生儿子可以待上一整天的地方。[1]

　　清晨，巴塞尔还很安静，但我遇到了几个嘲笑我湿透的样子的遛狗人，还有一个年轻女子坐在长凳上读加缪的作品。一艘大型化学品油轮从河上滑过，我惊讶地看到船边挂着横幅，宣传一家荷兰会计师事务所和一家游艇租赁公司在弗里斯兰的业务。在附近的河岸上，一辆挂着荷兰牌照的卡车背后画着一张地图，上面显示着荷兰和瑞士之间的卡车路线，还有一张修过的图片，上面是一只黄色木屐漂浮在一个阿尔卑斯高山湖上，还有一句让人半信半疑的口号："瑞士的精准就是我们的成功！"

　　过了一座小桥，我听到一声突然的大喊，赶紧往后退，以免被一列货运列车压扁，一个穿着荧光工作服的司机从车窗探出来愤怒地向我挥挥手。我停止了胡思乱想，意识到自己已经来到了巴塞尔港的边缘，一堵由集装箱和起重机组成的"长城"围绕着小小的港口。在水边的墙上，多语言的涂鸦几乎和我在杜伊斯堡港口看到的一模一样。这是对被遗忘已久的船只、水手和家乡五彩斑斓的证明："诺伊斯"（Neus）、"克莱斯帕莫"（Crespamo）、"霍尔科"（Holko）和"阿米迈德"（Ahmemad）。与鹿特丹港相比，巴塞尔港显得微不足道——巴塞尔港每年的货物吞吐量近 700 万吨，而鹿特丹港每年的货物吞吐量近 5 亿吨——但考虑到它是一个内陆港口，这个数量仍然很可观。神奇的是，巴塞尔也是瑞士商船队的大本营，瑞士商人将悬挂瑞士国旗的船只从其内陆总部

---

[1]　杰里米·科尔宾是英国现任工党领袖，他有三个儿子，此处的"学生儿子"是指他的二儿子塞伯，毕业于剑桥大学，现积极从政。——译者注

派往世界各地。

就像很多莱茵河城市一样，作为一个贸易中心，巴塞尔有悠久的历史。尽管地处内陆，但几个世纪以来，这座城市一直受益于其令人羡慕的地理位置：它位于讲法语的欧洲和讲德语的欧洲之间的断层线上，靠近阿尔卑斯山脉重要通道的北端，直接面向河流。在 13 世纪，它的中央大桥（Mittlere Brucke）成为步行或骑马贸易的一个关键的交叉点，一种名为劳塔内（Lauertanne）的像独木舟一样的船被用来将货物顺流而下运送到荷兰，然后自己也被分解成木材出售。到了 15 世纪，巴塞尔已经比斯特拉斯堡和法兰克福都要大，而且正逐渐成为瑞士最富有的城市。

一开始，船运对这座城市的作用受限于莱茵河水流简单的动力学：在只有帆船和马力的年代，人们只能顺流而下。然而，在 19 世纪，蒸汽动力的出现使轮船能够咔嚓咔嚓地迅速逆流而上到达巴塞尔，也能顺流而下离开巴塞尔。城市的码头扩大了，生意也兴旺起来。与荷兰人一样，瑞士人也是精明的推销员——在 19 世纪 60 年代，来自瑞士冰川的冰被布包裹起来，运到北方的大城市，那里的高档酒店会高价出售用阿尔卑斯山的冰冰镇的饮料。城市在发展，银行账户也在增长。到 19 世纪 70 年代，外国观察家给巴塞尔起了个外号："瑞士百万富翁之城"。

走了几分钟经过港口，到了我一直想去的地方：三国国境交界处（dreiländereck）。就在这里，三个莱茵河国家（瑞士、法国和德国）的边界交汇于河中央的一个点上，靠近一个人工支柱的尖端，它伸入水中，如同一头搁浅的鲸鱼的鼻子。我一直走到最后，路过一个指示到达的邮轮旅客申报进口物品的牌子。作为一个出生在岛国的人，我发现，如果我的胳膊足够有力，就可以把球投到三个不同国家中的任何一个，这也太了不起了。

一个带着小狗的友善的男人看到我在拍照，就停下来和我聊了一会儿。不幸的是，我发现自己听不懂他那北欧风格的唱歌口音，他也听不懂我那大喊大叫的英式德语。[1] 我们站在那里傻笑着互相点头，直到他会说英语的妻子来了，并仁慈地提供了一些翻译。"莱茵河干净得可以在这里游泳吗？"我问，这时离我游完泳已经过了大约一个小时了。"是的"，她回答，"这是阿尔卑斯山的水，所以很干净。事实上，人们说它干净得可以喝。但是他们也说里面有有害的化学物质，所以我自己不会喝。实际上，我也不确定我是否会在里面游泳"。

我朝市中心往回走，经过一座通往老城的桥。现在还是很早，但城市已经开始慢慢苏醒，河畔的咖啡馆坐满了吃早饭的人，河里也满是朝下游赛艇的划船者。一个女孩儿在人行道上侧手翻着跟斗，她母亲叫她别翻了，因为把手弄脏了。不远处，一个乔装打扮的小丑正在为一群开心的孩子吹着泡泡。一条巨大的棕色拉布拉多犬奔跑着穿过马路抢到了一个泡泡，却收获了满嘴的肥皂水和空气，惊讶地吠起来。

我已经断定自己非常喜欢巴塞尔，甚至超过对斯特拉斯堡

---

[1] 瑞士是一个著名的多语言国家。大约三分之二的瑞士人说德语，五分之一的瑞士人说法语，其余的瑞士人说意大利语、罗曼语和其他语言。

的喜欢。它小到足够迷人，大到足够有趣。我决定在这里多待几天，于是，凭借智能手机的魔力，我在几分钟内就在黑森林大桥（Schwarzwaldbrücke）附近租了一间小公寓，并下定决心要花几天时间吃上大量的奶酪火锅（fondue）。[1]

当地政府之所以宣传巴塞尔是一个旅游胜地，是因为它具有"地中海风情"，而且"每年有多达 300 天的日照"。"多达"这个词我听起来有点可疑，但天气确实很暖和，人们似乎习惯于在室外的河岸上闲逛，这是在曼海姆等地没有过的。令我欣慰的是，这个城市也没有科隆、斯特拉斯堡或阿姆斯特丹那么吸引游客。老城区保存得非常完好，没有什么明显的大规模旅游迹象，也没有导游拿着彩色的塑料桨在空中挥舞，就好像他们是在拍卖一样。在四五天的闲逛中，我没有看到任何人在自拍。

作为一个低海拔的边境城市，巴塞尔不可避免地比瑞士偏远的山区城镇更具有流动性。一些早期的游客很失望地发现瑞士的文化被它的邻居冲淡了——一位 19 世纪的旅行者抱怨道："巴塞尔没有瑞士的东西。"如今，在一个并不以浮夸著称的国家，巴塞尔被认为是一个相对国际化的地方，这里有热闹的狂欢节、世界著名的艺术博览会，还有令人生疑的现代雕塑，它们像掉落的玩具一样随处可见。与阿姆斯特丹一样，长期以来巴塞尔一直吸引着作家、艺术家和科学家，它也曾是人文主义和宗教改革的中心。这座城市的大学接待了包括丹尼尔·伯努利（Daniel

---

[1] 它的名字来自法语动词"fondre"，意思是"融化"，可惜，而不是因为它好玩（fun）。

Bernoulli）和莱昂哈德·欧拉（Leonhard Euler）在内的数学家，以及在巴塞尔居住多年的画家小汉斯·荷尔拜因（Hans Holbein The Younger）。卡尔·荣格（Karl Jung）也在巴塞尔进行过研究，当他试图说明他的"同态性"理论以解释明显的随机巧合时，他写道，随机事件发生的可能性可以与"莱茵河只会倒流一次"的可能性相提并论。诺贝尔奖得主、作家赫尔曼·黑塞（Hermann Hesse）曾不止一次住在巴塞尔，他的小说《荒原狼》(Steppenwolf)就是以这座城市为背景稍加虚构的。20世纪70年代，弗里德里希·尼采也在巴塞尔大学任教，1897年西奥多·赫茨尔（Theodor Herzl）在巴塞尔的第一次犹太复国主义大会上发表演讲，这一演讲为以色列建国奠定了基础。赫茨尔后来在日记中写道："我在巴塞尔建立了犹太国家。"

多年以后，巴塞尔并不是真正意义上的"火人"（Burning Man），但仍比温和的瑞士刻板印象所暗示的更朋克、更时髦。沿着河边散步时，我遇到了无数的男男女女，他们的发型看起来就像在美发沙龙做了一半，火警就响起来了一样。挑衅的涂鸦随处可见。烧毁监狱，一条喷漆标语这样写到。

我离开河边，朝着巴塞尔大教堂的方向，沿着一条铺满鹅卵石的漂亮街道向山上走去。与美因茨和斯特拉斯堡教堂的宏伟壮丽相比，这座大教堂本身相当不起眼，但仍然十分绝妙——一大堆红色的石头，一个迷人的修道院花园，背后是一幅壮丽的河流全景图。广场四周种满了华丽的马栗树 [1]，这树是 16 世纪奥斯曼人从君士坦丁堡北上带回欧洲的遗物（一个标志牌上是这样写的）。在巴塞尔，栗子本身仍然是一种美味，在街角卖给喜欢吃马食的易受骗的赌马者。

我仍然浑身又湿又冷，不太情愿离开能晒到太阳的地方，但我还是很期待去拜访一位如今"住在"这座教堂里的鹿特丹老熟人：伊拉斯谟。

这位伟大的哲学家在巴塞尔去世，在一个友好的志愿者向导的帮助下，我找到了他的坟墓：一块餐桌那么大的粉棕色的大理石牌匾，笔直地靠在一根柱子上。在顶部是一个奇怪的小雕塑——一个有着飘逸长发的男人，看起来就像是在为洗发水广告摆姿势。

德西德里乌斯·伊拉斯谟也是一个典型的莱茵河人，他 1466 年生于鹿特丹，是一位牧师和一位医生的女儿的私生子。他早年在荷兰度过，曾在登波士（Den Bosch）和豪达（Gouda）附近的修道院居住过。被任命为牧师后，他花了数年时间在法国、比利时、英国和意大利之间穿梭，意大利人很难听懂他浓重的荷兰口音，还嘲笑他胃口太大。在离开荷兰之前，伊拉斯谟以他对荷兰人的尖锐批评而闻名，但和许多旅行者一样，他发现离开祖国让他更加欣赏荷兰。他写道，"没有哪个种族比荷兰人更人道和善良，也没有哪个种族比他们更缺乏野性"。

---

[1]　马栗树（horse chestnut tree）又名欧洲七叶树，在欧洲被当作行道树而广泛种植。马栗外形与板栗很相近，是骏马的重要食材，但人食用超过一定剂量会中毒，重则危及生命。——译者注

1515 年，伊拉斯谟搬到南方的巴塞尔，在这里度过了余生。像很多在国外的荷兰人一样，他很快在身边聚集起一个包括其他几个荷兰人在内的组织严密的小群体，他在这座城市度过的年月可能是他最幸福的时光了——在临终之际，他写道："我不能说我有多喜欢巴塞尔的气候和生活在这里的人，不过没有什么比这更友好、更真诚的了。"他对瑞士唯一的抱怨是："要是布拉邦（Brabant）再近一点就好了。"

在欧洲宗教狂热时期，伊拉斯谟来到巴塞尔。在中世纪的大部分时间里，瑞士和莱茵兰地区的知识和社会生活一直由宗教机构主导：修道士、修道院和天主教会。但现在，情况有了很大变化。在巴塞尔及其他地方，教会处于危机之中：既被其他教派的挑战所困扰，同时也在为重新确立其权威而拼命斗争。许多天主教仪式和信仰仍深深地扎根于瑞士文化中，但教堂的出席率往往很低——一个牧羊人被问到是否知道圣父、圣子和圣灵时回答道："父亲和儿子我知道，因为我照顾他们的羊，但是我不知道第三个家伙，我们村里没有叫这个名字的。"1517 年，马丁·路德发起了著名的反对宗教腐败的抗议活动，引发了宗教改革运动。多亏了古腾堡的新印刷机，这场运动在莱茵兰迅速传播开来。巴塞尔，这个很多人对天主教不满的城市，很快就在路德教会的影响下（连同其他莱茵城市）成为后来被称为北方文艺复兴的温床之一——一个发明和探险的非凡时期，期间学者辈出，封建制度瓦解，商业繁荣，日常生活被活字印刷术、指南针和火药的发明所改变。

在哲学领域，大的转变是走向一种新的人文主义精神。人文主义，就像很多哲学一样，多少有些难以定义，但它与路德的改革有许多相同之处，强调人的尊严和对未来的信心。人文主义学者可能会提出尖锐的批评，但他们也强调现代读者可能会联想到"人性"一词的许多东西——共情、尊严、仁慈和恻隐。人文主义运动始于意大利，但很快向北蔓延，越过阿尔卑斯山，奔向巴塞尔，在那里找到了它最伟大的拥护者之一：伊拉斯谟。

多年来，伊拉斯谟一直在写类似于人文主义主题的文章，但随着文化潮流的转向，他在批判当代社会时表现出了一种新的勇气。从1522年起，他在巴塞尔永久定居下来，写了一系列的论辩[由著名的巴塞尔学者、出版商约翰·福洛本（Johann Froben）出版]，在书中他大胆地指出了那些把自己的需要置于民众的需要之上的教皇、传教士和王子们的好战与贪婪。他写道："如果真有人传福音，基督徒就能免遭许多战争。"伊拉斯谟的著述非常丰富，从对《圣经》的评论到对塞涅卡（Seneca）作品的翻译，再到箴言选集和哈布斯堡王族的管理手册。

和当时的许多学者一样，伊拉斯谟发现自己经常被相互斗争的忠诚感弄得左右为难。他坚信教会的团结，但也认可路德对教会过分行为的许多抱怨，他在给教皇的信中称这位异见者是"传扬福音真理的有力的喇叭"。有一段时间，伊拉斯谟保持着一种微妙的平衡，他一方面宣称自己支持教会，另一方面又直言不讳地提出据说适合正直的"荷兰听众"的批评。然而，这种典型的荷兰式妥协未能延续下去，1529年，由于巴塞尔的新教徒对天主教徒越来越不满，他被迫逃亡，乘船沿莱茵河前往弗莱堡

（Freiburg）。最终伊拉斯谟还是回到了巴塞尔，并于1536年去世。他最后说的是荷兰语："亲爱的上帝"（Lieve God）。在一个分裂的欧洲，他的死亡并没有受到特别广泛的关注，但他后来被视为一个哲学巨人，一个典型的文艺复兴人。之后，荷兰人和瑞士人都试图把他据为己有；在鹿特丹，有一座桥和一所大学以他的名字命名；在巴塞尔，人们以他的名字命名了一个阿尔法·罗密欧（Alfa Romeo）车库。然而，伊拉斯谟自己却下定决心要避免这种艰难的选择。当被授予苏黎世公民身份时，他拒绝了，说"我希望成为世界公民"。他出生于莱茵河的终点附近，在巴塞尔安息，靠近莱茵河的另一端，离河只有一段水花飞溅的距离。

　　我走下陡峭的石阶来到河岸边，然后登上一条船返回对岸。我乘的船不是一艘普通的水上的士，而是巴塞尔著名的渡船之一——一艘贡多拉式的木船，由一根固定的绳子牵引，在水上行驶，就像一条狗拴着皮带来回踱步。这趟旅程完全由水流驱动，没有引擎，也没有绞盘，旅途异常平静。"你看起来好像有一份好工作！"我对年轻的船夫说，他坐在船尾，让水流把我们带过去。他没有听见我的话，因为他正全神贯注地读着一本小说。船上另有五个穿着白色牛仔裤的青年。这是一种搞笑的集体打扮，还是一种新潮的瑞士时尚，我说不准。

　　在巴塞尔住了几天几夜后，我不情愿地忍痛离开了，继续沿着莱茵河往东前往奥地利。离开城市后，风景很快变得更绿了，但这不是典型的瑞士风格。在这个国家的最北部，没有锯齿状的山脉，也没有陡峭的草地，只有起伏的欧洲乡村。这段路程我走得并不匆忙，经常停下来在阳光下喝杯咖啡，吃和我体重一样重的干酪或巧克力。

随着探索的路越走越远，我喜欢梳理出瑞士和我所经过的其他国家之间的一些不同之处。与固有印象保持一致的是，瑞士似乎比法国有序得多。街道干净整洁，建筑物维护得一尘不染，穿着制服的安全官员像机场的交通管制员一样引导行人过马路。尽管到处都在谈论移民问题，瑞士北部看起来还是和共和党大会一样白[1]。

与热情奔放的法国人、荷兰人和莱茵兰人相比，大多数瑞士人相对保守。"我们是瑞士人，所以我们不会对任何事情感到兴奋。"我在酒吧遇到的一个人解释说。"但是你在这里很受欢迎。"与制表这一固有印象保持一致的是，瑞士人也非常守时。"退房时间是上午11点。"一位宾馆接待员对我说。"但是我有一个重要的约会，我能多待15分钟吗？"我问，"如果需要的话，我会付额外的钱"。"退房时间是上午11点"，她回答道。

就像赢了钱的牧师一样，瑞士人显然很享受他们的财富，但方式并不张扬。河边的停车位上停满了奔驰和宝马，我在这里不小心弄丢了钢笔，却花了45分钟才找到一支不是万宝龙、价格也不比我的车贵的替代品。在德国旅行时，我见过许多无家可归的人，然而在瑞士，我一个也没看到。我骑着一辆脏兮兮的自行车，

---

[1] 此处的"一样白"指瑞士北部几乎没有什么外来移民（白种人居多），呈现出如美国共和党一般的右派保守主义政治倾向。——译者注

穿着破旧的连帽衫、戴约旦头巾，感觉自己随时都可能因为邂逅
而被驱逐出境。

最让人惊讶的是这里的一切都很荷兰式。在海拔高度方面，
瑞士与荷兰截然不同。然而，这两个国家的国土面积却大致一样，
并且（以非常不同的方式）被它们独特的地理位置所定义。历史
上这两个国家也有某些相似之处：都变成了服务和贸易的中心，
成为吸引在别处不受待见的人才的磁石。在政治上，两国在国际
事务中都是出了名的稳定和中立，本能地喜欢协商与妥协；但也
有一种小国家的保守主义，一种对安全得不到保障的不言而喻的
恐惧。我遇到的许多瑞士人，他们的实用主义和保守主义似乎比
荷兰人更为极端。当一位巴塞尔银行家告诉我，"日内瓦和苏黎
世人的问题在于他们痴迷于金钱"时，我几乎能听到我的鹿特丹
朋友们对阿姆斯特丹和海牙浮夸的纨绔子弟的咆哮。当然，也有
许多不同之处。瑞士人似乎没有荷兰人那么直接，但比荷兰人更
有手腕（尽管这也许算不上什么成就）。他们也比荷兰人略酷一
些——例如，当我在渡轮上与一位女士聊天时，她很友好，但没
有问我的病史。我问到瑞士时，荷兰人对我关于他们可能有共同
点的想法感到愤怒。"我的老天啊，不！"一位荷兰同事喊道。"我
们完全不一样！瑞士太无聊了！他们认为狂野的夜晚就是坐在山
上欣赏风景。"不过总的来说，我认为这两个国家相似的地方要比
不同的地方多。瑞士人对奶酪的热爱，对冬季嘉年华的热情，以
及对农民征婚的电视相亲节目的奇异迷恋，让他们成了"山里的
荷兰人"。

离开巴塞尔之后继续向东，这里的风景看起来仍然是典型的欧洲风格，而不是瑞士风格：树木繁茂的低矮山丘；稍平的玉米地；灰色的小教堂塔楼从树梢中冒了个头。这条河还是出奇地宽，还是我去游泳时那样的奶蓝色。自从离开荷兰海岸后，我第一次走了半个多小时却没有看到一条船经过。

走了差不多 7 英里，河流穿过一个名叫奥格斯特（Augst）的小镇，最后集聚在一条名叫埃尔戈茨（Ergolz）的莱茵河小支流边上。奥格斯特并不是一个很大的地方，但它曾经是罗马殖民地奥古斯塔·劳里卡（Augusta Raurica）的所在地，据说是莱茵河上最古老的罗马殖民地。

罗马人在瑞士的历史中不是很出名，但（和沿河的其他地方一样）他们对这个国家的文化还是有深远的影响。罗马人从意大利的心脏地带向北迁移，翻越阿尔卑斯山脉，来到瑞士的莱茵高原，遇到了许多凯尔特部落，包括劳拉奇（Rauraci）和赫尔维蒂（Helvetii）（他们的名字现在保留在瑞士邮票和硬币上的"Helvetica"字样上）。就如同他们在今天的荷兰和德国所做的一样，罗马人通过征服、胁迫和合作的方式获得了对瑞士的控制，一些部落觉得与其跟罗马人对抗，不如加入罗马人阵营并与之做生意。来自瑞士的部落成员报名加入了罗马军队，并经常在更远的地方服役——后来在英格兰的赛伦塞斯特（Cirencester）发现了一个罗马士兵的坟墓，里面有"服役 16 年的劳拉奇部落人丹尼库斯"的遗骸。在瑞士各地，罗马人的主要定居点都建在河流或湖泊边，包括巴塞尔、日内瓦和洛桑，定居点都有罗马统治时期常见的标志建筑：公共浴室、剧院、法院，以及举行角斗的竞技场。翻越阿尔卑斯山脉的山口，包括著名的圣伯纳山口（Saint Bernard）在内，狭窄的小径就拓宽为平坦的道路。沿着莱茵河，罗马人建造了坚固的石桥，这些石桥通过公路连接到阿尔卑斯山鞍座上壮观的山隘。北面倾斜而下直到莱茵河的山脉——作为一个强大的防御盾——挡在罗马和北边躁动不安的部落地区之间，而在有可能花费数周运输货物或兵力的那个年代（因为要在积雪重重中翻山越岭），河流本身就是一条重要的干线。

罗马人在莱茵河上最重要的定居点之一就在奥古斯塔·劳里卡，它位于莱茵河（自东向西）与连接德国莱茵兰和意大利的南北陆路交叉点，是一个战略要地。奥古斯塔·劳里卡取名自奥古斯都大帝和先前控制该地区的劳拉奇部落，很快成为一个繁荣的贸易中心，成为成千上万人的家园。然而，当阿莱曼尼（Alemanii）和其他部落开始向南越过边墙，奥古斯塔·劳里卡周围的瑞士高原成为争夺的边境地带时，幸福时光结束了。随着帝国的衰落，罗马人沿着从巴塞尔到博登湖的河流建造了一系列石制的瞭望塔，每座塔都有 1.5 米厚的城墙和一个供内河船只登陆的小平台。然而，这还没完。流行病、气候变化和农作物歉收导致奥古斯塔·劳里卡的部分地区被废弃，大约公元 400 年，罗马人几乎全部撤出瑞士。该地区分裂成不同的部落区和文化群体，其中一些保留日耳曼语，另一些则接受拉丁语言和文化——奠定了未来几个世纪继续塑造瑞士的语言和文化差异基础。

罗马人收拾行囊离开近两千年后，如今的奥古斯塔·劳里卡在我看来是一个有趣但又相当奇怪的地方。这是一座宁静的山顶小村庄，环绕着部分重建的罗马废墟，规模宏大，但奇怪的是，它与正常的瑞士乡村生活并置，仿佛一幅透明的现代居民点地图被随意地叠在一幅古代居民点地图的上方。一座巨大的罗马神庙俯瞰着人们的后花园，一个圆形剧场矗立在披萨店对面的马路上。

在奥格斯特以东，莱茵河看起来和德国浪漫莱茵河地区没什么两样；平静而平淡无奇。然而，当我沿着一条山顶高速公路继续往前走时，我听到远处有越来越大的隆隆声，就像一只胖狗在打鼾。看了看地图，我意识到这一定是莱茵河瀑布——一个巨大的瀑布群，宽约 150 米，在我的古老的贝德克尔指南中被描述为"欧洲最大的瀑布"。

当阿尔卑斯山的岩崩迫使莱茵河稍稍改变路线，流经较软的石头，而这些石头逐渐侵蚀成 23 米高的阶梯时，瀑布便形成了。就瀑布的大小而言，这在尼亚加拉（Niagara）大瀑布面前简直是小巫见大巫，甚至它们的欧洲竞争对手都不太可能担心——挪威的几个瀑布的高度是它的二三十倍。然而，在沿着田园诗般的河道走了几周后，瀑布的出现令人惊叹：一大片翻滚、奔腾的泡沫，横跨在一条布满岩石的宽阔河段上。它们看起来很像尼亚加拉大瀑布，如果一个路过的巨人不小心踩到了后者，把它压扁到平常高度的一半的话。不幸的是，瑞士人尽其所能在各处建造旅馆、餐馆和俗气的礼品店，以抹杀当地的自然风光。我得买一张昂贵的门票，经过一排出售布谷鸟钟和三角巧克力的商店，才能走到瀑布边上。一架观光直升机在头顶上嗡嗡地盘旋。"这"，一位德国游客对他年幼的儿子说，"才是真正的瑞士"。

从瀑布中赚钱的想法并不新鲜。19世纪，随着莱茵河贸易的发展，船只从博登湖一路漂流到北海的唯一阻碍就是这座瀑布。经常有人提议炸毁大瀑布，或开凿运河绕过大瀑布，但这些提议都没有起到多大作用——部分原因是当地人不肯失去他们在大瀑布周围建立起来的运送货物的高利生意。"工程师"，一个传教士谈到一个爆炸性的提议时评论道，"是魔鬼的代理人"。然而，机智的当地人很快开始通过其他方式赚钱，他们修建水坝和水车，为河边的磨坊和铁厂提供动力，甚至建造了一座制造瑞士铁路车厢的工厂。

不过，瀑布最主要的赚钱途径还是作为旅游景点来收费。19世纪，当游客们在莱茵河上来来往往时，莱茵河瀑布成为瑞士的明星景点之一，在任何伟大的旅行中都是必不可少的一站。透纳来此参观了，并创作了一幅宏伟的油画《沙夫豪森的莱茵河瀑布》（*Fall of the Rhine at Schaffhausen*）。约翰·拉斯金坐了下来，盯着激流看了一个小时，歌德则在"激动的想法"这个标题下详细地记录了瀑布的情况。雪莱曾乘船游览过一次，他的脾气不好，会抱怨同行的乘客"极其恶心"，还会拳打敢坐他位子的人。

到了19世纪晚期，这个曾经宁静的河段已经挤满了游客，在夜晚的灯光下，游客可以通过照相暗匣设备观看倒挂在附近的墙上的瀑布影像。在某种程度上，这些瀑布代表了一种更广泛的趋势，即瑞士作为一个理想化的、纯粹的、完美的欧洲国家进入了公众的想象；就像德国的"浪漫莱茵河"吸引了那些认为英国乡村已经被工厂和熔炉摧毁的人一样。瑞士吸引并启发了数量惊人的作家和艺术家，包括卢梭、康拉德、拜伦、乔伊斯、菲茨杰拉德、海明威、马克·吐温、狄更斯、海史密斯、威尔斯、柴可夫斯基、茨威格、曼、劳伦斯、荣格、康定斯基、路易斯·史蒂文森、柯南·道尔、T.S.艾略特、保罗·克利和菲尔·柯林斯。瓦格纳来到特里布森（Tribschen）并居住在湖边。"没人能让我再离开这里了。"他说。

沿河和周围山峰上涌现出许多客栈、宾馆和酒店。最初，游客主要在夏季游览瑞士，在河上泛舟，在山间漫步。滑雪一开始并不受欢迎——克里斯多夫·伊斯林（Christoph Islin）是最早在瑞士滑雪的人之一，为了避免被人们嘲笑，他不得不在黑暗中练习。然而，到了20世纪初，阿尔卑斯山的旅游业就像滚雪球一样越滚越大。懒惰的旅行者有时会被人用柔软的扶手椅抬上山，但对有些人来说，即使这样也显得不够讲究。评论家莱斯利·斯蒂芬（Leslie Stephen）写道，看旅游指南的游客"完全没有能力离开《泰晤士报》生活"。

和莱茵河沿岸的其他地方一样，一些游客对他们的发现感到失望。马克·吐温在瑞士旅行时抱怨说，他遇到了"几十个人，有想象力的和没有想象力的，有教养的和没有教养的，他们来自遥远的国家，年复一年地在瑞士阿尔卑斯山漫游——他们自己也无法解释为什么"。1883年，一位名叫威廉·布拉克顿（William Brockedon）的艺术家在一家瑞士餐馆里听到了伦敦口音，他震惊了，写到自己"难以相信如此粗俗的语言竟然会……从泰晤士河一直延伸到这里"。然而，也有好消息：1877 年，伦敦的阿尔卑斯俱乐部严肃地通知其会员，"小妖精和魔鬼早已从阿尔卑斯山上消失了"，而且由于人们很久没有看到龙了，它们也"被认为迁移了"。

在最初的旅游热潮过去一个多世纪之后，莱茵河瀑布显然仍广受欢迎。我不得不排几分钟的队，穿过入口处的旋转栅门，再一次弯着腰走下台阶，才靠近瀑布。大多数游客都是成群结队的印度人和中国人，在观景台上野餐、合影。我想知道此刻有多少瑞士人在印度和中国的景点游览，又想到现代旅游是多么奇怪，成群的人以互换伟大观光国家的方式交换所处的半球。我停了一下，买了一罐可乐，申请了第二份抵押贷款来支付这笔费用。

尽管我很不耐烦，但瀑布依然异常美丽；不管多少次被人踩到脚趾头，游客还是会对这个地方印象深刻。在河的正中央有一块岩石，中间有一个洞，就像一块瑞士奶酪。瀑布上方，浪花形成了一道永久的彩虹——一个完美的背景，100 万张灿烂的假日照片。我拍了一张咧嘴大笑的假日照片，然后在雾中坐了一会儿，听着河水像上千台没有调对频道的收音机一样咆哮。

离开大瀑布后，我在沙夫豪森住了一晚，这是一个令人愉快的瑞士小镇，镇上的冰淇淋店几乎和人一样多。没有什么事可做，但我还是买了几张地图，一边翻着地图一边吃着巧克力、奶酪火锅和薯饼，表现得像个特别懒惰的观光客。我很快就要离开瑞士了，所以在一家小商店买了奶酪，这家店里摆满了巨大的车轮形和厚块形格吕耶尔奶酪（Gruyère）和埃曼塔奶酪（Emmentaler）。我记得自己曾读到过，典型的 3 英尺宽的瑞士埃曼塔尔奶酪轮应该包含约 1.5 吨的牛奶，以及无数由微生物打嗝时排出的二氧化碳引起的泡沫，现代奶酪生产者有时会使用核磁共振扫描仪来检查泡沫大小是否合适，以及是否在合适的位置。在 19 世纪，瑞士一些地区的农民用奶酪来衡量他们的财富，他们小心翼翼地储存一轮轮的大奶酪。我认为这是一个好主意，并下决心做同样的事。一场奢侈的消费狂欢在我购买了 7 块不同品种的奶酪块后达到高潮，这些奶酪都被打包带回家品尝，就像用酥脆的白纸包装的礼物一样。它们没过多久都被我吃光了。

1944 年，美国人在寻找路德维希港时，不慎将沙夫豪森机场炸了，这是对瑞士中立性的粗暴践踏，造成了数十人死亡。如今，几乎没有任何破坏的迹象，但考虑到这里的边界是多么混乱，美国人的错误或许是可以理解的。当我沿着河边朝盖林根（Gailingen）方向晨跑了六七英里远时，我发现自己往返这一路穿越边境的次数不少于 6 次——从瑞士，到德国，到瑞士，到德国，到瑞士，到德国，再次回到瑞士。

巴塞尔到博登湖之间的大部分路程中，莱茵河作为边界隔开了瑞士和德国；河道北面是德国的领土，南面是瑞士的领土。然而，在沙夫豪森周围，情况变得更加扑朔迷离，在河的北岸有大片瑞士的领土，但有一块德国领土——布辛根（Büsingen am Hochrhein）——却完全被瑞士领土包围着，就像在易碎的馅饼中间的一颗樱桃。

我以前去过布辛根一次，我以为它奇怪的地缘政治地位会使之成为一个享乐主义的自由之地，猜想所有的夜总会和赌场都会开在这里。遗憾的是，这些希望很快就破灭了。然而，布辛根的地理位置也意味着其他稀奇古怪的事情层出不穷。例如，这里的货币是欧元，但鉴于布辛根周围都是瑞士领土，瑞士法郎也被广泛接受。汽车被发放特殊牌照，很多地址有两个邮政编码，一个是瑞士的，另一个是德国的。申根时代，边境控制是有限的，据报道，瑞士警察被允许在布辛根逮捕人。然而，任何时候都不允许超过 10 名瑞士警察进入小镇，以防他们秘密策划入侵。有一回，我迷路了，于是拦住一个看起来很友好的人，问他我在哪个国家。他看了看四周，回答道："我不确定。"

对瑞士人来说，这一切似乎都很自然，他们花更多的时间担心瑞士各州之间的竞争，而不是国家之间的竞争。（"瑞士州各州斗嘴、吵架起来就像美国各州一样"，一个早期的美国旅行者观察到，"但就和火车上的狗一样，他们相处在一起，不是立刻就开始吠和咬的"。）然而，边境的奇怪形状和孔隙性有时也会产生国际紧张局势，包括购物。

另一个关于瑞士的老生常谈是这里（至少对我这样的吝啬鬼来说）东西贵得惊人。这在一定程度上就是价格更高的简单事件：根据瑞士联邦统计局的数据，在 2017 年，一篮子在瑞士价格相当于 153 欧元的产品，在德国边境的价格仅为 104 欧元。对外国人来说，瑞士货币走强也加剧了这一问题。尽管被亲欧派包围，瑞士还是坚决拒绝加入欧元区，保留了自己的货币瑞士法郎。这种做法有其弱点——瑞士被迫采用许多欧洲的规则和条例，以便进入欧共体，而且仍然容易受到邻国经济动荡的影响，因为这些邻国购买了瑞士大部分的出口产品。但总的来说，不加入欧元区似乎并没有给他们带来太多损失。在欧洲其他国家被经济危机搅乱的那些年里，瑞士的失业率通常很低，产出却非常高。由于投资者将瑞士视为安全港，瑞士法郎兑欧元升值了约三分之一，瑞士利率有时甚至为负；这意味着外国人愿意为把钱存在瑞士账户的特权付钱。

所有这一切的缺点是，对游客来说，整个瑞士就像一个酒店的迷你酒吧一样昂贵。我的标准旅行午餐是法棍面包和咖啡，在巴塞尔的价格约为 11 欧元，可能是法国或德国价格的两倍。更糟糕的是，一瓶中号啤酒的价格要比一整瓶葡萄酒在法国的价格还要高——这也许就是瑞士人不是世界闻名的派对动物的原因之一。

对瑞士人自己来说，高物价并不是一个日常问题，但强势货币意味着跨境消费之旅变得极具诱惑力。在康斯坦茨（Konstanz）和沙夫豪森附近，每周都有成千上万的购物者从瑞士前往德国购买巧克力、食品和汽油。德国的公司甚至把邮箱出租，让瑞士购物者可以在网上订购廉价商品，然后在周末领取。2015 年，一家瑞德广播电台的听众投票选出"购物游客"（einkaufstourist）作为他们的年度词汇，这可能不是一个巧合。

对瑞士购物者来说，这一切都很方便，但对德国人来说，这有时很烦人。有一次我到德国边境小镇康斯坦茨旅行时，与一位当地妇女聊了天。她说，康斯坦茨过去是个可爱的小镇，但现在全是外国人在买东西，新的超市不断开张。看着一大群瑞士购物者来来往往，她的沮丧很容易理解。作为公认的保守人士来说，瑞士人真的很喜欢昂贵的珠宝和香水。这让我想起了瑞士著名作家弗里德里希·迪伦马特（Friedrich Dürrenmatt）曾经写过的一篇文章，讲的是关于欧洲法西斯主义的权杖如何在瑞士被"无处不在的消费、生产、广告和商业独裁"所取代。迪伦马特有句名言：瑞士就像一个在妓院工作却想保持童贞的女孩。

在瑞士莱茵河的河岸上，我仍然觉得文化影响的错综复杂的网络难以理清。沙夫豪森的东部离法国只有几十英里，但法国对它的影响可谓是微乎其微。我被瑞士的德语方言搞糊涂了，想说法语时，大多数人看着我，好像我在说一些奇怪的外国语言（尽管那可能只是我的 Je voudrais la fisha and chipsa 口音）。在文化上，这里的瑞士人更像德国人而不是法国人。巴塞尔和沙夫豪森的井然有序甚至让杜塞尔多夫这样的地方看起来都缺乏纪律和混乱，而斯特拉斯堡似乎是世界末日般的混乱之地。"瑞士人"，我记得一位曾在欧洲议会工作的人对我说过，"是唯一能战胜德国人的人"。如果某样东西出了问题，他们就会修复它；如果没有禁止某样东西的规定，那么就会有人来制定一条。与荷兰一样，瑞士在经济上严重依赖其日耳曼邻居：瑞士三分之一的进口产品来自德国，超过了来自意大利、美国和中国的总和。在这种背景下，面对慕尼黑啤酒节和瓦格纳这样的全球文化巨头，一些瑞士人可能不可避免地会感到，他们的文化被北边的"大州"淹没了。"你在写一本关于莱茵河的书？"巴塞尔的一位宾馆接待员对我说。"你一定要告诉大家这是一条瑞士河！"《明镜》周刊开展的一项颇有争议的调查发现，近一半的德国人认为"德国人"就是"说德语的人，即使他们住在奥地利或瑞士"。瑞士小报《一瞥报》（Blick）对这一说法的回应是："救命！德国人认为我们已经属于他们了！"看着一名德国男子和他的儿子穿上速比涛（Speedo）泳衣，纵身跳入河中，我不禁认为他们可能是对的。

随着黄昏降临，我收拾起行囊，迅速出发前往莱茵河畔的施泰因（Stein am Rhein），从博登湖流出的莱茵河自这个小镇开始变得宽阔起来。我可不敢这样对当地人说，但施泰因确实又一次看起来与德国浪漫主义莱茵河的小镇几无二致——低矮的青山，古老的鹅卵石街道，半木结构的旅馆和教堂的石板塔楼。但是它很可爱：祥和、美丽、游客稀少。

我在一家河滨酒店办理了入住手续，然后沿着莱茵河走了一小段路。天气还很暖和，我从一个多沙的小河滩出发游了一会儿泳，把钱包和手机放在沙滩上，毫不担心它们可能会被偷。河水比巴塞尔的暖和多了，但仍然干净清新；更像威斯巴登的温泉，而非我经常游泳的荷兰运河。远处教堂的钟声响起，田野里的牛铃像风铃一样叮当作响。我几乎能闻到在酒店里等候我的奶酪火锅的味道。日落西山，我爬了出来，擦干身子，在笔记本上写道："瑞士可能是世界上最美丽的国家。"

第 12 章

进入稀薄空气：博登湖、奥地利与列支敦士登

让我大吃一惊的是，这头奶牛并不喜欢被人骑着。她装备齐全——鞍座、缰绳、轭具，我也有——黑色的手套、黑色的头盔和黑色的皮鞭，这使我看起来像一个在野外旅行的施虐狂。不幸的是，所有这些都没有起到什么作用。我刚一骑上那头牛，她就直冲过一丛带刺的灌木丛。我用鞭子轻轻地抽打她，请她乖乖听话。她转过身来，又穿过灌木丛往回走，在我的腿上留下了长长的伤痕。我在鞍上弯下腰，对着她的耳朵悄悄说，我晚餐要吃牛排。

那天有四个人骑牛——我和三个看起来很有运动细胞的年轻瑞士女人，她们喜欢骑马，到这里骑牛是把这作为有趣的生日礼物来体验的。她们都搞不懂为什么一个孤独的英国人要加入她们。"你究竟为什么要骑牛？"其中一个问道——我好不容易才把这个问题答得有条有理。"因为……我之前从来没有做过？"

事实上，我的理由比这稍微复杂一些。奶牛（尤其是深褐色的瑞士品种）是瑞士一个经久不衰的象征，巧克力和奶酪等乳

制品与瑞士人的联系，就像郁金香与荷兰人、香肠与德国人的联系一样紧密。和荷兰人一样，瑞士人也深信乳制品是非常健康的食品，而且消费量惊人：根据一些统计数据，一个瑞士人平均每年吃掉 10 公斤以上的巧克力和 20 公斤以上的奶酪，略多于荷兰人，是英国人的两倍多。瑞士奶酪 [格吕耶尔、埃曼塔、拉可雷特（Raclette）] 和巧克力 [瑞士莲（Lindt）、凯雅（Cailler）、三角（Toblerone）] 风靡世界，而叮当作响的牛铃为所有山地草甸场景提供了最经典的配乐。

　　在这样的背景下，在瑞士待了这么长时间而没有和牛亲密接触，似乎不太合适。另一个原因是，骑牛提供了从另一个角度看河流的方式。在瑞士宁静的东北部，莱茵河要比法国和德国平稳和安静得多。西边的瀑布阻断了河流运输的可能性，而河道本身也不再大到足以支持一个大城市的发展。离开巴塞尔后，我愉快地花了几天时间沿着莱茵河向奥地利方向漫步。这条河很漂亮，流经的城镇景色也很宜人，但我发现这一切都有点乏味，就像香草一样。在博登湖和沙夫豪森之间的河段上，没有城市，也没有像科布伦茨和波恩附近的水道上那样拥挤的游船与渡轮。因此，为了寻找河流的新视角，我来到了这里，于瑞士的赫米绍芬（Hemishofen）附近，在绿地之中骑着一头牛沿着河流的马道前进。

　　这一天从"与牛见面"开始，感觉很像闪电约会，但更有可能的是，会以一些参与者的胯部疼痛而告终。一共有四头奶牛，显然——三头看起来很平静，温顺，没有角，还有一头长着大角，明显心情不好，用头猛撞着其他的奶牛，拼命地拽着缰绳。我巧妙地侧身走到其中一头看起来很温和的奶牛旁边，用一只占有欲很强的手臂搂住她的脖子，正在这时刚好听到教练喊道："本，这头是你的了！"一边解开那头蛮横的、长角的牛的绳子。我开始希望我还在巴塞尔了。

值得庆幸的是，骑着这头牛一开始还挺舒服的——在平坦的红甘蓝和生菜地里悠悠地漫步，远处的小河潺潺作响。缓慢的步伐清楚地说明了为什么牛从来没有成为一种交通工具，但是与马相比，牛却出奇地舒服，她的背和沙发一样宽，一样平。然而，最大的问题是，这头牛也像沙发一样不会听从指令。当我还是个孩子的时候，我经常骑马，我已经习惯了骑行时可以通过一个微妙的抽动脚跟或拉一下缰绳来调整速度或方向的观念。然而，这头牛显然不知道这些规矩，不管我说什么或做什么，只要她高兴，她就会毫不犹豫地继续前进。当她决定到田野里去吃点东西时，我、奶牛教练和一位充满同情心的路人花了5分钟的时间大喊大叫，推推搡搡，然而最后她甚至都没想过要转身。骑牛就像坐在坦克上的乘客：你可能很享受乘坐的过程，但你对要去哪里也没有太多发言权。

我们慢慢地在田野里走了几英里，牛从一片草地拐到另一片草地，而我也在尽力欣赏这些景色。"对牛来说，吃新鲜的草就像吃腰果一样！"教练高兴地解释道。"如果她们吃一点点，她们就会不停地吃。"最后，就在我的手起了泡、腰酸背痛之时，我们来到了宽阔、湍急、奶绿色的莱茵河岸边。我原以为我们只是看看风景，然后再往回走，但奶牛却一头扎进了河里，一直走到水漫过我的鞋才停下来，喝了很久的水。我拉住缰绳，大声叫她倒回去，她想了一会儿，然后走得更深了，把我的腿浸到水里，直到膝盖以上的位置。我在那儿坐了10分钟，也没能让她挪动。一位划皮艇的人从我们身边经过，他看到我们——悲伤的英国人和快乐的奶牛，半浸在水里——一时没反应过来。"我在这条河上见过很多东西"，他经过时用德语说："但我从来没见过这个！"

骑了那头牛三天后，我几乎还不能走路。我的腿十分痛，感觉就像在牛仔竞技会上骑了一头公牛一样，我的手也起了严重的水泡。幸运的是，我有了新的东西来分散注意力：博登湖。从赫米绍芬向东，河面逐渐变宽，然后突然变得非常宽阔，延伸到广阔的博登湖——这是一个200平方英里的大湖，在莱茵河上膨胀开来，就像串在绳子上的一颗蓝色大珠子。

从湖西端的康斯坦茨出发，我搭上了一艘船，一直坐到对岸奥地利的布雷根茨（Bregenz）。老旅游指南上写着渡湖时可能会"晕船"，但湖面很平静，气候温和。这艘渡船和莱茵河中游的渡船很像：一艘庄严的白色观光游船，挤满了喋喋不休的度假者，他们一边欣赏着明信片上的风景，一边琢磨着那个孤独的人在笔记本上乱写些什么。不过，这里的风景也许比浪漫莱茵河沿岸还要好，一大片玻璃般的水面倒映着霍克尼蓝（Hockney-blue）的天空。离开康斯坦茨后，湖面迅速扩大，让人很难相信我们没有出海。从康斯坦茨到布列根茨途经数站，需要四个小时，是从英国到法国航行时间的两倍多。然而，天气晴朗，微风习习。沿着一条被群山环绕的狭窄水道走了几个星期之后，能再来到一个如此开阔的地方，真是令人激动。宽广、湿润的远景和厚重的天空会让我想起荷兰，当然，荷兰没有这么好的天气。

博登湖也是这样一个奇怪的地方：对于碰巧住在附近或在那里度假的人来说，它非常重要；但实际上，在更远的地方它就不为人知了，尽管它不仅巨大而且极具吸引力。赫尔曼·黑塞就住在附近的盖恩霍芬（Gaienhofen），他把这里描述为一个"宁静，有着清新的空气和水、美丽的牛、美味的水果、正派的人"的地方。住在湖边的艺术家奥托·迪克斯（Otto Dix）甚至更有诗意：这个湖"美得让人呕吐"，他说。

世界各地的游客对博登湖没有那么大的兴趣，这可能是因为它有很多本地的竞争对手——日内瓦湖、琉森湖、科莫湖，以及加尔达湖等风景名胜区都在半天的车程内。也可能是因为博登湖（就像莱茵河一样）遭遇了身份危机，甚至连这个名字也没有固定下来：说英语的人用罗马皇帝君士坦提乌斯（Constantius）的名字来称呼它 [1]，这位皇帝沿湖建造了罗马防御工事，而说德语的人用加洛林王朝的博德曼（Bodman）行宫命名它，称它为"博登湖"（Bodensee）。我背包里有一本 19 世纪的旅游指南，该指南厚颜无耻地称它为"德国拥有的最美丽的湖泊"，但实际上，这片冰冷水域的所有权一直有争议。在陆地上，这个湖的湖岸线分属三个国家，德国北部拥有大约 100 英里的滨水地产，瑞士南部和西部大

---

[1]　作者采用英语的说法称它是"康斯坦茨湖"（Lake Constance），汉语里还是习惯于采用德语名称，译为"博登湖"。——译者注

约 45 英里，奥地利东部大约 16 英里。不过，在湖上，情况就不那么明朗了。地图显示，国际边界的虚线以水边的灌木篱墙为界。在水上航行时，我不清楚自己是同时在三个国家，还是一个也没有。正如一位作家所说，博登湖实际上是"欧洲中部一个无边无际的黑洞"。

"黑洞"形成的历史错综复杂，但本质上可以归结为这样一个事实：就像一群 5 岁的孩子得到了一块蛋糕，三个国家从未决定如何分享它。奥地利人声称，根据一种被外交官称为"共有财产"的共同监护协议，这三个国家对整个湖泊的所有权是平等的。与此同时，瑞士人认为，国际边界就像一张饼状图，整齐划一地穿过中间部分。德国人对这片湖的喜爱几乎和它的湖水一样深，但是他们担心被指责为土地掠夺者，所以在这个问题上没有官方的法律意见。结果，到 21 世纪，这三个国家基本上达成了一致意见——该湖的所有权成为一个外交的灰色（或蓝色）地带。每当争端出现时，例如关于如何分配捕鱼权的争端，就由个别条约来解决，而更大的问题（如归属权）则不受影响。对法律学者来说，整个情况非常奇怪，但于我而言，这是诠释现代欧洲最好的例子之一：古老的竞争已经消失，许多欧洲人乐于认为他们国家之间的边界不再重要。或许一位早期的旅行者是对的，他写道，博登湖只是"一块对单个王国而言过于贵重的宝石"。

从巴塞尔向东，莱茵河的小面积意味着发展的有限，我也没见过几个大到值得在地图上用粗体字标注的城镇。然而，博登湖却被相当大的港口和度假村包围着。特别值得一提的是，位于北岸的弗里德里希港（Friedrichshafen）是德国南部所拥有的最像海港的地方，长期以来，这里一直是一个繁荣的旅游和贸易中心，曾经有专门的轮船在此处将火车运送到瑞士。

就像莎士比亚剧在城市公园的演出一样，博登湖也不可避免地吸引了浪漫主义者。在浪漫主义文学中，湖泊扮演着与莱茵河等河流截然不同的角色：它们是静止稳定的，而镜子般的表面被认为提供了特殊的反思和启示的机会。在这种背景下，当欧洲其他地区开始工业化时，博登湖被视为一个神奇且神秘的地方，在这里，不堪重负的城市居民可以回想起一个更绿色、更干净的时代。大约在 1770 年，德国人在自家后院发现了阿尔卑斯山，随着德国旅行者被吸引到南方，德国作家越来越多地从家门口未受破坏的地方获得灵感。（例如，歌德在《少年维特的烦恼》中描写了官僚主义的沉闷城市生活和荒野地区的"天堂"与"自然的光辉神圣生活"之间的对比。）斯图加特市（Stuttgart）距离博登湖只有 100 英里，是游泳、徒步旅行和爬山等有益健康活动的天然门户，也是一个独特的旅游景点。一位德国旅行者在博登湖巡游时写道："湖泊是大自然秘密的工作场所。"

19 世纪，富裕的德国人从法兰克福等城市涌向南方，乘火车前往他们拥有的最接近海滨的地方。博登湖海拔很高，但水的储存和反射热量的方式意味着，这里的气候异常温暖。湖边生长着葡萄及其他水果，游客们尽情享受阿尔卑斯山的新鲜空气和白雪覆盖的景色，而不需要穿厚袜子。这个湖很适合游泳（可能有点冷），渡船定期驶向对岸的城镇和小而坚固的岛屿。与大陆相连的林道岛（island of Lindau）是一个特别有吸引力的地方：贝德克尔的旅游指南推荐游客去那里参观青铜雕像、灯塔、"纪念 1870—1871 年战争的纪念碑"和阿尔卑斯山的"壮丽景色"。很多旅行者横渡这个湖时，惊奇地发现南欧并不是完全没有文明的。例如，1859 年，一位来自伦敦的记者与一些当地人在布雷根茨共进晚餐，惊讶地发现当地一位"森林贵妇"能够"如此优雅地与人交谈……要不是那身装束，要不是她说自己是皇冠酒店的老板，我还以为自己在和上流社会人士交流呢"。沿着湖岸，旅馆和疗养院如雨后春笋般涌现，早期的游客被眼前的景象惊呆了。"多么丰富的视觉盛宴啊！"一位游客写道，"水像绿宝石一样闪闪发光"。

　　如今，廉价航空公司已经抢去了古代轮船的风头，德国人更可能在希腊或土耳其度假，而不是在弗里德里希港。然而，博登湖仍然是一个受欢迎的度假胜地，像林道这样的地方常常被宣传为"巴伐利亚里维埃拉"或"德国地中海"。我去参观的时候，那些推销广告看起来相当乐观，但是那里的风景确实很美，气候也出奇地温和。漫步在棕榈树和波光粼粼的蓝色湖水之间，我几乎——几乎以为自己是在希腊的某个岛上，而不是距离曼海姆几百英里远的地方。

　　当我到达位于奥地利湖岸的布雷根茨时，很遗憾，那里的天气并没有那么地中海化。太阳又回到了它原来的位置，躲在厚厚的云层后面，一阵烈风像扫帚一样掠过湖面。在这里，大气似乎与海拔高度保持一致：在海拔大约 400 米的地方，光线锐利，空气像玻璃一样坚硬而清澈。我把衣服留在台阶上，离开湖岸游了一小段距离，一边剧烈地瑟瑟发抖，一边欣赏着布雷根茨的尖塔和后面森林覆盖的山峰。湖水出奇地平静，就像用手指搓过的包装巧克力的锡纸，只剩下一团细细的褶皱痕迹。我一时异想天开而被脾气暴躁的母牛挟持着度过的那一天，开始像是一场遥远的噩梦。

游着游着抬头一看，我吓了一跳，只见一艘硕大的灰色飞艇低低地掠过湖面，就像一根巨大的漂浮着的雪茄，稳稳地向北旋转着。我转过身，更令人惊讶的是，我看到了另一架飞艇，从林道上空高高飞过，还有一架看起来是第三架，正向康斯坦茨飞去。我后来才记起曾经读到的关于飞艇也是莱茵河一项典型发明的文章。[1]世界上第一艘飞艇是由斐迪南·齐柏林伯爵（Ferdinand, Count Zeppelin）设计的，他于1838年出生在康斯坦茨，一生中大部分时间都在湖上、湖边和湖面上空摆弄飞行技术。1900年夏天，齐柏林飞艇的杰作，充满氢气的LZ1，开始了它的首次航行之旅，从靠近弗里德里希港的博登湖上一个巨大的浮动机库起飞。在那个飞机还很少见的年代，人们激动地看到一个建筑物那么大的东西平静地沿着湖岸漂浮，很快就开始争相订票。

这项技术并非没有缺陷，氢极易燃这一微小细节便是缺陷之一。制造一艘飞艇需要25万头牛的肠子，这一工艺也让制造变

---

[1]　从技术上讲，飞艇是任何比空气轻、有动力和可操纵的飞行器，而不是像气球一样自由漂浮的。飞船与飞艇相同；齐柏林飞艇是由齐柏林飞艇公司制造的飞艇，而软式飞艇与之类似，但通常内部没有坚固的骨架。

得极其复杂。尽管如此，齐柏林飞艇穿越欧洲甚至大西洋的航行还是广受欢迎的，成了旅行魅力的代名词。到第一次世界大战时，几艘飞艇也进入了德国军队服役。1915年，其中一艘甚至设法横渡英吉利海峡到达伦敦，在摄政公园上空平静地飘荡，然后向海霍尔本（High Holborn）投下几枚炸弹。英国人长期以来一直认为自己在英吉利海峡的护城河后面很安全，现在他们面临着一个可怕的现实：战争可能来自空中。伦敦警察厅（Metropolitan Police）的负责人被迫发布了一张传单，警告惊慌失措的公众，"当齐柏林飞艇来的时候"该怎么做——基本上就是关上窗户，储存水和沙子，然后祈祷情况不要太糟糕。

然而，随着时间的推移，飞艇过于笨重、不安全、造价昂贵的缺点导致它无法与更新的高速飞机竞争。齐柏林飞艇自身的商业前景实际上随着兴登堡号（Hindenburg）飞艇1937年在新泽西州的坠毁而破灭了。此后的几十年里，飞艇很少见。但是近年来，它们经历了一场复兴，几个飞艇公司——包括齐柏林自己——投注于制造像风力涡轮机一样能搬运沉重的货物以及军事物资的飞艇，还受到了财力雄厚的投资者的支持，其中就包括布鲁斯·迪金森（Bruce Dickinson），其更广为人知的身份是铁娘子乐队（Iron Maiden）的主唱。在弗里德里希港周围，齐柏林飞艇再次成为湖面上一道常见的风景，它们载着游客在莱茵河的湖泊群上下穿梭，价格之高令人瞠目。

即使是最容易激动的旅行作家也很难将布雷根茨描述为令人

兴奋的地方。湖本身很美，但小镇本身可能并没有它想要的那么优雅，因为有太多的脚踏船和穿着泳衣的巴伐利亚人来赶走真正的盖茨比和克鲁尼。不过，一切都很愉快；恬静，微风轻拂，有一种近乎航海的气氛，绿色的小山像披肩一样披在小镇的背上。秋天已经不远了，树上的叶子开始泛黄，像五彩纸屑一样散落在湖面上。水天相接处布满了游艇的白帆，如同折叠的白色餐巾铺在蓝色桌布上。

我在阿姆斯特丹草拟我的路线计划时，并没有打算在奥地利待很长时间，这主要是因为奥地利与莱茵河的接触有限。在一个就像蝌蚪面对着俄罗斯一样的国家里，莱茵河沿着它尾巴的一小部分的边缘流动，无可争议地穿过奥地利领土，总共大约 3 英里，然后形成与瑞士的边界，大约 15 英里。这里的河流面积小，这意味着奥地利莱茵河工业区大部分交通工具是公路或铁路，而不是河流。我之前去奥地利其他地方时，发现很少有人对莱茵河怀有很深的感情。国歌称奥地利为"河上之国"，但这指的是多瑙河。

然而，莱茵河在奥地利历史上扮演了重要的角色。首先，奥地利帝国的外交部部长和首相克莱门斯·冯·梅特涅（Klemens von Metternich）出生于河边城市科布伦茨，居住在斯特拉斯堡、美因茨，他年轻时经常漫游在莱茵河—摩泽尔河周围地区，而后在建立奥地利作为世界舞台上的大国中发挥了决定性的作用。其次，更重要的是，这条河和它的支流是奥地利哈布斯堡王朝建立的背景。

在瑞士，从巴塞尔向东旅行时，我曾短暂地跨过了阿勒河

（Aare），这是莱茵河的一条支流，从山上流入莱茵河。在交汇口以南大约 15 英里处，一个美丽的绿色山顶上，坐落着哈布斯堡城堡（Schloss Habsburg），这是一座带有方塔角楼的宏伟建筑，由拉德伯特伯爵（Count Radbot）在 1020 年左右建造，（可能）命名自经常在上空盘旋的老鹰（habicht）。[1] 拉德伯特的后代后来以这座城堡的名字——哈布斯堡——作为自己的姓，并从周围河流和道路上的收费站获得可观的收入。哈布斯堡以城堡为权力基础，控制了莱茵河上游的大片领土，横跨黑森林、阿尔萨斯和今天的瑞士。然而，这还不足以满足王朝的野心，它逐渐将其势力向莱茵河的东岸延伸，控制了横跨蒂罗尔（Tyrol）、克恩顿（Carinthia）乃至更远的更大片公爵领地和君主国。

　　对于最初的哈布斯堡城堡来说，迅速发展的帝国转向东方是个坏消息：随着注意力转向别处，哈布斯堡家族最终选择了向瑞士联邦叛军投降 [据传说，该叛军由威廉·泰尔（William Tell）领导]。然而，帝国本身在哈布斯堡家族的帮助下不断发展壮大，哈布斯堡家族习惯于与其他贵族家族通婚，或只是在自己家族内部通婚。这种基因库的缩小意味着拉德伯特的后代最终会变成可怕的近亲繁殖：例如，西班牙的哈布斯堡王朝的查尔斯二世只有正常数量三分之二的曾曾祖父母和曾祖父母，并因此患上了严重的颅骨畸形。但用帝国主义的术语来说，这是一个绝妙的举动：哈布斯堡王朝曾一度是当今奥地利、德国、荷兰、比利时、西

---

[1]　另一种说法是，这个名字的意思是（不那么浪漫的）"河流浅滩城堡"（Castle of the ford）。

班牙、葡萄牙和巴尔干半岛大部分地区的统治者。它并没有就此止步。作为西班牙的国王，他们也统治着菲律宾、拉丁美洲的大部分地区和美国的东海岸。在维也纳，神圣罗马帝国皇帝腓特烈三世（Frederick Ⅲ）曾在大教堂的一面墙上用天使装饰，上面写着"AEIOU"，学者们认为这是"Austria Est Imperator Orbis Universae"的缩写，即"奥地利是全世界的皇帝"。正如马丁·雷迪（Martin Rady）所写的那样，"没有哪个王朝像哈布斯堡王朝那样顽强而幸运"，哈布斯堡王朝成为"近五千年来欧洲首屈一指的王朝"。最终，正如罗马帝国在它之前崩溃一样，强大的哈布斯堡帝国也崩溃了，被粉碎在第一次世界大战的废墟之下。然而，哈布斯堡城堡依然矗立在那里，俯视着葡萄园，俯瞰着莱茵河。

布雷根茨，像许多位于国际边界附近的城镇一样，是一个有点奇怪的地方——非常令人愉快，但它的外观和身份也有点混杂。再往东，在维也纳和格拉茨（Graz），奥地利人表现出一种自豪的文化认同，这种文化认同较之德国或瑞士，似乎与匈牙利、斯洛伐克或巴尔干半岛国家更为相似。然而，在布雷根茨附近，莱茵河和博登湖将西奥地利人与他们的瑞士和德国邻居联系在了一起，其结果是，那里的文化似乎更像西欧而不是中欧。布雷根茨离德国只有 4 英里，离瑞士 6 英里，相比之下，离维也纳大约 400 英里。奥地利人仍然讲德语，仍然富有而理智，仍然过着普通地中海花花公子所不赞同的生活。尽管如此，还是有一些不同之处。政治上，奥地利和德国通常是亲密的盟友，但默克尔的自由移民政策产生了巨大的不安——大约一半抵达德国的新庇护寻求者来自如塞尔维亚、波斯尼亚、马其顿和科索沃等巴尔干国家，许多主要的人口贩卖和迁徙路线都经过奥地利。

在文化上，我觉得奥地利人比德国人更放松、心胸更开阔；生性保守，但喜交际。"德国人总是担心做错事"，一位奥地利妇女告诉我，"我们也不喜欢大惊小怪，但我们更大胆一些，仍然保留着一些古代帝王的大气"。和德国人一样，奥地利人也对自己的地域身份感到自豪，他们有着浓重的地方口音和文化，经常首先视自己为蒂罗尔人或克恩顿人，其次才是奥地利人。然而，在布雷根茨周围，很多东西看起来都是典型的莱茵派，而不是明确的奥地利派；这也提醒着我们，在现代欧洲，身份往往会在国际边界逐渐消失，而不是唐突地停留在原地。在布雷根茨，纪念品是瑞士的，书籍是德国的，食物是意大利的。当我问一位船上的乘客（一个在腓特烈港出差后回国的奥地利人）对于奥地利莱茵地区的德国的方言口语的看法，她回答说："住在这里的奥地利人相对于我们自己国家的很多人，在语言方面与瑞士和德国南部的人有更多的共同点。这里的方言有点不同，但如果我去巴伐利亚州，就好像我没有离开过家一样。但是在维也纳，那就不同了！"我记得我在什么地方读到过一句老话："疑病症患者担心自己的疾病，奥地利人担心自己的身份。"

在镇上的第二个早晨，我沿着湖岸走了很长一段路，从一个小码头向东走去。清晨，人行道上很安静，但我却遇到了一大群美国观鸟者，他们穿着多口袋的绿色夹克和裤子，仿佛准备参加激烈的战斗。我记得自己曾经读到过，博登湖是候鸟从非洲飞往北欧途中的一个主要中转站，因此这里也成了鸟类爱好者的一个主要中转站。"今天我几乎什么都没看见。"一位观鸟者一边说，一边带着双筒望远镜，愁眉苦脸地沿着水边走着。

在过去，像布雷根茨这样的湖镇与对岸的邻居联系更加紧密，尤其是在寒冷的冬天。据记载，博登湖自有记录以来已经结了三十多次冰，奥地利人和他们的邻居于是建立了一个迷人的传统，只要天气够冷，他们就会隔湖交换礼物。1963 年，在上一次严寒中，一些富有冒险精神的德国人甚至开着他们的甲壳虫车翻越湖面，结果却受到了瑞士警方的迎接，警察告知他们在湖面上驾车是违法的，并没收了他们的汽车，迫使他们不得不坐火车回家。遗憾的是，随着全球变暖，这种狂欢短时间内不太可能发生了。

今天，有很多巴伐利亚人和维也纳人在布雷根茨晒太阳。在湖边散步的时候，我看到了几十张竞选海报，通常都是大量的纳粹十字标志和反种族主义口号，其中包含相当挑衅的语言。"伊斯兰化将会停止。"一张海报这样写着。和大多数非奥地利人一样，我很少考虑奥地利的政治，但选民们在我到访后几周就要去投票了，为了符合时代精神，选举活动异常活跃。第二次世界大战后的几十年里，奥地利经常由左翼的社会民主党（SPÖ）和中右的人民党（ÖVP）联合执政，他们结成大联盟给奥地利带来了政治的稳定，相比之下，荷兰或德国政府的浮夸和动荡与刚果的动荡似乎并无二致。然而，近年来，这个国家的政治变得越来越分裂，脾气越来越坏，政治家们整天辩论着难民危机和摇摇欲坠的经济话题。小一些的政党已经站起来挑战旧的联合执政党，极右翼自由党（FPÖ）已经成为一个重要的力量，强烈抗议奥地利的伊斯兰化。2016 年年底，FPÖ 的诺伯特·霍费尔（Norbert Hofer）以3.1 万票的微弱差距，未能当选奥地利总统，尽管他在竞选过程中手握手枪，头戴蓝色矢车菊——纳粹时代民族主义的古老象征。[1]

在我浏览期间，所有人的关注点都集中在塞巴斯蒂安·库尔茨（Sebastian Kurz）身上，他是一名 31 岁的右翼分子，看起来（根据我个人观点）像是一位强健、有活力的领导人，或者是一名异常低劣的房地产经纪人。一些奥地利人称他为"神童"。在库尔茨的领导下，曾经庄严的 ÖVP 突然转向右翼，对"伊斯兰化"采取强硬路线，并承诺关闭从巴尔干半岛经过奥地利的移民路线。2017 年年底，我在布雷根茨期间，现任中左翼总理克里斯蒂安·克恩（Christian Kern）为了保住自己的职位，面临着一场艰难的斗争。结果很难预测，但很明显，合作主义、共识式、宫廷式政治的旧时代已经结束了。"这个国家发生了什么？"奥地利新闻杂志《侧面》（Profil）痛苦地问道。"奥地利面目全非了。"不过，其他人还是很高兴。在湖边，我停下来拍了一张海报的照片，一个路过的大约 60 岁的奥地利人向我打招呼。"塞巴斯蒂安·库尔茨，很好！"他对我笑了笑，粗鲁地竖起大拇指。

---

[1]　由于技术原因，第一次总统选举被宣布无效，霍费尔在重新选举中轻松落败。

　　厌倦于布雷根兹的温和魅力，我便离开了，向南沿着湖岸走了几英里，来到了博登湖与莱茵河再次相遇的地方。我曾经读到过，早期的英国旅行者因为害怕染上疟疾而避开这个地区，但如今它是片平静的郊区；这条河是一条狭窄的灰色水道，看上去像一条市内运河。离开海岸后，我第一次感到莱茵河作为纽带起到的维系作用可能终于被打破了：没有从北方来的载客渡船，没有悬挂荷兰国旗的船只，没有顺流前往杜塞尔多夫、曼海姆或鹿特丹的集装箱。

　　我开始担心旅程的最后一段可能会有点虎头蛇尾。不过，我的担心多余了，因为大自然很快就来拯救我了。在博登湖以南几英里处，山脉从河的两边耸起，就像巨大的绿色牙齿向上咬住缕缕白色的棉花糖。按照瑞士或奥地利的标准，这些山峰并不引人注目——大约有 1000 米高——但对我这样一个光荣的低地人来说，它们看起来非同寻常，规模完全不同于我离开海岸后所见过的任何一座山。雪莱在离这里不远的地方旅行时写道："（阿尔卑斯山脉的）无边无际让人难以想象，它远远超出了一切设想，需要努力发挥想象力，才能相信它们确实是地球的一部分。"

　　博登湖以南，莱茵河沿着一条直线向南流经奥地利领土几英里，到达圣玛格丽滕（St Margrethen），从那里形成了瑞士和奥地利的边界，大约 20 英里。我沿着它愉快地闲逛着，穿过一座小桥回到瑞士，就像穿过阿姆斯特丹运河一样容易。风景极美，我正想着回到瑞士有多好，突然我就不再在瑞士了。河上的另一座小桥上挂着一面小旗和一个小标志，我还没意识到那是什么，就已经到了列支敦士登。

就像一位被遗忘已久的副总理或吃热狗冠军一样，列支敦士登存在的主要目的似乎是为酒吧小测验的知识问答提供内容。外界之所以对这个国家感兴趣，只是因为它的面积很小：整个列支敦士登只比泽西岛稍大一点，是强大的卢森堡的十六分之一。列支敦士登的首都瓦杜兹（Vaduz）只比我长大的英国乡村大一点点，普尔贝克（Purbeck）或米德尔堡（Middelburg）这样的地方就足以容纳列支敦士登全国 3.8 万的人口，剩下的空间还能邀请一些瑞士朋友过来。

在 15 分钟左右的时间里，我已经走过了这个国家的大部分地区。瓦杜兹就坐落在河边，在陡峭的山脚下，莱茵河构成了这个国家和城市的东部边界。每年这个时候，水位很低，河道被大片的沙砾和岩石所阻断。自从离开海岸以来，这是第一次看起来似乎可以涉水穿过莱茵河而不把头发弄湿。河边的一个体育场正在进行一场足球比赛，我走进瓦杜兹时，陡峭的山坡上回响着欢呼声，仿佛全城的人都为我终于到了瓦杜兹感到高兴。说到性格，列支敦士登给人的感觉像是强化版的瑞士：更干净、更富有、更乏味。

和奥地利一样，列支敦士登是另一个当人们提到莱茵河这个词时可能不会自动浮现在脑海中的国家，但莱茵河深刻地影响了它的历史。这里的莱茵河很窄，但在这样一个小而易受攻击的国家，莱茵河却具有非凡的意义。从南到北，这条河与瑞士形成了一个整洁、连续的边界；这是世界上仅有的两个"双重内陆"国家之一——即被完全内陆国家包围的内陆国家（另一个是乌兹别克斯坦）——的主要水景。陡峭的地形支配着列支敦士登的其他地区，这意味着列支敦士登的大部分人口都被挤到了河边的一小块土地上，旁边还有一些工厂，生产各种奇怪的商品，包括狗粮和假牙。从直线距离来看，整个国家没有一个地方离莱茵河超过10英里。

　　某种程度上，莱茵河对列支敦士登的国家认同也很重要，因为许多人质疑列支敦士登究竟为什么会存在。对列支敦士登人自己来说，这些存在主义的问题令人惊讶地难以回答，但最常见的说法是列支敦士登理应成为一个国家，因为它与瑞士或奥地利不同。在这方面，莱茵河是一个重要的国家标志，列支敦士登的主要地标和自然边界使它没有成为地图上的一个奇怪的印刷错误。正如学者罗伯特·奥斯特格伦（Robert Ostergren）曾经写到的那样："夹在三个较大的德语国家之间，与瑞士邻国陷入了一种亲密但不平等的关系……（列支敦士登）必须努力保持其独特的形象。列支敦士登的边界很重要，其作用与其说是静态的、固定的壁垒，不如说是它们使列支敦士登成为今天的列支敦士登。"国家足球队在莱茵河畔公园球场（在这里，一脚踢错的球有可能进入另一个国家）比赛，国歌是《在年轻的莱茵河上空》（*Oben am jungen Rhein*）；这首歌是用德语唱的，和英国歌曲《天佑女王》的调子完全一样。

　　大约十二年前，我来过列支敦士登两次，那时我还是个邋遢的公路旅行学生，做着那些邋遢的公路旅行学生最擅长的事情：只是简单地路过这个地方，好让我吹嘘自己去过。在这一点上，我是相当典型的：瓦杜兹挤满了短暂越过边境的巴士游客，他们通常更感兴趣的是说自己"完成了"列支敦士登之旅，而不是真正去旅行。我背包里的现代旅游指南也相当典型，建议游客只来一两天，因为"绝对新奇"。考虑到这里的景色美得惊人，这似乎有点不公平。

　　除了集邮史，列支敦士登很少受到外界的关注。"列支敦士登？那是奥地利的一个城市吗？"伦敦一位学识渊博的朋友问。当这个国家出现在国际新闻上时，通常是因为一些离奇的故事，帮助证实列支敦士登是一个小人国的笑话。也许最极端的例子发生在 2007 年，当时瑞士军队意外入侵列支敦士登。一支由 170 名瑞士士兵组成的队伍在一次训练演习中意外地携带冲锋枪越过了边境。列支敦士登人（他们实际上并没有军队）显然没有注意到这次入侵，而帝国主义的瑞士人却深表歉意。"外面太黑了。"一个迷路的士兵抱怨道。在瑞士，这一事件几乎不值得报道，但它却让国际媒体欢欣鼓舞，他们兴高采烈地花不少篇幅详细报道了所谓的"瑞士小姐"[1]。《纽约时报》解释说，很难把瑞士和它的邻国区分开来。精彩的是，这次意外入侵实际上并不是列支敦士登历史上最荒谬的军事事件。更荒唐的事情发生在 1866 年的普奥战争期间，当时列支敦士登的 80 个强壮的士兵应召入伍，保卫蒂罗

---

[1]　原文"Swiss Miss"，瑞士小姐是美国一个可可冲饮粉品牌，同时也有"迷路的瑞士人"的意思，这里使用这一双关语进行调侃。——译者注

尔和意大利之间的一座山口。列支敦士登不仅没有在战斗中折损一兵一卒，反而在回来时还多带了一名士兵，比离开瓦杜兹时多了一个人，因为他们在路上交了一个朋友。

列支敦士登的小国土本质上是对欧洲大部分地区由小公国和封地拼凑而成的时代的再现。列支敦士登公国于1719年在神圣罗马帝国统治下成立，在名为列支敦士登的强大本地王朝下定决心之后——此举能让卡戴珊（Kardashians）羞愧——购买两块土地，合并到一起成为一个单一的公国并重命名为自己的家庭名。（奇怪的是，收购瓦杜兹的谈判似乎是用荷兰盾达成的。）后来，这个国家的历史不出所料地被与更强大的邻国结盟的反复试验所主导，有时是自愿的，有时不是；就像一个校园里的弱者被迫与更大、更强壮的男孩交朋友。如今，列支敦士登仍未加入欧盟，但它与瑞士结盟，使用瑞士法郎作为国家货币。这里的食物大多是瑞士菜或意大利菜，德国在语言、文化和经济上也留下了长长的阴影。列支敦士登人主要信仰天主教，绝大多数讲德语。有趣的是，该国现任统治者汉斯·亚当亲王（Prince Hans Adam）是弗朗茨·斐迪南大公（Archduke Franz Ferdinand）的侄孙。他看上去像个退休的会计师。

我在瓦杜兹同列支敦士登人聊天时，发现他们坚定而自豪地独立自主，对任何关于他们国家的不合法言论都感到恼火。一位酒店老板告诉我："我们是一个真正的国家，和美国或德国没有什么不同。"国家足球队参加了每一届世界杯，列支敦士登也经常参加欧洲小国运动会，这是一种微型奥运会，列支敦士登人与强大的安道尔人、马耳他人和黑山人争夺奖牌。"列支敦士登可能不是世界上最大的国家，但绝对是最好的国家。"一个坐在宝马里的年轻人这样告诉我。这种观点很典型。尽管列支敦士登国土面积小，但我所见到的列支敦士登人都是兴高采烈、毫不掩饰的爱国主义者，有一种"我们反对世界"的心态。对于一个许多外人甚至从未听说过的国家来说，这种心态既奇怪又不可避免。说句公道话，他们有很多值得骄傲的东西。列支敦士登不仅极具吸引力，而且没有军事和贫困，（根据中央情报局的说法）政府的外债是 0 美元。犯罪率很低，而人口预期寿命很高。20 世纪 80 年代，列支敦士登的失业人数一度仅为 3——不是 3%，而是 3 个人。

然而，尽管取得了这些成就，这个国家给人的感觉就像一个独立的康沃尔（Cornwall）共和国或一个独立的鹿特丹国——它太小了，不值得拥有。"瑞士"，一位在巴塞尔的人说，"是列支敦士登可能成为的国家。我真的不知道为什么他们不加入瑞士，成为我们的一个州"。我很快意识到，这个问题的答案很简单：列支敦士登非常富有，以致他们可以为所欲为。与瑞士一样，他们在很大程度上避开了第二次世界大战，后来通过成为一个不太可能成为的经济强国，弥补了自己在地缘政治上的沉默；开设有德语银行和金融服务中心。监管宽松，税收保持在相当低的水平——有时有人说，如果个人税率达到 10%，就会引发一场革命。

最重要的是，列支敦士登人以吸引生意为己任。走在瓦杜兹的街上，除了周围的山脉，我几乎没有看到其他的景色，只看到了几十座平淡无奇的办公楼，上面挂着黄铜招牌，邮箱写着我从未听说过的租户公司。列支敦士登公司缴纳的税款非常少，就像一个超级名模在婚礼当天缴纳的税款一样少，而且据说列支敦士登的私营企业比人口多得多。值得注意的是，列支敦士登法律还使创建基金会变得相对容易，这些基金会可以控制企业，而无须披露企业所有者的真实身份，也不会让企业面临过高的税收或透明度的要求。例如，家具巨头宜家（IKEA）就因其纯正的斯堪的纳维亚血统而享有良好声誉，但其控制权一部分来自荷兰的基金会，一部分来自列支敦士登的基金会。宜家的亿万富翁创始人英格瓦·坎普拉德（Ingvar Kamprad）声称，这种结构是确保公司"永生"的唯一途径，即使其廉价的床和书架都已经散架。

近年来，列支敦士登愿意为任何路过的独裁者或强盗大亨兑现支票，这常常导致该国与欧洲邻国关系紧张。列支敦士登当局自然声称，这些问题都是一些害人者造成的，而德国强行推行改革的企图严重伤害了他们。一家当地报纸报道说："我们不是一个非常爱国的民族，但在德国的压力下，每个人都团结在一起。"汉斯·亚当亲王一度开玩笑说，如果情况没有改善，他将被迫把列支敦士登卖给比尔·盖茨。幸运的是，这暂且还没必要。然而，列支敦士登在 2008 年的金融危机中遭受重创，2012 年被美国国务院（US State Department）正式认定为一个"主要洗钱国……其金融机构从事货币交易，涉及国际麻醉品贩运的大量收益。"在国外的压力下，列支敦士登不情愿地废除了许多银行保密法，并获得了从经合组织（OECD）关于采用可疑金融操作的国家的官方"灰名单"中除名的巨大荣誉。"我们不是避税天堂，我们是安全港。"列支敦士登金融监管机构负责人对记者说。然而，即使在所有的改革完成之后，它仍然是亿万富翁们存放财富的一个热门地，而且显然仍在从中受益。2016 年，列支敦士登的人均 GDP 达到了惊人的 9 万美元，比瑞士高出 50%，是英国或法国的两倍多。从显示的财富来看，它让阿姆斯特丹看起来像一个难民营。

瓦杜兹是那种可以从儿童涂色书中找到的地方：一个口袋大小的中世纪塔楼、陡峭蜿蜒的街道、白雪皑皑的山脉。在滑雪季节之外，除了散步和购买瑞士手表外，几乎没什么可做的。"瓦杜兹"，我无意中听到一位美国游客说，"是那种让苏黎世看起来像个里约热内卢的地方"。然而，这座城市以其惊人的美丽弥补了所有的沉闷。周围的山峰仿佛是从一罐空气清新剂的标签中搬出来的。

在列支敦士登的第一个早晨，我就像几乎所有游客会做的那样，走向山上的城堡。皇室的宫殿在城市高高的上空，有一座像咖啡色的大礼帽一样的圆塔。我跟着一群日本游客沿着一条陡峭的砾石小路，蜿蜒穿过一片斑驳的森林。我身后的景色十分壮观，这座小城坐落在山谷峭壁之间，远处是奶蓝色的河流。只要有足够的耐心，再加上强劲的舷外发动机，我（除了从莱茵河的大瀑布上掉下去之外）就能从瓦杜兹一路坐船到阿姆斯特丹、伦敦，甚至纽约，想到这一点我还是觉得很不可思议。

我骂骂咧咧、吭哧吭哧地喘着粗气，终于来到了城堡，这里看起来像是怪物史瑞克（Shrek）可能从此过上幸福生活的地方。在位的亲王仍然住在那里，据报道他身边环绕着价值连城的艺术收藏品，但城堡周围没有监控摄像头和警卫，只有一个低矮的大门和一个用双语写着"禁止进入"（Eintrott Verboten / Entree Interdite）的牌子。我发现大门旁边有个门铃，想按一下看看亲王是否会开门，但还是决定不去打扰他了。他可能在忙着数钱。

列支敦士登的政治体系温和而又古怪，这在很大程度上要归功于汉斯·亚当亲王所扮演的角色。严格说来，亲王是（像许多欧洲君主一样）一位非执行主席，国家的日常由民选领导人负责管理。但实际上，他（用王室的话说）是个"坏蛋"，会以一种让温莎或奥伦治-拿骚脸红的方式介入公众争议。例如，2011年，列支敦士登的堕胎法仍是欧洲最严格的堕胎法之一，而全民公投很可能导致该法律的改革。然而，在最后一刻，亲王（一位虔诚的天主教徒）突然宣布他将否决任何试图修改法律的提案，于是支持堕胎合法化的一方在全民公投中以微弱劣势落败。在另一个场合，他提出了一项新宪法，赋予自己随心所欲雇用和解雇政府的权力。三分之二的选民最终支持这一改变，但前提是亲王威胁说，如果他不能如愿以偿，他将辞职并移居奥地利。"如果亲王明天出来说天空是粉红色的，我相信15—20%的人会同意他的说法。"一位民主活动人士曾这样叹息道。

★★★

莱茵河的终点（或起点）现在离我不到100英里了，但我很喜欢列支敦士登，并不想离开。离开瓦杜兹后，我又朝河的上游攀登，沿着一条狭窄的柏油路蜿蜒而上，在2000米高的山峰之间艰难地往上爬。旅行的终点几乎就在眼前了，我决定放慢速度，在马尔本（Malbun）附近的山里躲几天。我住的木制滑雪小屋附近有美得惊人的景色；燃烧着的圆木，还有一位快活的列支敦士登老板，她以喂饱我为业，教我了解她的国家。我原计划只住一晚，但实际上住了四个晚上，吃着奶酪火锅，散着长长的步，漫漫长夜在星光下读着书，根本不去想莱茵河。

可悲的是，我的山顶流放生活不能无限期地继续下去。菲茨杰拉德（F. Scott Fitzgerald）曾写道："瑞士是一个结束容易、开头难的国家。"有鉴于此，我忍痛离开列支敦士登，最后一次越过边境，向南返回瑞士。离开瓦杜兹和马尔本后，这条河很快变得更小、更陡、更崎岖，与其说它是一条跨越大陆的大河，不如说它是一条奔流的山涧。沿着莱茵河的人行道和自行车道越来越少了，我开始上公路，沿着一条平缓倾斜的高速公路前进，公路一直延伸到狭窄的河道。山像高墙一样耸立在两边，而我的身后则是向博登湖延伸的平坦平原，像一个倒转的漏斗。我清晰地感觉到自己仿佛是在一个地形的门槛上。这里是欧洲低地的终点，高地的起点。我简单地摆弄了一下我的手机，发现严格说来，这种预感大体上是正确的——往南大约40英里是一个叫"皮亚纳佐"（Pianazzo）的地方，那里的多岩石的山谷底部是非洲和欧亚构造板块交汇点。现在离意大利边境只有40英里远了，我开始看到更多的意大利语和德语标志。"Scola da snowboard"——滑雪学校——一块标志写道。

沿着通往库尔（Chur）的道路往上走，景色简直令人瞠目结舌。山谷继续变得越来越狭窄陡峭，风景也越来越阿尔卑斯：带铃铛的奶牛、木屋和谷仓、倾斜的绿色草地和陡峭的悬崖。在冬天，这里将是一个大滑雪区，挤满了对自己在滑雪道上和滑雪场外的成就感到兴奋不已的游客。不过现在，到了夏末，天气温和宜人，滑雪道就像曲棍球场地一样绿油油的。瓦杜兹山谷底部的平原曾有几英里宽，现在已经变窄了，最后形成了一条 V 形的深沟，比一条居民区的街道宽不了多少。环顾四周白雪皑皑的山峰，我想起了珠峰攀登者乔治·马洛里（George Mallory）曾经写过的一句话："总的来说，喜马拉雅山令人失望，远不及阿尔卑斯山美丽。"

还有一个后勤计划的奇迹是，我设法把布兰奇带到了库尔，是一个驾车南下度假的人送来的，她加入了我沿河旅程的最后一天；一想到又一个重要日子的到来，我就兴奋得蹦蹦跳跳。河边的人行道现在完全不存在了，所以我们爬上了一条陡峭曲折得可以用来拍摄汽车广告的路。向左边望，在山谷的底部，我仍然可以清楚地看到那条河，它现在窄得像一张双人床，比肥皂剧明星的婚姻还不牢靠。在山坡上，色彩缤纷——灰色的岩石，沙褐色的草，紫色的石南，绿色的灌木。告示牌警告说此地会有坠石以及横穿公路的奶牛。这儿看起来就像是由《指环王》的布景设计师重新设计的苏格兰荒野。

经过几英里极其夸张的陡坡，我们到达了山顶：奥伯拉尔普

（Oberalp）山口——欧洲最高、最著名的铺装路面的山口之一，海拔超过 2000 米。离开公路时，我惊讶地看到一座海上红色灯塔矗立在离海数百英里的山口上。这是（一块标志牌解说道）一个荷兰角港混凝土码头一端的灯塔的复制品，几个月前我就在那里凝视着大海。云层越来越近，但山谷后面的景色依然美得惊心动魄：一览无垠的峭壁、山峰、岩石和草地，一条条布满石头的小溪蜿蜒流往列支敦士登——当然，也包括小小的莱茵河。我已经不是第一次想知道，在世界上有这样的地方的情况下，为什么我却选择在煎饼般平坦的荷兰生活。

灯塔的一个黄色的小标志指向我的最终目的地：托马湖（Tomasee）。我和布兰奇沿着一条比我的肩膀宽不了多少的、布满岩石的起伏小路出发了，从灯塔走到河边，横穿过山坡。这条路很陡，我很快开始希望自己是沿着河的相反方向走的，从源头走到入海口。我停下来喝了一口清凉可口的溪水，被一对上了年纪的奥地利徒步旅行者打断了，他们脸色红润，拄着拐杖，用德语问我："这是去莱茵河源头的路吗？""我希望如此！"我喘息着回答。

天气预报说会有一场不合季节的小雪，我很想在天变脸之前赶到目的地，所以快跑，穿过布满岩石的地面。布兰奇可高兴坏了。完成了一份利润丰厚的企业报告撰写工作后，我感到手头很宽裕，于是花大价钱为她买了一件可笑的犬用登山夹克，里面有羊毛衬里、岩钉卡箍，以及能装她自己零食的口袋。现在她自豪地穿着夹克，冲向几近垂直的岩壁，每当我没能够及时爬上山时，她就不耐烦地号叫。有一次，她在一个角落里突然停了下来，开始狂吠。我赶紧追上去，担心她是不是受了伤，或者发现了什么危险的东西，但实际上她只是在保护我们免受一米宽的积雪的伤害。这是她第一次看到雪。

路越来越陡，越来越滑，我喘不过气来。我开始怀疑离湖还有多远，是否值得费这个力气。然后，突然，它就出现了：在我前面的山坡上有一个 V 形的裂缝，里面有一片漂亮的深绿色湖泊，大致是圆形的，约有两个足球场那么大。一块小标志证实了这一点：这就是托马湖，莱茵河的源头。

我原以为这条河的终点（或起点）会有点虎头蛇尾的感觉，但事实并非如此。它美得惊人。布兰奇大口大口地喝着水，而后我们绕着湖边走，一直来到河水流出的地方。一条细细的、冒着泡沫的水流，涌下悬崖峭壁，消失在视线外，就像从一个盛得满满的浴池里溢出来的水一样。在它的发源地，这条河窄到几乎可以跨过去，但有人用几块石板搭了一座可爱的小桥。我在湖上坐了一会儿，望着环湖的陡峭多石的山峰，看着云的倒影掠过平静的水面。走了这么远的路，想到这就是终点，感觉有点奇怪；我的旅程结束了。我捡起一根石南花枝，把它扔进河里，想到它可能会漂过的所有地方：瓦杜兹和科布伦茨的城堡；斯特拉斯堡和科隆的大教堂；巴塞尔和鹿特丹的潮人酒吧；乌得勒支的罗马废墟和罗蕾莱岩；威斯巴登的裸体泡澡者和半沼泽地区长途跋涉的奶牛；荷兰角港的海滩和阿姆斯特丹的桨手河。我往脸上泼了些冷水，然后转身，朝着荷兰和家的方向往回走。

后　记

迷幻之梦：莱茵河的新政治

地铁站外，一个穿着时髦的年轻人坐在人行道上，周围是一群又喝酒又跳舞的人，他手里拿着一张破旧的纸板，上面潦草地写着：需要欧元买啤酒。我被他的困境触动了，给了他几个硬币。就在几英尺远的地方，一个对手加大了赌注，耸着肩坐在一塑料杯的硬币后面，边上的牌子整齐地印着一行字：买大麻的钱。最后，第三个乞讨者拔出了真刀真枪：我需要钱来买迷幻药。我停下来，把标语抄在笔记本上，心想：只有在柏林才能如此。

在我徒步到托马湖几周后，我来到了德国首都，对最近的选举做一些跟进。大约在我躲在列支敦士登山区期间，选民们已经去投票并让安格拉·默克尔连任总理了。从很多方面来看，这都是一项惊人的成就：这位新上任的铁腕总理在其移民政策被证明不受欢迎后，曾被很多人唱衰，但现在看来，她似乎会从2005年一直担任首相到2022年。默克尔已经经历了第三任美国总统、第四任英国首相和第四任法国总统，职业生涯几乎比一个足球队那么多的意大利总理还长。就像日本虎杖[1]和滚石乐队一样，她的事业似乎不可能被扼杀。

比起选择阿姆斯特丹作为起点，以柏林作为我结束莱茵河探索的终点，似乎更加可疑。站在腓特烈斯海因（Friedrichschain）自由州的中心，我几乎处在德国境内离河最远的地方；去科隆和杜塞尔多夫远比去布拉格或弗罗茨瓦夫（Wrocaw）还要远。柏林也不完全是一个作家的平静隐居地：凌晨两点，我住的酒店外面的街道比午餐时间还要繁忙。然而，披萨很便宜，啤酒也很充足，柏林是一个可以躲上几天的好地方，让我回想一下过去几个月我在河边忙碌旅行时看到的和做过的事情。

在从阿姆斯特丹出发之前，我就知道莱茵河在历史意义上对欧洲很重要，但我不太确定在这个有 20 欧元航班和直通中国的铁路货运的时代，莱茵河扮演了什么角色。因此，我如释重负地确认，作为边界，作为文化交流的手段它确实看起来仍然非常重要；最重要的是，它是贸易的大动脉。全球媒体可能并不太在意巴斯夫、蒂森克虏伯（ThyssenKrupp）和利安德巴塞尔等公司，但与特斯拉和色拉布（Snapchat）相比，它们在塑造欧洲的过去和未来方面做出了很多贡献。

就像一个在国外的真正英国人，我也喜欢取笑人们的态度，以及跨越国界的两岸在文化和态度上的差异。在现代欧洲，国与国之间的边界通常在地面上是几乎看不见的，但在很多人心目中，

---

[1]　一种原产于日本的蓼科杂草，该物种 19 世纪 50 年代被作为观赏植物引入英国，之后蔓延成灾。——译者注

边界显然仍然是非常真实的东西。例如，荷兰和德国之间的边界在地理上几乎毫无存在感，但如果哪个旅行作家敢对阿纳姆人说，你们和德国人是一样的，那实在是太勇敢了。对于我遇到的几乎每一个人来说，作为一个一体化的、无国界的欧盟的公民，与拥有强大的国家或地区身份并不矛盾。

然而，尽管存在这些差异，我也发现一件很有趣的事，即河上游和下游的人们有某些共同的主要特征、态度和观点——如果你愿意，可以说这是莱茵河文化。当然，在不同的地方有许多巨大的差异，将数百万人归纳到一个单一的刻板印象中是一种粗略的概括。但当漫步在颓废不羁的波西米亚式柏林时，我清楚地意识到，有些价值观在这座城市并不流行，但在莱茵河上的大多数人都认同，不管他们是住在符拉尔丁根还是杜塞尔多夫，巴塞尔还是布雷根茨，埃弗丁恩还是曼海姆。

沿河一带，我结识的人都在很努力地工作，对拥有像样的房子、干净的汽车和稳定的工作这一精神保障有深深的依恋。他们相对富裕，但同时对财富又很矛盾，对任何带有过度消费意味的东西都不屑一顾。家庭是很重要的，但拥有昂贵的珠宝或别致的发型通常就不那么重要了。他们认为高效工作是必要的，但也会觉得在周末回复工作邮件是一种侮辱。从鹿特丹到路德维希港，人们都精打细算，退还空瓶，避免欠债，并小心地存钱以备不时之需。食物很好吃，但并不重要，任何涂有蛋黄酱的东西都叫"沙拉"，而且最好先炸一下。

在社交方面，莱茵河上的人们热情好客，习惯了来来往往的外国工人和络绎不绝的游客。他们最喜欢的事情莫过于晚上与家人共享一顿喧闹的晚餐，或者在一间小酒馆或啤酒屋里边喝边笑。即使是小城镇也表现出了令人惊讶的世界主义和国际主义，波兰船夫和美国商人与挪威化学工程师、荷兰外交官和澳大利亚游客互相结识。

然而，尽管如此，莱茵河上的人们也本能地保守，本能地厌恶风险。我过去常常认为，持续不断的洪水威胁和相对较近的冲突历史，激发了荷兰人某种一致的保守主义，使他们永远热衷于保持一切井井有条，按时进行。现在我想知道，同样的情况是否也适用于上游地区，那里动荡、破坏性的历史曾激起人们对稳定和连续性的强烈渴望。

居住在莱茵河沿岸的人们也有根深蒂固的信仰和传统，他们如果觉得自己来之不易的生活方式受到了外人的挑战或威胁，就会突然大发雷霆。他们可能会失礼到粗鲁的地步，以选秀节目评委的自信大声宣布自己的观点，并倾向于认为世界上每个人都认同（或至少应该认同）他们的价值观。如果一个粗心大意的英国游客把德语的"你"和"您"或英语的"你"和法语的"我"搞混了，而且不小心用非正式的称谓称呼了旅馆老板或医生，那他可要倒霉了。特别是对德国人和荷兰人来说，敏感更是家常便饭。

政治上，莱茵河上的人们普遍支持商业和福利；支持自由贸易和努力工作；而且（至少直到最近）相对亲美。他们可能比英国人或美国人更有社会责任感和环境意识；比地中海人更保守和谨慎；比来自德国东部和东欧的人更自由、更国际化。虽然很容易给人过度刻板印象，我认为莱茵人（在最广泛意义上）代表了欧洲最佳——务实、国际主义者、勤劳、群居和相互联系，像莱茵河无缝连接了内卡河和阿勒河的水域一样融合了文化和影响。他们通过贸易和外交手段致富，而非通过筑墙，并在这个过程中吃到了很多"奶酪"。

在柏林的一家酒吧里，我仔细考虑了一下，很快就找到了简单的方法来推翻所有这些理论。我对莱茵河文化统一理论最明显的批评是，如今每个人都差不多一样，而我新近珍视的莱茵河价值观实际上只是一般的西欧价值观。或者，也许这只是一个宗教问题。我去过的很多地区——荷兰南部、德国西部、阿尔萨斯、瑞士北部、奥地利西部和列支敦士登——都有相当多的天主教徒。难道我所描述的价值观——好客、家庭、努力工作、财政责任——仅仅是天主教的价值观，而非莱茵河的价值观？也许吧。但我也能想到很多其他西欧的和天主教的地方，似乎并没有保守主义和世界主义的混合。里斯本和巴塞罗那都主要信奉天主教，而且都在欧盟，但如果它们被移植到莱茵河，就会像迪斯科舞厅里戴着水肺的潜水员一样引人注目。

总的来说，认为河水可能会鼓励某些社会价值观的传播、带来大量涌入的外国游客和移民，食物和文学相较别处更能使安静的城镇国际化，并产生使人们更具商业头脑和更开放的贸易依赖，似乎并没有太过牵强。不管地图上怎么说，巴塞尔和瓦杜兹相比于地中海，更靠近北海。

毋庸置疑，柏林是莱茵河价值观的对立面：邋遢、年轻、叛逆和朋克；就像一个巧妙的学生艺术项目的放大版。我可能是镇上唯一没有文身的人——尽管现在才晚上 10 点，所以一切皆有可能。

我有一段时间没来柏林了，但柏林似乎很繁荣，我发现这里的酒吧、餐馆、商店和夜总会比几年前还要多。就像鹿特丹一样，以前单调乏味的工业废墟几乎在一天之内就被改造了，房价飞涨。从旅馆外面的桥上，只朝一个方向看，在几百米的范围内，就可以看到 14 台大型起重机。附近的一个大标志解释了他们正在建设的东西：一个新的购物中心——东区购物中心——几乎是在柏林墙另一侧拔地而起的。然而，在某种程度上，发展的迹象只是海市蜃楼。尽管柏林富有不羁的魅力，但从经济角度看，它仍是一个沉重的负担。德国统一后，总部位于杜塞尔多夫等地的大公司几乎没有搬到柏林的动机，但艺术家、自由职业者和波希米亚人蜂拥而至，他们被低廉的租金和可用作理想工作室或派对场所的空荡荡的工业空间所吸引。这些人潮的涌入以一种不同寻常的方式帮助新首都重新焕发了活力，并吸引了数以百万计的游客，他们既想去参观"冷战"时期的恐怖，又想在城里度过一个愉快的夜晚。对很多外国人来说，柏林就是 21 世纪的德国：破旧但时髦；适合开派对；到处都是衣着光鲜的年轻人，他们发明着应用程序，骑着自行车，写着剧本。但在很多方面，这都是幻想。德国东部仍然比莱茵兰穷得多，柏林（按人均 GDP 计算）也比杜塞尔多夫穷得多。作为一个首都城市，柏林几乎是独一无二的，它拖累了国民经济，没有柏林的德国会比有柏林的德国更富有。城市随心所欲的创造精神赋予了它绝妙的活力，但明显也是非德国式的功能失调——愤世嫉俗者可能会说，至少推迟开放日期七次、延期十年、超支数十亿欧元的柏林新机场的旗舰项目，可被视为柏林的缩影。用一位前柏林市长的话说，柏林"贫穷但性感"——与波恩、科布伦茨和威斯巴登等城市截然相反。在经济方面，德国的重心仍远未靠近波兰边境。

离开阿姆斯特丹后，我也很想了解莱茵河地区是如何随时间变化的。遗憾的是，这个问题的答案并不完全是积极的。像一代代的旅行者一样，我可能也有把莱茵河地区浪漫化的倾向；把它看作一个毫不费力地把昨天和明天的最好的事物结合在一起的地方。然而，该地区显然也面临着严重的挑战。经济上，这条河仍然是一条重要的贸易大动脉，但新的长途铁路线正在侵入，机器人正在策划对鹿特丹和杜伊斯堡港口终端机式的接管。只有傻瓜才会做空荷兰人和德国人，但当制造业的混乱工作被外包到世界其他角落时，实在不知道像鲁尔区这样的地方如何能保持繁荣。从环境方面来说，自20世纪80年代的黑暗时期以来，这条河已经取得了巨大的进步，但当它同时作为西欧最繁忙的高速公路、最大的下水道、最重要的野生动物栖息地和主要的饮用水来源之一时，要保持河流的清洁仍非易事。

政治上也是如此，前景喜忧参半。德国总理安格拉·默克尔的胜利，标志着莱茵河政治不平凡的一年接近尾声。2017年3月，荷兰进行了投票。不少于13个政党进入议会，但经过7个月的曲折的谈判，中右翼总理马克·吕特，最终依靠拼凑起来的联合继续掌权，继续做大多数荷兰首相一直在做的事：保持国家良好运行，不做任何有趣的或令人沮丧的事。几个月后，在法国，年轻的埃马纽埃尔·马克龙巧妙地说服了所有人，让他们相信一个百万富翁银行家出身的部长是一个叛逆性的政治局外人，并在总统选举中击败了一个实力弱得惊人的对手。最后，轮到奥地利了。2017 年 10 月，奥地利人选举保守派塞巴斯蒂安·库尔茨为总理——一个年仅 31 岁、在大学毕业仅六年后就成为政府首脑的男人，被一些人视为奥地利版的马克龙。在整个欧洲，最糟糕的民粹主义者被赶下台，亲贸易的中间派再次称王。专家们知道民粹主义的病毒已经被击败了，可以安心睡大觉了。

不幸的是，现实并非如此简单。莱茵河的新政治几乎和莱茵河本身一样黑暗。在荷兰，吕特的中右翼在议会中赢得了多数席位，但极右翼基尔特·威尔德斯紧随其后，只是因为他成功冒犯了所有人以至于没人愿意和他组建联合政府，因此被排除在权力之外。在法国，埃马纽埃尔·马克龙出生于后工业时代的亚眠（Amiens），他似乎既大胆又深思熟虑，赢得了一场引人注目的胜利，但第二名再次被一个对全球主义不屑一顾的人获得——热爱阿尔萨斯的玛丽娜·勒庞。对于生活在斯特拉斯堡和科尔马等地的人们来说，马克龙的改革热情和老派高卢人的浮夸能否真正转化为有意义的变革，还有待观察。在奥地利，极右翼、反欧洲、反移民的 FPÖ 赢得了超过四分之一的选票，而塞巴斯蒂安·库尔兹也只是在模仿他们反移民的言论后才获得总理职位。当他后来邀请他们加入他的执政联盟时，欧洲其他国家的反应是沉默的。

在瑞士，选举周期正处于一个平静的时刻，但右翼的瑞士人民党（SVP）花了几年时间打开了反移民情绪的水龙头。2015 年，它成为瑞士议会第一大党，在全国选举中赢得了近 30% 的选票，并依靠一张白色的羊群将黑羊赶出瑞士国旗、并配有"最终让事物更安全"的标题的高级海报，成功通过了驱逐外国罪犯的全民公投。在德国，默克尔终于重掌大权，但那是在她所在政党的得票率大幅下降之后。她花了几个月的时间协商建立一个新的"大联盟"；一个她所在的基民盟 / 基社盟（CDU/CSU）集团与左翼社会民主党（SPD）之间的无爱婚姻，让双方都获得了权力，但同时也削弱了双方的力量。在长期称赞德国政府的稳定之后，一些人开始抱怨，德国的政治更替低得不健康。他们指出，从 1949—2018 年，德国只有 8 位总理，而英国有 14 位总理。默克尔本人仍是一位聪明的战略家，但已接近退休年龄，许多德国人已经在想象没有她的未来了。极右的德国选择党（AfD）候选领导人亚历山大·高兰德（Alexander Gauland）说德国人"有权为德国士兵在两次世界大战取得的成就感到骄傲"，因而从默克尔的联盟挖走了一百多万选民，从而进入联邦议院并正式成为德国国家政治的主要力量。"我们要夺回我们的国家！"高兰德说。

　　所有这些细节可能是一本更长的、更无聊的书的主题，但中间派的胜利让我觉得既受欢迎，又很空洞。沿河而上，老牌左翼大党——包括荷兰工党（PvdA）、德国社会民主党和法国社会党人在内——都遭到了重创，而英国等地的中右翼看起来更像是右翼而非中间派。政治上的中间立场正在缩小，我所认为的莱茵河价值观——国际主义、自由贸易、大西洋主义、社会自由主义——正受到威胁。那些认为所有穆斯林都是恐怖分子的政党在全国大选中获得第二名的事实，被认为不仅是正常的，而且是热爱和平的民主的胜利。最令人担忧的是，几乎没有迹象表明主流政党对如何解决这个问题有太多想法。尽管基民盟、社民党和自民党（VVD）等中间派政党实力强大，但它们的领导人仍有一种令人担忧的倾向，即把那些支持威尔德斯或高兰德的选民斥为容易上当受骗、无知的或种族主义者，而从未真正试图理解为什么他们可能对全球主义现状无动于衷。在许多地方，人们似乎忙于嘲笑其他地方的专制铁腕人物，而没有注意到自家前院的专制铁腕人物。

回顾柏林的所有选举结果时，我担心对数据做过多解读，但有趣的是，我注意到，民粹主义者的一些最强大支持来自河流流经的地方。基尔特·威尔德斯在鹿特丹工人阶级聚居的河畔郊区拉票，而玛丽娜·勒庞如果只在阿尔萨斯投票，可能会成为总统。在德国，极右翼在该国东部的支持率远远高于全球化的犹太边境地区，大型反移民集会更经常在德累斯顿（Dresden）和莱比锡（Leipzig）等东部城市举行。但在杜伊斯堡，极右翼的德国选择党赢得了逾13%的选票。杜伊斯堡曾是左翼社会民主党不可撼动的大本营。"这里的人都累了"，杜伊斯堡的一位居民对德国之声的一位记者说，"他们厌倦了政客们的承诺"。

与河流的距离和另类右翼（alt-right）的支持度之间的相关性可能经不起严格的数学分析，但我发现奇怪的是——且有点难过——一些曾是自由贸易和对外开放做得最好的地方，现在却成为民族主义与孤立主义肥沃的狩猎场。现在只能希望，像吕特、默克尔和马克龙等胜利的技术官僚在重回权力之巅后，不只是满足于看到河边仓库转化为精酿啤酒、真正的工人被机器人所取代，而是要确保莱茵河仍然是一个商品、人群和观念自由流动的渠道。

最后，我自己在该地区的经历也不可避免地受到了即将到来的英国脱欧的影响，它就像一座冰山一样在地平线上若隐若现。我当然有理由不喜欢欧盟，因为它说话总是很温和，手里拿着一根小棍子，而且我也不是那么教条，认为英国的未来注定要走向末世。但是，在花了这么多时间思考边界、贸易和身份问题之后，英国领导人未能提出开放和一体化的理由，而是把地缘政治描绘成一场外国人很古怪，贸易总是意味着一个人赢、另一个人输的零和游戏，真是令人失望。英国脱欧可能会在未来带来好处，但就目前而言，我自己即将失去的生活、工作和在莱茵河自由上下游的权利，让我感觉是一种非常切实的损失。在马拉维出生的布兰奇有欧盟护照，但我很快就要没有了。

在柏林，我决心不再想象自己陷入了一个绝望的地缘政治深渊，而是继续在酒吧里闲逛。巴哈拉赫（Bacharach）和奥斯特贝克的就寝时间过后几个小时，腓特烈斯海因就活跃起来了：街头艺人在说唱，滑板手在滑滑板，情侣们在街上跳舞。街上仍然挤满了人，几乎每个走过的人手里都拿着一瓶啤酒。我找到一家便宜的意大利餐馆，坐在角落里的一张桌子旁。附近，邻桌的两对情侣开始交谈；一开始很正式，很有礼貌，只是因为他们碰巧坐在一起。"你们在约会吗？"一个女人问另一个。"是的"，对方回答，"你们呢？""算是吧。我们已经交往一段时间了。他结婚了，但我们在一起了。"谈话声越来越响，越来越热烈。椅子都转了过来，所以他们都半对着彼此，半小时后，他们开始分享酒和生活故事。又过了半个小时，他们握了握手，交换了名字。其中一对本来打算离开的情侣，脱下了外套，安顿下来，准备开始共度漫漫长夜。两张桌子并到了一起。现在已经很晚了；我是餐厅里唯一的其他顾客，他们邀请我过去。我偷偷掏出笔记本，在上面写道："德国人比所有人想象的都要友好。"我们最后大声祝酒——"敬新朋友！"——然后大家一起去了一家夜总会。那里每杯威士忌酸酒只需 3 欧元，我早上真的付了钱。

第二天，该回家了。在搭上开往阿姆斯特丹的高铁之前，我还匆匆走了最后一段路，徘徊在柏林墙的残垣边，墙上乱写着"上帝好吗？她是黑色的"。我爱柏林，但如果有什么不同的话，在这里待的几天让我更喜欢莱茵河城市了。在这些城市间旅行，我找到了很多抱怨、发牢骚和担忧未来的理由，但也有很多值得钦佩的地方。在它们之间，莱茵河流经的地方拥有一切：繁华的城市、辉煌的教堂、活泼的酒吧、被破坏的城堡、可以爬的山、可以游泳的湖；在那里，餐馆可以提供堆积如山的奶酪和火腿，并称它们为营养丰富的一餐。

经过数年的艰难年景，莱茵河流域现在的经济状况相对较好，每一个流经莱茵河的国家都预计会有稳定的经济增长。在法国，失业率多年来首次降至 9% 以下。在德国，一百多万寻求庇护者的到来考验了选民的耐心，但随后犯罪率降至 1992 年以来的最低水平。法德同盟重新焕发了活力，荷兰人急于填补英国在欧洲留下的政治空白。这条河的大教堂和博物馆仍然是世界上最大的历史和艺术宝库，而它的工厂、港口和仓库仍然是财富和创新的巨大源泉。记者和智库们关注的或许是硅谷、迪拜和上海的崛起，但对于发明家、投资者或企业家来说，欧洲这个混乱、沼泽般的小角落仍然是最好的选择。尽管莱茵河地区存在种种问题，但它比大多数欧洲北部国家更美丽，比大多数南欧国家更繁荣。它快乐、富足、安全。最重要的是，人们仍然像乘船旅行的小狗一样热情好客，充满乐趣。正如萨克雷（Thackeray）在《名利场》（Vanity Fair）中所写的："放下笔，哪怕只是想到那片美丽的莱茵兰，都会让人感到幸福。"

我顺着墙的一侧，沿施普雷河（river Spree）走向特雷普托（Treptower）。一群法国学龄儿童飞奔而过，来回地穿越一条在过去他们可能会因触碰而被射杀的旧时边界线。一个街头艺人给电吉他调着音，一个法国男子激情地亲吻他的女朋友。一个拿着相机的美国人，就像一个久未休假的人在度假第一天一样满怀着巨大热情："难道欧洲不令人惊叹吗！"他冲他的妻子大喊道。"多么美妙的地方啊！在这里度过的时光多么棒啊！"我一边心里赞同着他的看法，一边低头看着缓缓向西流淌的咖啡色河水。我想：它流向何处呢？

|致　谢|

参观一些异国他乡并解释给他人听，这个想法固然相当异想天开，甚至傲慢无礼。然而，我感谢无数人——包括朋友和陌生人——他们愿意忽视这一点，并分享这些书页中记录的想法和故事，由此帮助我理解了莱茵兰（从最广义上讲）的成功之道。我希望他们能原谅我偶尔对他们的家乡和习惯的批评，并欢迎我以后再来。不管报纸上怎么说，仍然有些英国人，热爱英吉利海峡之外的世界，以及居住在那里的人们。Dank jullie wel, danke, merci，谢谢你们大家。

这本书的大部分内容是我在河上旅行时写的，但我也在更远的地方研究并起草了其中的一些大段。刚开始的时候我在松巴团队，坎帕拉科技化服务在我沉浸于罗马瑞士、荷兰洪水和德国汽车工业的历史时，为我提供咖啡和瓦拉吉酒。卡萨罗萨餐厅、小豆蔻咖啡和锡屋顶咖啡馆的员工为我提供了可以思考、阅读和写作的宁静绿洲。最重要的是，在肯尼亚，一群各种各样的朋友和专家从一场异常严重的车祸中救出了我和我的妻子。永远感谢朱莉·桑迪斯－伦斯坦、卡莱特·兰加特、弗朗斯·马肯和他在荷兰大使馆的团队，还有——最后但绝不是最不重要的——卡伦的玛格里特·范·乌宁、阿迦汗的阿米尔·卡里姆和穆贾希德·弗洛泽·丁。毫不夸张地说，如果没有他们，这本书就不会存在，我和我的妻子也可能会不在。Asante Sana，非常感谢你们。

在伦敦，我欠了尼古拉斯·布莱雷出版社、约翰·默里出版社以及阿歇特出版集团的团队巨大的人情，他们帮助这本书从一个滑冰者的自娱自乐变成了一部出版巨著。尼克·戴维斯很早就看到了这个想法的潜力，就如何组织结构给出了很好的建议，然后又足够有勇气地让我继续做下去。凯特·克雷吉把文章修改得井井有条，并对内容提出建议，做得非常棒。她温柔地告诉我，当我对荷兰的天气、德国的食物或法国的时间观念感到绝望时，要振作起来。卡洛琳·韦斯特莫尔熟练地指导了这本书的编辑和制作过程，希拉里·哈蒙德在编辑文本方面做得很好。路易丝·理查森和本·利略巧妙地处理了宣传和推广。

最后，感谢我在荷兰、英国和其他地方的朋友和家人，感谢一切。感谢我父母无止境的善良，以及我妹妹提供的名人八卦。当然，还要感谢金，永远保持情绪稳定并始终支持我；在我忙着喝啤酒和骑奶牛的时候，修理房子、遛狗、支付账单。她是最棒的。

也对这些我忘了道谢的人说声抱歉。所有其他的错误都是我一个人造成的。

|参考书目选列|

Backouche, Isabelle, and Blackbourn, David, *Rivers in History: Perspectives on Waterways in Europe and North America*, University of Pittsburgh Press, 2008.

Beattie, Andrew, *The Alps: A Cultural History*, Signal, 2006.

Bentley-Taylor, David, *My Dear Erasmus: The Forgotten Reformer*, Christian Focus, 2002.

Black, Jeremy, *The British and the Grand Tour*, Croom Helm, 1985.

Blackbourn, David, *The Conquest of Nature: Water, Landscape, and the Making of Modern Germany*, Jonathan Cape, 2006.

Bradley, Ian C., *Water Music: Music Making in the Spas of Europe and North America*, Oxford University Press, 2010.

Braudel, Fernand, *The Identity of France: History and*

Environment, HarperCollins, 1988.

Brüggemeier, Franz-Josef (ed.), *How Green Were the Nazis? Nature, Environment, and Nation in the Third Reich*, Ohio University Press,2005.

Callow, Simon, *Being Wagner: The Triumph of the Will*, William Collins, 2017.

Carré, John le, *A Small Town in Germany*, Penguin, 2011.

Childress, Diana, *Johannes Gutenberg and the Printing Press*, Lerner,2009.

Cioc, Mark, *The Rhine: An Eco-Biography 1815–2000*, University of Washington Press, 2006.

Clark, Lloyd, *Arnhem: Jumping the Rhine 1944 and 1945*, Headline, 2000.

Cole, Robert, *A Traveller's History of Germany*, Interlink, 2004.

Craig, Gordon A., *The Germans*, Penguin, 1991.

Davis, John R., *The Victorians and Germany*, Verlag Peter Lang, 2007.

Delsen, Lei (ed.), *The German and Dutch Economies: Who Follows Whom?*, Springer, 1998.

Dornbusch, Horst, *Prost! The Story of German Beer*, Brewers Publications, 1997.

Dunlop, Catherine Tatiana, *Cartophilia: Maps and the Search for Identity in the French–German Borderland*, University of

Chicago Press, 2015.

Fenby, Jonathan, *On the Brink: The Trouble with France*, Abacus, 2002.

——, *The General: Charles De Gaulle and the France He Saved*, Simon & Schuster, 2011.

——, *The History of Modern France: From the Revolution to the War with Terror*, Simon & Schuster, 2015.

Fischer, Christopher J., *Alsace to the Alsatians? Visions and Divisions of Alsatian Regionalism 1870–1939*, Berghan, 2014.

Friend, Julius, *The Linchpin: French–German Relations 1950–1990*, Praeger, 1991.

Frijhoff, Willem (ed.), *Dutch Culture in a European Perspective*, Palgrave Macmillan, 2004.

Goldsworthy, Adrian, *Pax Romana: War, Peace and Conquest in the Roman World*, Weidenfeld & Nicolson, 2016.

Gordon, Charlotte, *Romantic Outlaws: The Extraordinary Lives of Mary Wollstonecraft and Mary Shelley*, Random House, 2015.

Green, Stephen, *Reluctant Meister: Germany and the New Europe*, University of Chicago Press, 2017.

Hay, Daisy, *Young Romantics: The Shelleys, Byron and Other Tangled Lives*, Bloomsbury, 2010.

Hazen, Charles D., *Alsace-Lorraine under German Rule*, Forgotten Books, 2018.

Heinzelmann, Ursula, *Beyond Bratwurst: A History of Food in Germany*, Reaktion, 2014.

Hofmann, Paul, *The Viennese: Splendor, Twilight, and Exile*, Anchor, 1988.

Huizinga, Johan, *Erasmus and the Age of Reformation*, Princeton University Press, 2012.

James, Harold, *Krupp: A History of the Legendary German Firm*, Princeton University Press, 2012.

Judson, Pieter M., *The Habsburg Empire: A New History*, Harvard University Press, 2016.

Kershaw, Robert, *A Street in Arnhem: The Agony of Occupation and Liberation*, Ian Allen, 2015.

Kornelius, Stefan, *Angela Merkel: The Authorized Biography*, Alma, 2013.

Kossoff, Philip, *Valiant Heart: A Biography of Heinrich Heine*, Cornwall, 1983.

Krebs, Christopher, *A Most Dangerous Book: Tacitus's Germania from the Roman Empire to the Third Reich*, W. W. Norton, 2011.

La Baume, Peter, *The Romans on the Rhine*, Argonaut, 1967.

Lambert, Audrey M., *The Making of the Dutch Landscape: Historical Geography of the Netherlands*, Academic Press, 1971.

Lendering, Jona, and Bosman, Arjen, *Edge of Empire: Rome's*

Frontier on the Lower Rhine, Karwansary, 2013.

Lendvai, Paul, *Inside Austria: New Challenges, Old Demons*, C. Hurst, 2010.

Lever, Paul, *Berlin Rules: Europe and the German Way*, I. B. Tauris, 2017.

MacCarthy, Fiona, *Byron: Life and Legend*, John Murray, 2002.

MacMillan, Margaret, *Peacemakers: Six Months That Changed the World*, John Murray, 2001.

Man, John, *The Gutenberg Revolution: The Story of a Genius and an Invention that Changed the World*, Headline, 2002.

Manchester, William, *The Arms of Krupp*, Michael Joseph, 1969.

Middlebrook, Martin, *Arnhem 1944: The Airborne Battle*, Pen & Sword, 2009.

Mierzejewski, Alfred C., *Ludwig Erhard: A Biography*, University of North Carolina Press, 2004.

Morris, Edmund, *Beethoven: The Universal Composer*, HarperPress, 2007.

Murray, Donald S., *Herring Tales: How the Silver Darlings Shaped Human Taste and History*, Bloomsbury, 2015.

O'Shea, Stephen, *The Alps: A Human History from Hannibal to Heidi and Beyond*, W. W. Norton, 2017.

Ozment, Steven E., *A Mighty Fortress: A New History of the*

German People, HarperCollins, 2004.

Plowright, Adam, *The French Exception: Emmanuel Macron – The Extraordinary Rise and Risk*, Icon, 2017.

Poulsen, Bo, *Dutch Herring: An Environmental History 1600– 1860*, Aksant, 2008.

Pye, Michael, *The Edge of the World: How the North Sea Made Us Who We Are*, Viking, 2014.

Qvortrup, Matthew, *Angela Merkel: Europe's Most Influential Leader*, Duckworth, 2016.

Ramsden, John, *Don't Mention the War: The British and the Germans Since 1890*, Little, Brown, 2006.

Rees, Goronwy, *The Rhine*, Weidenfeld & Nicolson, 1967.

Reid, James H., *Heinrich Böll: A German for His Time*, Bloomsbury, 1987.

Richards, John F., *The Unending Frontier: An Environmental History of the Early Modern World*, University of California Press, 2003.

Ridley, Glynis, *Clara's Grand Tour: Travels with a Rhinoceros in Eighteenth-Century Europe*, Atlantic, 2005.

Robb, Graham, *The Discovery of France*, Picador, 2008.

Roding, Juliette (ed.), *The North Sea and Culture 1550–1800*, Verloren, 1996.

Rooney, Padraig, *The Gilded Chalet: Off-Piste in Literary*

Switzerland, Nicholas Brealey, 2015.

Sammons, Jeffrey L., *Heinrich Heine: A Modern Biography*, Princeton University Press, 2014.

Schulze, Hagen, *The Course of German Nationalism: From Frederick the Great to Bismarck 1763–1867*, Cambridge University Press, 2008.

Smyser, W. R., *Yalta to Berlin: The Cold War Struggle over Germany*, Palgrave Macmillan, 2000.

Steinberg, Jonathan, *Why Switzerland?*, Cambridge University Press, 2015.

Swafford, Jan, *Beethoven: Anguish and Triumph*, Faber, 2015.

Sweets, John, *Choices in Vichy France: The French Under Nazi Occupation*, Oxford University Press, 1986.

Tanner, Michael, *Wagner*, Princeton University Press, 1996.

van Ginkel, Rob, *Braving Troubled Waters: Sea Change in a Dutch Fishing Community*, Amsterdam University Press, 2014.

van Heezik, Alex, *Battle over the Rivers: Two Hundred Years of River Policy in the Netherlands*, van Heezik Beleidsresearch, 2008.

van Zanden, Jan L., *The Economic History of The Netherlands 1914–1995*, Routledge, 2015.

Viviès, Jean, *English Travel Narratives in the Eighteenth Century*, Routledge, 2016.

von Elbe, Joachim, *Roman Germany: A Guide to Sites and*

Museums, P. von Zabern, 1977.

von Moltke, Helmuth, *The Franco German War of 1870–1871*, Greenhill, 1992.

Whitaker, Denis and Shelagh, *Rhineland: The Battle to End the War*, Mandarin, 1999.

Williams, Charles, *Adenauer*, Little, Brown, 2000.

Wintle, Michael, *An Economic and Social History of the Netherlands 1800–1920*, Cambridge University Press, 2000.

Wise, Michael Z., *Capital Dilemma: Germany's Search for a New Architecture of Democracy*, Princeton Architectural Press, 1999.

Wokeck, Marianne, *Trade in Strangers: The Beginnings of Mass Migration to North America*, Pennsylvania State University Press, 1999.

Wood, Gillen D'Arcy, *Tambora: The Eruption That Changed the World*, Princeton University Press, 2014.

Wood, Karl E., *Health and Hazard: Spa Culture and the Social History of Medicine in the Nineteenth Century*, Cambridge Scholars Publishing, 2012.

Zschokke, Heinrich, T*he History of Switzerland*, Forgotten Books, 2018.